南京大学戏剧学科百年传统研究丛书

陈白尘教授纪念集

胡星亮 编

南京大学出版社

图书在版编目(CIP)数据

陈白尘教授纪念集 / 胡星亮编. —南京：南京大学出版社，2022.11
(南京大学戏剧学科百年传统研究丛书)
ISBN 978-7-305-24618-0

Ⅰ.①陈… Ⅱ.①胡… Ⅲ.①陈白尘(1908—1994)—纪念文集 Ⅳ.①K825.78-53

中国版本图书馆 CIP 数据核字(2021)第 124494 号

出版发行	南京大学出版社		
社　　址	南京市汉口路 22 号	邮　编	210093
出 版 人	金鑫荣		

丛 书 名　南京大学戏剧学科百年传统研究丛书
书　　名　陈白尘教授纪念集
编　　者　胡星亮
责任编辑　郭艳娟

照　　排　南京紫藤制版印务中心
印　　刷　江苏扬中印刷有限公司
开　　本　635×965　1/16　印张 19　插页印张 2　字数 280 千
版　　次　2022 年 11 月第 1 版　2022 年 11 月第 1 次印刷
ISBN　978-7-305-24618-0
定　　价　88.00 元

网　　址　http://www.njupco.com
官方微博　http://weibo.com/njupco
官方微信　njupress
销售咨询　(025)83594756

* 版权所有，侵权必究
* 凡购买南大版图书，如有印装质量问题，请与所购图书销售部门联系调换

纪念陈白尘

曹禺题

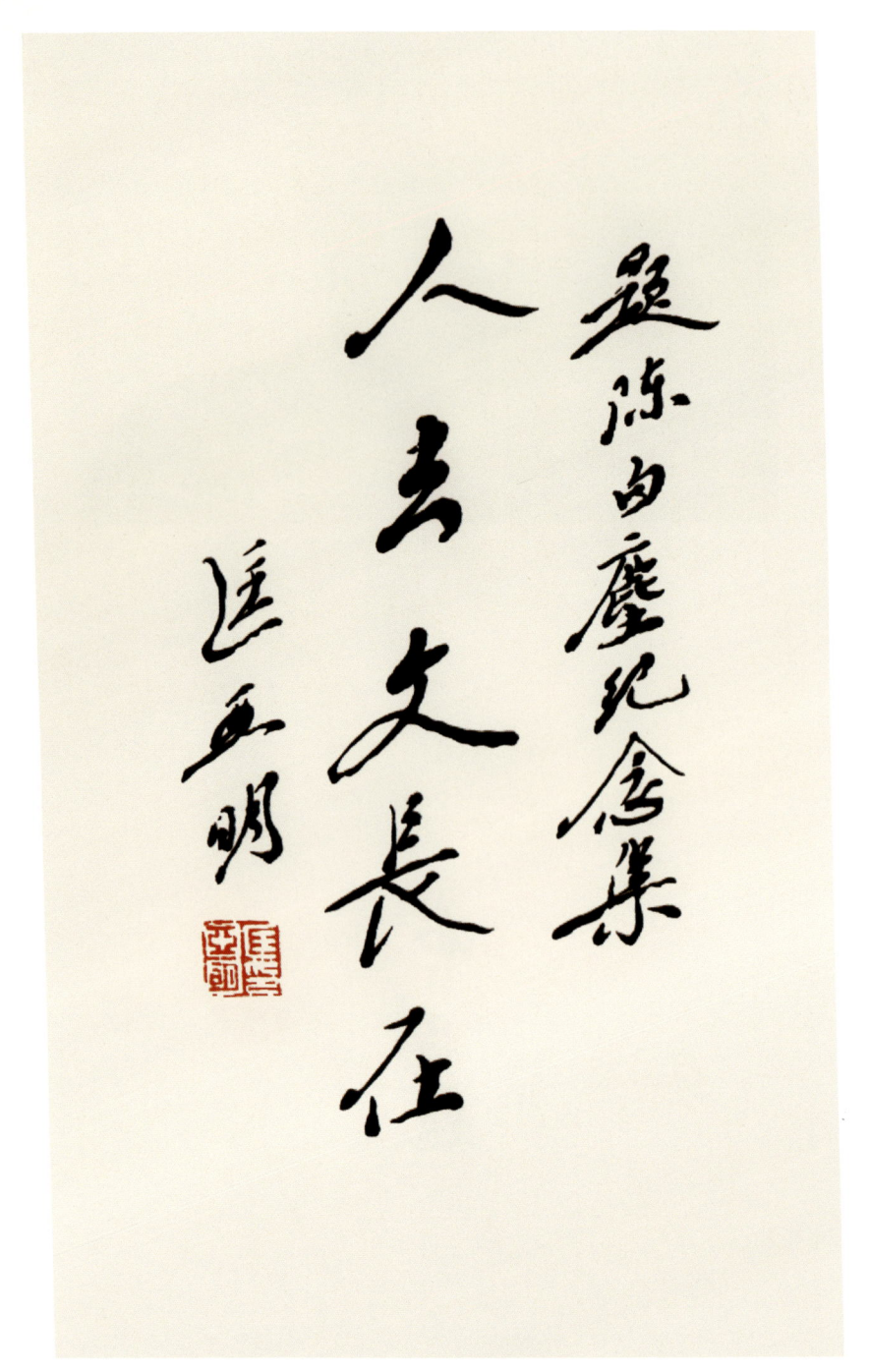

匡亚明为《陈白尘纪念集》题词

坎坷踏尘世
执笔到白头

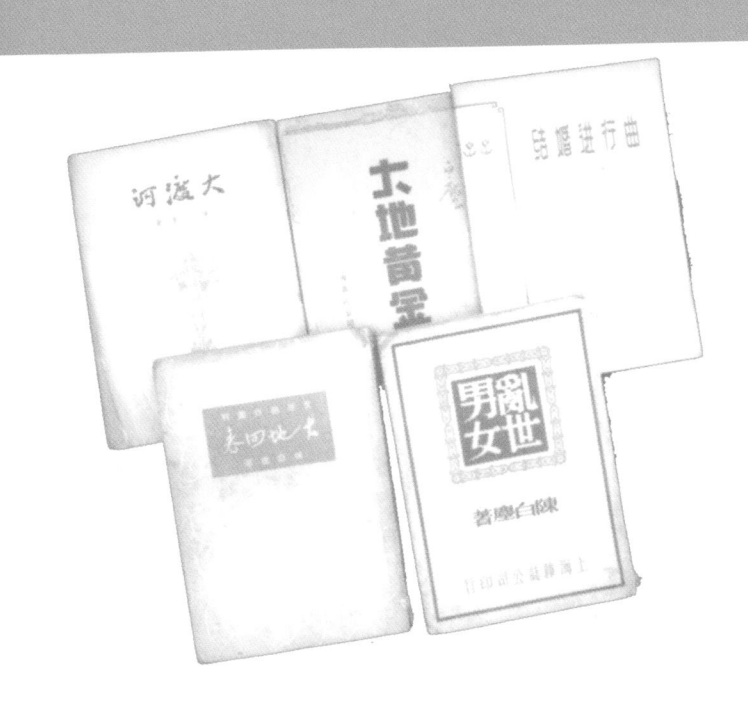

1926年，从淮阴成志中学毕业，为了早日自立和实现自己的梦想，"一生想搞文学"的他走出了淮阴城，去上海文科专科学校就读。在那儿，接触到了新文学，并和同学组建起了文学社团——萍社，自编自印刊物《萍》。

文学青年终于找到了自己的导师。追随田汉先生，在其主持的上海艺术大学学习，并被选为校务委员。（摄于1928年，左二为陈白尘）

一次在街头"赤膊上阵"的讲演，被共产党地下组织得知了。经共青团淮盐特委介绍，参加了共产党的外围组织——反帝大同盟，任淮阴分盟负责人。之后又加入了C.Y.(中国共产主义青年团)。1932年的中秋之夜，由于叛徒叛变，在开会时不幸被捕，后被押解到镇江，由国民党江苏省军法会审处判了五年徒刑。

1937年，《金田村》(演出时改名为《太平天国》)由上海业余实验剧团搬上舞台。该剧的演出，"使我对戏剧创作更增加了兴趣和信心"。

1937年前的创作,"小说与戏剧并重,到了《太平天国》演出后,在小说与戏剧的天平上便开始向后者倾斜了"。图为《太平天国》演出广告。

1940年,应熊佛西先生之邀,前往四川省立戏剧音乐学校教书。"皖南事变"爆发后,学校遭查封。这一学期,除了教书,创作了《未婚夫妻》、《禁止小便》。(和夫人金玲摄于1943年)

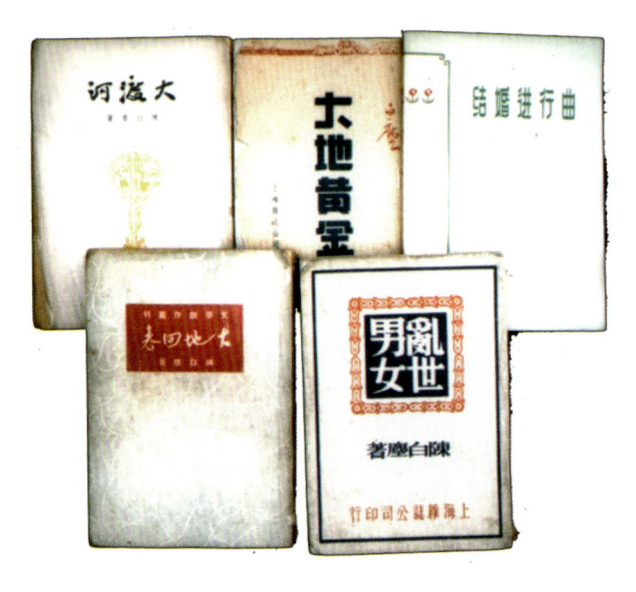

1941年"皖南事变"后,阳翰笙转达中共南方局和周恩来的指示,组织中华剧艺社,在白色恐怖下,利用话剧舞台撕开一个缺口。遂与应云卫、陈鲤庭等一起担起剧社领导之任。"中艺"的开锣大戏即为当年创作的《大地回春》,连连满座,盛况空前。

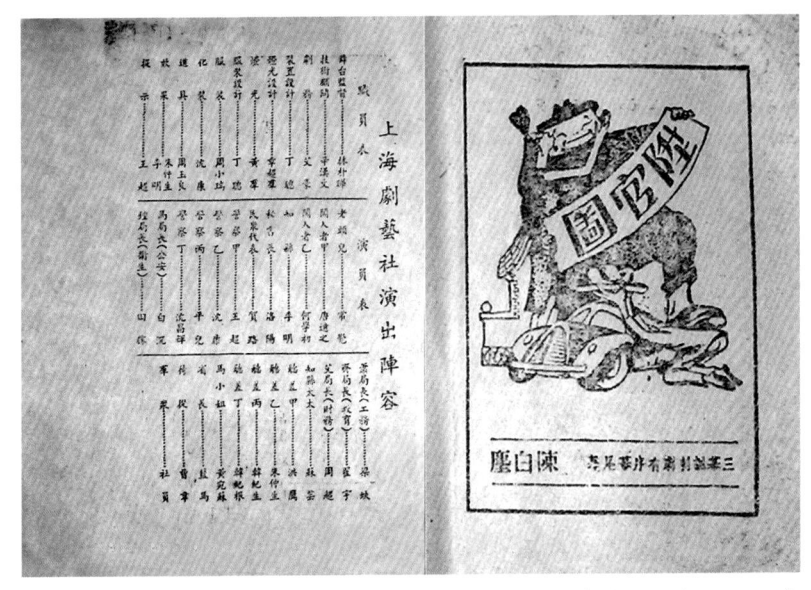

1945年，因被特务盯梢，藏匿在一位地下党员家中。此间，用了半个月时间写就了一部揭露和嘲讽国民党贪官污吏的"怒书"——《升官图》，发表在曾遭国民党特务捣毁的《华西晚报》副刊上。

《升官图》由中华剧艺社在重庆上演后，国民党派出大批特务进行百般破坏，礼堂演不成，就到公园的茶社搭台子。回到上海的中国艺术剧社又"接力"演出，整整三个月，创造了连续满座的最高纪录。与此同时，国统区与收复区的各个剧团，无论是民营的还是官办的，也都纷纷上演此剧。解放区的演出，延安是第一家。图为1948年，华东野战军第十一纵队政治部宣传部文工团演出《升官图》。

1946年与茅盾、孔德沚、赵清阁、葛一虹、凤子、阳翰笙、洪深摄于杭州。

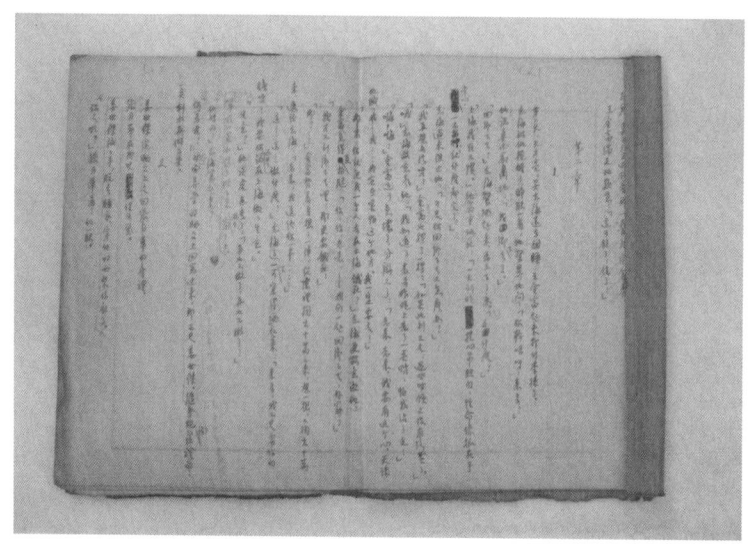

1947年,创作了此生第一部电影剧本《幸福狂想曲》,年底拍摄完成。该年,由地下党秘密领导的昆仑影业公司成立,被任命为编导委员会副主任,从此正式"下海",写的第一个本子是《天官赐福》,揭露国民党的"劫收"丑剧。

为了记录蒋家王朝崩溃前最后的罪恶，由陈白尘执笔、集体创作了电影《乌鸦与麻雀》。然而，电影的拍摄却受到了重重阻挠，"不过，这样一来，它亦有幸成为了一个'跨时代'的作品——开拍于旧时代灭亡之前，完成于新中国成立之后"。图为主演赵丹、吴茵。

迎接解放。从右至左：应云卫、陈白尘、张立德。

解放了！全身心地投入到建设新中国文艺事业的繁忙工作当中——担任上海市文化局艺术处处长、上海市文联秘书长、上海电影制片厂艺术委员会主任、上海戏剧电影工作者协会主席……身兼数职，忙得不亦乐乎。"然而，从内心来说，我更热衷的还是写作。"

与田汉、洪深、阳翰笙、郑君里等。摄于解放初期。

1951年，由中宣部点名前往北京参加电影《宋景诗》的创作。1955年，上海电影制片厂完成了这部中国电影史上第一部正面描写农民起义的影片的拍摄。

1953年，中国作家协会成立，被任命为秘书长。"为自己制定下这样的'格言'：'但求工作上无过，不求创作上有功。'——这就是不写，或尽量少写。工作忙，不过是托词，实际上就是个'怕'字，深怕遭受没顶之灾。其根本的原因在哪里？从主观上讲，不了解工农兵的生活，所以不能写；从客观上说，就是文艺领导上的条条框框太多，不敢写。"

1957年底，担任《人民文学》副主编。图为与主编张天翼、作家草明一起。

1962年摄于庐山(夫人金玲的家乡)。

"《结婚进行曲》写于1942年妇女节前夕，大约一个月后就在重庆演出。""所要表现的当然是整个妇女问题。但因为它是个剧本而不是论文，它得抓住妇女问题中较普遍、较典型、较为戏剧的一面来形象化。"图为1962年中央实验话剧院演出该剧时的剧照。

　　山雨欲来风满楼——1966年初，亦即文艺系统内的"文化小革命"刚刚开始时，即被逐出京门，"发配"到千里之外的南京。图为离京前在北京家中。

1969年末,突然一声令下,所有"牛鬼蛇神"都被带往地处湖北咸宁古云梦泽畔的"五七干校"。图为当年居住过的地方。多年后,一些有识之士,为了纪念当年一批文化人曾在此生活,在门楣上挂上一牌"中国当代著名剧作家陈白尘旧居"。

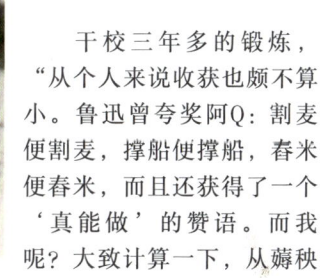

干校三年多的锻炼,"从个人来说收获也颇不算小。鲁迅曾夸奖阿Q:割麦便割麦,撑船便撑船,舂米便舂米,而且还获得了一个'真能做'的赞语。而我呢?大致计算一下,从薅秧插秧到种菜园,从做建筑小工到筛沙运砖,从挖土浇水到拉车挑粪,从拾牛粪、捡麦穗到割麦割稻,一直到守夜和牧鸭群,大大小小的工种学会了二十多项,可以说要比阿Q还能做了"。时年64岁。

13

1978年春，接受南京大学校长匡亚明"三顾茅庐"的诚聘，出任中文系主任。组建戏剧研究室，恢复中文系的特色专业——戏剧学。

1979年7月，中央实验话剧院在首都公演《大风歌》，并在其后的文化部庆祝建国三十周年献礼演出中，荣获创作和演出一等奖。

1981年，话剧《阿Q正传》获全国话剧、戏曲、歌剧优秀剧本奖，之后被北京、江苏、辽宁、新疆、香港等地数家话剧团搬上舞台。

1982年,《阿Q正传》参加戛纳国际电影节,这是中国电影第一次走上国际电影评奖台。《人道报》称赞该片是"中国电影未来的令人鼓舞的开端"。之后,该片又获葡萄牙第十二届菲格拉达福兹国际电影节评委奖。

1982年,应邀参加美国爱荷华大学"国际写作计划"活动。在那里写下回忆性散文《云梦断忆》。

1988年5月7日，南京大学、省文联、省作协、省剧协、省影协等五家单位，举行"祝贺陈白尘教授从事文学和戏剧活动六十周年暨八十华诞"纪念活动。

纪念大会后，南京大学学生剧社演出《升官图》。

"一位朋友安慰我：'伟大的作家到了晚年时，都是写散文和回忆录之类的。'这自然好听。但对于伟大的作家则是可以的……我何人斯？既没有写下辉煌之作，却又喋喋不休大谈其自己过去，如果不是有意自炫，便得承认自己已是'江郎才尽'了！我坦然自承：我之所以写写散文之类，并不是为了'革命的需要'，只是想以此来作为对人世的告别……"

"回顾自己这一生所走过的道路，有痛苦，有欢乐，有遗憾，有慰藉。但是只有一句话我是终生而奉守的：我永远热爱光明！"

临终前，留给夫人十六个字："柔情似水，意志如铁；共患共难，同枕同穴。"

社会各界人士数百人沉痛送别

人去文长在！

与各界同仁及学生

与夏衍

与曹禺

与张庚

与黄佐临

与左翼剧联时期的老友于伶、石凌鹤、葛一虹、赵铭彝。

与丁聪、吴祖光、新凤霞等

与于是之

与匡亚明

与南京大学同仁

与电影界同仁

与文学界同仁

与江苏戏剧界同仁

与香港导演杨世彭

生前最后一次接待外国友人。1993年在家中与日本戏剧家尾崎宏次等合影。

1987年，与60多年前成志中学学友一起重返母校

1983年，与当年国立剧专的师生合影（前排右一为曹禺，右二为陈白尘，右四为陈瘦竹）

与不同时期的编内、编外学生

与不同时期的编内、编外学生

与不同时期的编内、编外学生

与不同时期的编内、编外学生

目 录

赵铭彝｜悼白尘 ··· 1
王进珊｜沉痛的缅怀
　　　　——追忆白尘二三事 ··· 2
施亚夫｜相逢在六十年前
　　　　——悼念陈白尘同志 ··· 5
葛一虹｜你去何匆匆？
　　　　——悼念陈白尘同志 ··· 9
凤　子｜迟寄的信 ·· 13
吴祖光｜迟到的悼念
　　　　——陈白尘不朽 ··· 16
碧　野｜难忘的记忆 ··· 19
黄秋耘｜可敬爱的喜剧人物
　　　　——悼念陈白尘同志 ··· 23
胡　可｜悼念白尘同志 ·· 26
徐晓钟｜永葆青春的两位戏剧大师
　　　　——缅怀佐临、白尘老师 ·· 29

唐振常 | 壮志未酬哀白尘 32
车　辐 | 如烟往事忆白尘 35
张逸生　金淑之 | 哭白尘师 39
李天济 | 五十六载,师恩如海 43
周特生 | 革命现实主义的戏剧大师
　　　　——悼念白尘恩师 51
巴　波 | 一瓣心香:悼白尘老师 56
吕　恩 | 白尘老师　送您远行 62
李恩琪 | 痛悼白尘尊师 65
杨　琦 | 献上一个小小的花环
　　　　——悼念白尘师 67

赵瑞蕻 | 重读《云梦断忆》
　　　　——纪念陈白尘先生逝世一周年 68
董　健 | 良师·同志·慈父·诤友
　　　　——痛悼白尘老 76
叶子铭 | 哭白尘老 83
包忠文 | 忆陈白尘先生二三事 86
吴新雷 | 缅怀陈白尘先生 90

艾　煊 | 微笑看世态 94
海　笑 | 记白尘老二三事 97
王　鸿 | 一次难忘的教诲 101
梁　冰 | 人民不会忘记
　　　　——痛悼白尘同志 103
田　野　张　辉 | 白尘伯伯活在我们心中 107

凤　章｜心祭
　　　——敬悼白尘同志 ················· 109
杨　苡｜你不会寂寞 ····················· 112
赵　恺｜词语 ························· 116
方同德｜哭陈白老 ······················ 118
陈咏华｜我哭陈白老
　　　——沉痛悼念陈白尘先生 ·············· 122
蒋晓勤｜难忘陈老 ······················ 124

[日本]尾崎宏次｜陈白尘先生逝世 ············· 129
[日本]梅野泰靖｜陈白尘先生二三事 ············ 131
[中国香港]陈丽音｜怀白尘先生 ··············· 133
[中国香港]张莉莉｜一个多雨的季节 ············ 137

姚　远｜寂寞的别离 ···················· 141
李龙云｜化作春泥更护花
　　　——怀念我的老师陈白尘 ·············· 147
赵耀民｜在恩师的目光下继续前行 ············· 168
胡星亮｜深深的怀念 ···················· 172
陆　炜｜暮年的光辉
　　　——怀念白尘师 ··················· 177

范　用｜一个小学生的怀念
　　　——白尘师周年祭 ·················· 182
赵　寰｜戏剧更需要战士
　　　——悼陈白尘老师 ·················· 191

周　明｜心祭 193
袁韵宜｜文如其人　画如其人
　　　　——记陈白尘和庞薰琹 197
石　曼｜悼陈白尘
　　　　——并追念他在重庆的几件往事 200
田　稼｜挽陈白尘同志 202
李　晓｜深切悼念陈白尘老师 203
顾文勋｜哀思绵绵悼陈老 206
严欣久｜"女儿"的怀念
　　　　——悼念陈白尘伯伯 211
吴　非｜陈白尘公二三事 215
王晓燕｜忆白尘伯伯 217
江东流｜乡心正无限
　　　　——怀念陈白尘教授 219
卓晓宁｜白尘教授，故乡晚辈怀念您 221

金　玲｜祭白尘 223
陈　虹｜父亲的故事 230
陈　晶｜思
　　　　——怀念亲爱的爸爸 243
张　弛｜永远的引路人
　　　　——悼念亲爱的外公陈白尘 247

唁电　唁函 249
挽联 261
程千帆｜墓志铭 266

亲属答谢辞 ································· 267
送别名单 ·································· 268
江苏省暨南京市和南京大学师生代表向陈白尘同志遗体告别 ········ 275

陈白尘著作目录 ······························ 278
陈白尘自传 ································· 292

编后记 ···································· 296

赵铭彝

悼白尘

屡奉手书,道是近来多病。看行列疏整,笔锋颖秀,腕力犹堪自运。心私庆。料有日重逢,共话南国鱼龙,西川夜景。忆师门,聊慰平生。

一刹传凶信,计邮期方君属纩,我正病榻呻吟。欲相呼与语,已隔幽明。便驭电乘光,追不及远去良朋。少日壮怀,中年哀乐,晚岁闲居,更与谁论!还痴忆初见时,连床夜语,握手倾心。

王进珊

沉痛的缅怀
——追忆白尘二三事

我与白尘兄相识,是在一九二八年的夏秋之间,转眼已六十余年了。当时我们同在镇江国民党江苏省党部宣传部任职,我是干事,他是助理干事。但白尘兄不是国民党员,也从不过问部里的活动,他仅是宣传部长滕固(也是他在上海文专读书时的老师)请来帮助搞文艺创作的,由于我也爱好文艺,且对国民党有一定的看法,于是很快便与他成了知交,无话不谈。

白尘兄是南国社的,他对戏剧有执着的爱好。果然没过多久,他便请来了上海的左明、赵铭彝等人,于镇江发起组织了民众剧社。十月间,剧社借伯先公园礼堂公演了《压迫》、《一致》、《父归》、《苏州夜话》等剧,轰动了全城,成了镇江戏剧史上开天辟地的大事。白尘兄在《父归》一剧中扮演次子,真是惟妙惟肖。前几年我去南京探望他,提起此事,他竟幽默地笑道:"那可是我的保留剧目啊!"遗憾的是,当时太穷,我这位剧社秘书竟未能为这次演出留下一张剧照。

十一月下旬,由于蒋介石下令大肆搜捕中国国民党改组同志会(简称改组派)的人员,白尘兄便乘此而脱离了省党部,返回上海与郑君里等人组织摩登社去了,我便与他分了手。

一九三三年的春天,一日白尘兄的二哥突然气急心慌地从淮阴跑到镇江来找我,他说白尘因参加地下党而遭逮捕,现已押到镇江,等候军法会审。所谓"军法会审",是当年国民党针对共产党人而配合"危害民国紧急治罪法"制定的一项制度,在省会则由国民党省党部、江苏省政府、保安司令部和高等法院各派代表一名,作为军法官临时参加会审。我千方百计地打听到省党部的代表为组织部长谢澄宇,便凭着与他曾是同窗的关系,求其为白尘兄"开脱"。我告诉他,陈某人只是一名普通的教师,"不知淮阴县党部怎么搞的,将蟛蜞当螃蟹!……"我说得很激动,谢似乎也动了心。

过了几天,我去小市口监狱探监,白尘兄见到我非常高兴,一番叙别之后,他告诉我:"已经开过庭了,被判了五年。"在当时的军法会审中算是最轻的了,不知谢澄宇是否帮上了忙,我的心总算放下来了。随后我又送了一些生活日用品给他,并劝他一定要耐心,说不定还会有希望减刑。

白尘兄在镇江没有亲人,作为他的朋友,加之我又有省党部干事的身份,便能够经常地去探望他。然而没过多久,我发现他情绪很苦闷,一再向我叙述监牢中环境的恶劣,他指的不是吃住等生活条件,而是"笼头"的欺压与剥削,盗匪、烟犯、花案等刑事犯的骚扰与喧嚷。"我想写作,我想用这五年的光阴写点东西,但环境不能够……"我不能不惊讶了,本来我只想劝他平日默诵诗文或佛经中语,以此来消磨时光,不想他竟然要将牢房作书房,我只能含糊地答应他再去想办法。

机遇有时是难以预料的。一日我偶遇在镇江县政府工作的郭起先,此人为人厚道,我便以白尘兄的要求托付给他:"他是我的好朋友,是不可多得的作家。"我向郭介绍说。"你能不能想想办法,为他换个牢房?"几天后,郭神采奕奕地跑来告诉我:"有希望了!"原来他和该监狱的看守长有一面之交,而看守长是个准文盲,正苦于每天难于填写那本《四程日报簿》呢,也就是每天必点的一笔人头数。于是乎白尘兄便被"高升"到甲字号,捞到了一个"外役"的位置,从此脱离了五号囚笼那污秽不堪的环境。

若干年后我才得知,白尘兄在狱中共写了数十万字的作品,他利用了"外役"工作的便利,陆续将其寄往狱外,在受左联领导或影响的各种杂志上发展,被誉为文坛上的"新人"。但他始终不知这一"外役"得来的内幕,还一直认为是他二哥花钱买来的呢。我对他也一直缄口不语,我不想让他知道——白尘兄成为左翼作家,那是他自身顽强斗争的结果。留在我心中的只有悄悄的欣慰与暗暗的欣喜。

一九九四年五月二十八日,白尘兄不幸辞世,木呆之中我竟不知言何。老泪纵横,拟下一电文,却又难以寄托我的哀思:"惊悉白尘兄病逝,一代名家自当不朽。缅怀六十六年知交,顿成隔世。哀我衰病白头人,犹待招魂。"

施亚夫

相逢在六十年前
——悼念陈白尘同志

我认识白尘同志是在一九三三年之夏，算来已六十多年了。那时，正是中国共产党因受"左"倾路线的影响而处于异常艰难的革命低潮时期。

由于叛徒的出卖，我们南通地区的地下党组织遭到严重破坏，中共江苏省委巡视员卢世芳（贾予青）、共青团省巡视员周振国、南通中心县委书记顾臣贤（季子通）和县委全体成员相继被捕，我也在其中。不久，我们被转押到镇江（国民党江苏省会）小市口的监狱，就在这里我认识了白尘同志。

当时，白尘还是一位风华正茂的翩翩少年，虽脚带铁镣、蓬头垢面，却掩盖不了他那英俊潇洒的风度和刚正豪迈的气概。他以"老犯"的身份简要地向我们介绍了一些监规制度，以及生活上应注意的事项，很快我们便成了知交，倾心畅谈起来。

白尘同志被捕之前是党领导的反帝大同盟淮阴分盟的负责人之一，又是中国共产主义青年团淮阴特委的秘书长，致力于抗日救亡斗争，功绩颇著。一九三二年九月不幸被捕，不久即被押解到镇江监狱中来。他告诉我，他被判了五年徒刑,但他绝不愿虚废这宝贵的时光。

于是就在五号囚笼那昏暗的灯光之下,就在烟犯、赌犯及花案、土匪们的喧嚷声中,我们每天都能看到白尘同志就像老僧入定般进行写作的身影。他箕踞于自己的铺上,背后靠着一根爬满了臭虫的木柱,面前是用被子叠成的"写字台"。由于台面太软,他用稀饭汤权充糨糊,把废报纸层层地粘起来,做成了一个垫板。那正是个挥汗如雨的季节,囚笼内又闷又热如蒸笼一般,无论是墨水还是墨汁,字迹写上去后立即便被汗水泅湿,于是白尘便改用铅笔书写,就这样艰难地写下了数十万字的文章。

同室的政治犯们无不被他的精神所感动,大家自愿地为他放哨掩护,甚至帮他设法将稿件秘密地传送出去,在受"左联"影响或领导下的刊物上陆续发表。五号囚笼的隔壁,是一间专押病犯的监房,叫作"癸字号"。那真可谓地狱中的地狱,由于根本没有医疗条件,病号们大多是活着进去,死着出来,成了真正的"鬼子号"。白尘抑制不住内心的愤怒,他竟以《癸字号》为题写了一出独幕剧,将这牢狱中的非人的内幕披露出去。剧本在《中华月报》上发表了,监狱当局恼羞成怒,他们率领全体看守,对各个牢房进行了一次突击搜查,并将犯人一一隔离审讯,甚至严刑逼供,企图寻找出线索。然而难友们同仇敌忾,坚不吐实,敌人无可奈何,只得草草收场。

一九三三年九月十四日,卢世芳、周振国、颜臣贤等同志向难友作了最后的告别演说。世芳说:"不管敌人怎样屠杀,共产党员是杀不完的!"臣贤说:"头可断,志不可移!同志们一定要坚持下去,总有一天红旗会来迎接你们的!"振国同志还领着难友们高呼口号:"共产党万岁!""打倒国民党!"在镣铐的铿锵声中,他们高唱着《国际歌》,走向刑场。这时全狱的难友均攀着笼柱,以无限崇敬的心情目送着他们,并齐声地与他们一起高唱,情景十分壮烈。白尘同志也紧紧地握住我的手,一同挤在送别的人群中。他眼含热泪激动地说:"不能忘记他们,永远不能忘记!"他很快便写下了剧本《大风雨之夕》,便是以这些不屈的先烈为剧中的模特。

一九三四年的初夏,白尘同志被转押到苏州反省院,我也被解押至南京的老虎桥监狱。从此我们分别了,这一别竟有三十余年。

一九六六年初,那正是"文革"之前山雨欲来风满楼的特殊时期,一日我路经鼓楼大钟亭,忽见一年近花甲的学者,颇似白尘同志。我抢先一步探问道:"请问你是姓陈么……?"他一下子愣住了:"敝姓陈,你是……?"我赶紧并追问道:"镇江小市口,还记得么?""啊!原来是你老施啊!"他一把握住我的手,激动得满脸通红。就在那车水马龙的大街上,我与白尘同志再次握紧了手,彼此畅述起各自的近况。白尘告诉我,他最近刚从北京调至江苏省文联,具体工作还未安排。我心中万分不解,白尘同志是中国作协书记处书记、《人民文学》编辑部副主编,勋劳卓著,深孚众望,为什么竟会遭到贬谪呢?但因久别重逢,更因"文革"在即那特殊的形势,我未便启齿。于是二人相约,以后经常来往,且进一步畅叙衷情。

然而没过多久,"文革"的风暴即席卷了全国,白尘同志不仅遭受到江苏造反派的批斗,而且被押回北京接受中央专案组的审查。我在南京也同样遭到厄运,身陷囹圄,彼此之间又哪里谈得上"来往"与"畅叙"呢?

等到我与白尘再次相逢,竟是在九年之后的一九七五年,是黎明之前的黑暗时刻。他痛苦地告诉我,中央专案组罗织罪名,给他戴上了叛徒的帽子,并且被开除出党。这能让人相信么?那个在狱中顽强写作的年青人,那个以手中的笔进行战斗的左翼作家,如今竟遭到如此恶毒的陷害!然而,我当时的处境也比他好不了多少,于是我们又只能互相挽住手,就像四十年前在狱中一样,彼此相慰着,共同等盼着天明。

我虽一介武夫,但对文坛耆宿白尘同志,不仅敬佩其才,更敬佩其人。就在那等候平反的日子里,他再次以顽强的毅力写下了大型历史剧《大风歌》。那天,当白尘同志亲自将打印本送至我手时,我再次看到了狱中那石雕一般的写作身影。我遗憾自己不是画家,否则我一定要亲笔为白尘同志画下一幅"狱中写作图"。

今年四月,我从美国探亲回来,专程去拜望了久病缠身的老友白尘同志。几句叙别的话后,他即兴奋地告诉我,江苏省委已批准出版他的文集,共计八卷三百万字。"到时,我一定送你一套作纪念!"他满面红光,双眼熠熠,我感受到他内心的喜悦,也向他表示了由衷的祝贺。我知道,这文集中一定包括有他当年于狱中写下的作品,也一定有他身受"四人帮"迫害时的巨著《大风歌》。

然而谁又料到,这次的相见竟成永诀,我再也不敢相信五月二十八日清晨传来的噩耗。在白尘同志的灵前我不知该向他说些什么,只能含着泪写下七律一首:

文坛熠熠一耆英,
沥血呕心业湛精。
桃李吐芳天下域,
谨书润赡九州衡。
身羁囹圄犹躬作,
病入膏肓仍笔耕。
文集将成君竟诀,
抚今思昔倍伤情。

一九九四年十月

葛一虹

你去何匆匆？
——悼念陈白尘同志

　　白尘同志五月二十八日遽然去世，噩耗传来，不禁泪下，痛悼不已。

　　近年来他多病久未来到北京，有次信上说"我们迁来南京已经廿多年了。在宁无亲少友，寂寞之至。人到晚年时常回忆往事，倍感凄凉，吾兄何日有机会南来，能再晤面，畅谈一切，很想念你！"稍后，四月十四日，也就是医院做B超诊断书上说他腹部主动脉瘤又见扩大之后的一天，他写来的信说："弟病且懒，腹中一瘤十余年，近来身体瘦弱，它却渐大，真是心腹之患，既不敢开刀，听之而已。兄如南行，能过宁一叙否？南京少旧友，至寂寞也。"在这信上传来喜讯，他又说："今春此间省委批准出版一套文集约三百万字分八册，现由女儿们在编辑中，此话告慰于老友者也。"六十年来的友谊，如此情真意切的关照，岂能无动于衷？于是为了准备一次远行，我于四月下旬住进医院做了两个星期的健康检查，可是欲行又止，而他竟为那心腹之患夺走了生命，匆匆离开人世走了，失去了和他最后一次把晤的机会，恨何如之！

　　我认识白尘是在三十年代。他比我年长几岁，是南国社田汉的入门弟子,早年参加过南国社、摩登社等进步剧团的活动,写作出版过《风雨之夜》等几本小说。他做过店员、职员和教员,过着流浪生活,还到过日本东京。一九三二年秋国民党当局发觉他从事革命工作逮捕了他,关进牢狱。说来奇怪,他身陷囹圄,心系祖国,进行秘密写作,稿子相继在上海报刊上发表,化作墨沙等笔名的就有《虞姬》、《父子兄弟》、《贴报处的早晨》等剧本,读者看到陌生姓名,误以为文坛上出现了一个新人哩。一九三五年三月他出狱后蛰居于上海亭子间。那时左翼戏剧运动有了新的开拓,他参加了剧作者协会,我们就开始了来往。一九三七年六月他的《太平天国》在卡尔登大戏院上演成功,我和章泯主编的《新演剧》杂志创刊号上请他写了《漫谈历史剧》一文,后来他还发表过他创作描写战斗生活的独幕剧《罗国富》。

卢沟桥事变发生后,白尘同志积极投入抗日的洪流,参与了中国剧作者协会集体创作《保卫卢沟桥》的写作,接着率领了剧团到成都和重庆。一九四一年皖南事变后,战时后方文艺界许多同志纷纷出走,他受命于艰难之际,在南方局领导下,与阳翰笙同志一起组建了中华剧艺社,突破了政治和经济的重压,坚持了几年数十个剧本的演出。使得反动派深感狼狈而又无奈、轰动一时的郭老的《屈原》,就是这个职业剧团排除万难争取演出的。在重庆时期,他自己还创作了《大地回春》、《结婚进行曲》、《岁寒图》和《升官图》等剧本。作为观众,我有幸欣赏过他许多剧目的上演。我为作者匠心独运、写成称之为"怒书"的《升官图》这出政治讽刺喜剧拍手称快。这出戏对反动派的罪恶统治作了淋漓尽致的揭露,表现出了作者对旧社会旧制度的深恶痛绝,它受到广大观众的欢迎,曾为全国剧团争相演出的剧目,延安和解放区也曾搬演过。它所产生的社会效果无疑是十分巨大的。

上海是个喧闹的都市。一九四六年秋天应京沪铁路局的邀请,茅盾、洪深、白尘、凤子和我一行数人偷得一些闲,联袂到杭州西湖游览。天高气爽,白天我们结队寻幽探胜,晚上投宿于西泠饭店,在这个洁静的旅游胜地,共同享受了几天的休息,心旷神怡,真是难得的佳事。记得有一次泛舟于西湖,白尘就曾讲述当年南国社划船高唱《伏尔加船夫曲》向那些高贵的艺术家投以蔑视的故事，娓娓道来十分好听，给我的印象很深。两年之后我离开上海，潜行到了北京长住了下来。新中国成立后他有几年也在北京工作，虽然住处同在一个胡同，各人忙各人的事，那时节朋友间习惯于不相来往，在路上相见时不过寒暄几句。也许就是所谓"君子之交淡若水"吧？一九六五年底他从作家协会岗位上调往江苏省文联工作。接着就是十年"浩劫"，他受到迫害，音讯全无。"四人帮"垮台后，有一天我忽然收到一份《大风歌》多幕剧的征求意见稿，这才知道故人无恙。那是他出狱后怀着革命的激情艰辛创作的，捧读之余，觉得他对历史剧的处理和他的现实主义手法又有了新的成就，为之欣慰。

一九八三年五月中国文联组织四川访问团，由阳翰老任团长，我和凤子、戈宝权、陈舜瑶、范用等为团员，从北京出发，白尘同志则由南京飞抵成都赶来参加。那时他的冤案已经昭雪，《大风歌》上演，受聘于南京大学，招收研究生，创办起了戏剧研究室。由逆境转入顺境，心情舒畅，情绪饱满。抗日战争时期，我们这几人都曾长期在四川工作和生活，旧地重游，感触自多。在重灾的四川恢复工作很出色，令人高兴。寻寻觅觅，我们找到了中华剧艺社在成都五世同堂街的旧址，在重庆访问国泰戏院和抗建堂等处话剧场所。自然，红岩嘴和周公馆，文工会的旧址都曾使我们流连忘返。为期一个月之间，我们出席会议，会晤到新朋旧友，白尘谙于世情，善于语言，数他说话多，谈笑风生，皆大欢喜。

次年在春光明媚的苏州，我们又相见了。这次是白尘同志以《中国现代戏剧史稿》主编名义主持的学术性会议。应邀的有夏衍、于伶、赵铭彝、石凌鹤、柯灵和我六人。话剧在我国已有近百年的历史，可是还没有一部史书问世，因此一九八三年桂林召开的全国文学艺术外国文学学科研规划会议上确定：南京大学戏剧研究室负责编写《中国现代戏剧史稿》，而由我所在的中国艺术研究院话剧研究所编写《中国话剧通史》，以补其缺。前者以话剧剧本创作为主,后者则以话剧发展为主。参加会议的有《史稿》编写组的同人,他们有的已写成部分章节,就在会上传阅。白尘及时组织了这次会议,讨论了话剧历史上的一些重要问题,可以为编写话剧史奠定了基础的这两部书稿于一九九〇年夏相继出版,其间我们邮件来往,颇多切磋之处。

白尘同志是一位天才横溢的作家。他信奉现实主义,勇于探索,手不停挥地写下了成百篇多种体裁的作品。他的散文如《云梦断忆》、《寂寞的童年》等,文笔酣畅而自然,且富有幽默感。在话剧创作方面更加卓著,他擅长喜剧,开创了政治讽刺剧这一新的式样,他耽于历史剧,力图历史真实与艺术真实相结合以表达现实倾向性。他的创作道路也不平坦,但他顽强搏斗,成绩斐然,在国内外博有崇高的声誉。

白尘同志热爱党,对中国的话剧事业可说是鞠躬尽瘁的。为了后继有人,他培养了许多青年同学。他爱憎分明,旗帜鲜明,为戏剧界一些腐朽现象发脾气,怒形于色,他曾严肃地指出"戏剧的危机",引起普遍的注意。对根深蒂固的"左倾"思想,或结合自己的创作实践,或在理论研究中进行多次批判。"我这一辈子,还是跟党走的",这是两年前老人对他的一位学生说的。这还用怀疑吗?他可能是慨而言之的!

风风雨雨,白尘累了,病了。先是患头昏症,做了核磁共振检查说是脑血管硬化,后又检查出心脏有病,一九九二年底装上了起搏器,却又发生了肺部感染,这些年来大部分时间他是躺在病床上的。不过他仍然思路清楚,对文艺界的事情关心备至,并经常以不能亲自参与而叹息。他曾鼓励我写回忆,可我自知缺支彩笔而踌躇着。田汉铜像将在上海建立,他说"南国社成立,活动均在上海,左翼剧联也成立于上海",他深表赞成;关于田汉基金会的倡议和进行,他都曾提过切实的意见。他的来信有时是由他夫人金玲同志代笔,而我每当读到他亲笔书写的,字迹仍然端正秀挺,并未呈病老之态,而稍为之宽怀,默默祝他长寿健康。真没有料到时不久隔,他竟突然病发辞世。

永别了,白尘!你走得何以如此匆匆?呜呼哀哉!

凤　子

迟寄的信

白尘兄：

　　从珠海归来，读到你三月二十九日来信，知你有可能南行，建议我如何过南京一晤。近两年来，你的每封信都表露了你的希望，希望北京的朋友—虹、张颖、我，一定到南京一叙。我们也曾商谈过，一是手边都有点事走不了，同时，都是七八十岁的老人了，出一趟门不那么简单，想约伴同行也不容易。一再稽延，想不到你竟然于五月二十七日晚间走了，永远地！

　　接到蒋晓勤打来的电话，我先是不信，终于哽咽地说不出话来。我立即给南京你家里打电话，电话中只听到晶晶母女一片哭声！我想问明病情也说不出话来。金玲哭说你一直盼着我们到南京来，一直盼着啊！白尘兄，真是太遗憾了！我们谁也未能如约来宁和你相叙。至望和老朋友们一叙而不得，甚至我提笔要寄的信也延迟到今天才提笔！你带着希望，带着对北京友人们的怀念，带着对话剧事业如何振兴的企望，终于带着无尽的遗憾悄然地走了！

　　可是，你最后一封信说，你的文章江苏省已决定出版全集，三百万字分八册,由陈虹、陈晶姊妹负责编辑,这个喜讯太令人高兴了!尤其是在今天严肃文学遭受冷落的时候,江苏省领导有此卓见是令人鼓舞的。

我们是你的朋友,首先是你的读者、你的观众。从舞台上、银幕上我们领受到你的正义感和作为作家的责任感。你以笔作刀枪,刺向腐败没落的蒋家王朝,也横扫一切寄生于新社会的蛀虫。你的讽刺揭露了人间的丑恶,同时启发了人们明辨善恶,追求理想。

在实际斗争生活中,我们有过相似的经历,经历了八年艰苦备尝的抗日斗争,也欢欣鼓舞地迎接了解放;我们经历了历次思想运动的磨练,十年"文革"同属三十年代"文艺黑线"被批斗的对象。你的《云梦断忆》唤起了同一时代人们相同的记忆。恶梦醒来时,晴朗的天空也难免吹来一两片乌云。为了坚持革命的现实主义的创作理想,抵制极"左"思想的压力,我们曾经是一条战线上的战友!近年来,你我先后离休,退出工作岗位,可是我知道你忘不了曾经百仗的这块阵地。你每封来信都问及戏剧界情况,我因不甚了了,虽然人在京都却无以奉告。离休似乎就是离开了本行,甚至离开社会!人们自然忘了你。离休的本分是"颐养天年"!由人民养着的活人而不能为人民做一点可以做的工作,心有不安,也无从诉说!这似是牢骚,你走了,我可少了一位可以与语的朋友。

人都是要走的,这是自然规律。但是,一位老友走了,我们难以平抑悲痛的感情。

白尘兄,这封迟寄的信你已经看不到了。我托晓勤几位青年朋友代我在你灵前献一束鲜花,愿你安息!

一九九四年六月

附

陈白尘一九九四年三月给凤子函

凤子：

　　得信很久，也很高兴，但身体不好，金玲又因故伤腰卧床了，迟迟未复信，请谅。

　　你们去张家港，可以由苏州转汽车，在无锡或上海转也可以。你们返京时可由南京走。

　　我的身体日见衰老，足不出户者久矣。两腿无力也。但也有一件事可以奉告：江苏省委已批准了出版我的文集了，估计三百万字，分八册，现已由女儿在集稿中，但今年似难出书了。

　　……

白尘　三月二十九日

吴祖光

迟到的悼念
——陈白尘不朽

　　生与死是任何人不能避免的自然规律。近几年来,尤其是从去年开始,收到的讣告几乎是接二连三的。在北京,不断地前往八宝山公墓火葬场和老朋友告别;偶尔去上海,那是两年前,竟也赶上到龙华公墓与蒋君超兄遗体告别。去年一年,给我震动最大的莫过于情牵半个多世纪,胜过手足之亲的,上海的黄佐临和南京的陈白尘两位兄长了。

　　和白尘结识约在四十年代初期,那时我先后在当时的国立剧专、中青剧社和重庆《新民报》工作,亦正是我早年走入剧本创作行列的时候。白尘兄则在当时和应云卫先生一起主持受中共领导的最大的民营话剧团"中华剧艺社"。抗战时期长达八年之久,维持一个全靠演出收入的剧团其艰苦是可想而知的,但是由于应云卫和陈白尘的权威、声望及诚挚的友情,中华剧艺社办得有声有色。我虽然是官办的中青剧社的成员,但消磨时间最多的却仍是在"中艺"和后来的另一民办剧团"中术"——中国艺术剧社中。我在一九四二年创作的第三个话剧本《风雪夜归人》,就是由贺孟斧导演,项堃、路曦主演,由中华剧艺社在重庆演出的。第二年更因"中术"上演我的第四个剧本《牛郎织女》,而随同剧团一起去了成都。从此便与也随后来蓉的"中艺"一起,在成都待了一整年。

在和"中艺"的相处之中,我深深感到白尘兄不仅是个话剧创作的大师,而且是处理人事的高手,凡是在剧团生活过的人都清楚,剧团的工作是十分繁琐复杂的。由于剧团里大部分演员都是感情特别丰富的人,更何况青年人居多,随时会出现纠缠难解的情况……然而,无论是多么复杂,又无论有多少纠纷,一到了白尘那里,仅三言两语,任凭是三九严寒也立即化解为一片春阳。所以至此,主要是由于白尘的高度的智慧,尤其是他那公正的品质所形成的威信。"中艺"的两个主要领导人——应云卫主要管对外,他要施展浑身的解数去应付抗战时期四川这个特殊的品类混杂的大后方的市面;而剧团内部的稳定与团结一致,则全赖于白尘的力量了。我常在想,假如白尘是处在一个政治环境里,大致于国家,他必然是一个治世之能臣。然而,就在这样的琐事纠缠之中,白尘的写作不辍,《群魔乱舞》、《大地回春》、《结婚进行曲》……都曾轰动山城。日本帝国主义无条件投降之后,白尘又写下了著名的讽刺喜剧《升官图》,它由大后方演到了解放区,又演到了收复区上海,风靡了半个中国!

四十年代以新中国的成立而告终结。我由于和白尘的工作单位不属一个系统而较少接触,但我相信我们都是以相似的无比激奋的精神投入自己的工作的。然而连做梦也想不到,那一个接一个的政治运动使我们的满腔建设新中国的热情趋于毁灭。我与白尘有几度被长时期地阻断了彼此的联系,不知道茫茫大地,到哪里去寻找踪迹。

等到一个个灾难过去,总算能够劫后重逢的时候,想不到我们竟都是鬓发皤然的老年人了!朋友们大都知道我和妻子及全家的遭遇,常常在交往之中给以友情的安慰,使我内心的感激不知如何表达。而白尘给我的关心,尤其是这样。

两年前,我终于有机会去了一趟南京,专程拜访了白尘兄和金玲嫂。没有想到白尘已显得那般苍老,说话与行走均显迟缓与衰弱了,我感到异常的伤痛。我的语言顷刻变得那样贫乏,连一句能使他高兴的安慰话都说不出来。自然,人都会有这一天,但我仍旧压制不下自己的感情。在我的印象中,仍是他当年那样精明,沉着,从容,睿智的神态,我怎么也不能理解、不能接受当年的英才、将才、帅才何以衰弱至此,这才是真正的悲剧!

　　白尘兄终于离开我们了,我四易其稿,难以写成一篇倾述我内心情感的悼文。近日我忽然读到白尘女儿追念他父亲的文章《坎坷踏尘世,执笔到白头》(载《书与人》一九九五年第一期),我不能不震惊了——文章回忆了白尘坎坷的一生,却也是他笔耕不辍的一生:他在国民党的黑牢里写作,在日本飞机的轰炸下写作,在受到特务的严密监视后仍写作,在遭到"四人帮"的诬陷时依然写作……世人无不知我大半生曾遭遇过很多的挫折与不幸,为此我经常受到人们友好的热情的慰问与关注。尽管我对这些受过的苦难总是一笑置之,但是别人说多了,亦会使我伤心和激动。然而,今天当我了解到了白尘兄那不屈的一生后,我不能不感到震撼!比起白尘所经历的苦难与折磨,我那点遭际又算得了什么?应该受到关怀的正是陈白尘的一家;应该受到审查和严惩的正是那些阴冷毒辣,败坏共产党和共和国威信、连起码的做人的条件都不具备的,专门诟害人、暗算人的家伙们!像陈白尘这样的共产党员有多少?到哪里去找?……

　　这是一篇迟到的文章,但是从心底里写成的。让我再向白尘兄及他的全家致敬,我深深地、永远地怀念他。

碧 野

难忘的记忆

　　抗战前,在北平,我读过白尘的《小魏的江山》,那是写狱中生活的一个短篇小说,给了我很深刻的印象,使我终身不忘,并且使我对这一位正义的作家产生敬爱之情。

　　一九四一年,我从中原前线第一次来到重庆,在观音岩"文协"的一间灶披间里,我看见一位青年在破旧的桌子前挥毫练字。字如其人,劲秀、潇洒、峻拔。原来他就是陈白尘,这是我第一次和他见面,"啊,白尘!"我高兴得心跳。

　　隔不两年,我又来到重庆。挈妇将雏,我已有家小,居住陡坡上的小竹楼,贫困潦倒。正好重庆上演白尘的话剧《升官图》,我喜冲冲赶写了一篇文章,换得些稿费,买了两张票,带着妻子、抱着吃奶的女孩,在昏黄的山城街灯下赶往剧场。《升官图》鞭挞了日薄西山的国民党统治,真叫人痛快!

　　剧终散场的时候,我才发现睡在我怀里的女儿脚上丢掉了一只小布鞋。

　　八年抗战,中华民族终于获得了胜利,我流浪到了上海。

在上海,人生地不熟,我经常跑去看望有数的几位朋友,白尘家是我拜访最多的一处。国民党发动内战,败迹累累,狗急跳墙,逮捕进步人士。在这恶劣的处境中白尘气愤地告诉我:有一位"文学评论家",竟把他作为"革命的斗争对象"!白尘忠于革命事业,爱祖国,爱人民,受过多年的牢狱折磨,为进步文艺事业做出卓越的贡献,写作和上演大量的话剧,怎么能是一个"革命的斗争对象"呢?!

我无家,寄住在一个熟人的亭子间里。白尘为人忠诚、正直、热情,他明辨是非,要我注意让我寄居的那个人的身份,嘱我不能轻信对方,以免发生不测。

以上两件事,无疑是白尘在政治上对我的帮助和爱护。

白尘出于兄长的感情,给我以高洁的友爱。

日月同辉,大地光华。一九四九年,中国历史翻开了崭新的一页,中国各族人民大翻身。

在北京,我和白尘重逢的时候,他的智慧的额头已经出现了皱纹,昔日的艰苦奋争,给他留下了残迹,但也磨练了他的意志。

这时,他负责《人民文学》的编务,重担在肩,他为中国新文学事业鞠躬尽瘁。《人民文学》是中国作家协会机关刊物,读者如云。他日夜辛劳,孜孜不倦。他善于团结作家,刊物办得丰富多彩。像我这样一个普通作家,也在他的培养下接连发表了在北京写成的《去虎盘河》,在新疆写成的《十八盘山暴风雨》,在鄂西北写成的《武当山记》。他对作家的鼓舞和爱护,为中国新文学史谱下了动人的一章。

在创作上受到的白尘的关心,至今,在我身上仍灌注着一股暖流。

白尘著作等身。在文学创作上,他始终给我们作出示范,即使在繁忙的编务中,他也挤出时间,写出农民起义领袖《宋景诗》。即使在遭到"四人帮"残酷迫害后,抱着疾病之躯,在南京完成巨著《大风歌》。

"四人帮"垮台后,白尘蛰居南京。

一九七八年三月,我从武汉顺流东下南京,转上海去浙西新安江水电站补充长篇《丹凤朝阳》生活素材。船行前,我给白尘电报,请他接船。

船到南京,长江大桥上已电炬烛天,夜色中,难辨人影。

我循阶登岸,离船的人潮奔涌,怎么不见有人接我?我正在慌乱中,忽然后面传来频呼我的声音:"碧野,碧野!"我回转身子,在码头不明不灭的灯光下,发现一个人站在岩石上呼唤。"啊,白尘!"我扑了上去,被白尘紧紧地搂住了。

"四人帮"已垮台将近两年,没想到白尘还没有"解放"。他求江苏省文化局派了一辆吉普车,把我送到省招待所,住进了八人房间。

江南春寒,招待所庭院里的木笔花(又名木兰)含苞未开,这正如仍受管制不得自由的白尘难以施展才华。

在南京,我访问白尘家,金玲为他作伴,夫妻聚首,不幸中的大幸。

白尘家居陋巷,生活简朴。夫人金玲盛情家宴招待,主菜只是一大碗蚌红猪肉而已。

白尘喜欢小饮两杯,神情昂扬。他不为世俗所累,恬然自得。他唯有的一张写字台,台角摆着湿毛巾,随时拭抹,纤尘不染,明亮如镜。这正如白尘寄情的文学事业,人品,端正不阿;文品,严肃纯真。

就是在这张陈旧的写字台上,他写下了自己的干校生活的苦难,写下了他的巨著气势磅礴的《大风歌》。

一九九二年盛暑,我至上海出席一个会议。因想念白尘,会毕,我即转向南京。

白尘夫妇早已乔迁新居。园林别墅环境清幽。

我到达南京的第二天一早,就急忙去看望心中想念多年的白尘。

走进绿荫笼罩的门庭,就看见一个娟秀的女人坐在靠门的一张小桌边。她立刻认出了我,起立迎接。"白尘呢?"我问。她指向通内间的门口,白尘正安详恬静地坐在那儿。

我快步上去握住白尘的手,他高兴得扬眉睁眼。在握手间,一般暖流流入我的心中。白尘还是那么热情、真纯。可是他行动不便,坐着难以起身。

平日里,当草叶上的露珠在朝阳下闪烁,或当夕阳映红树梢,金玲总是用手推车把白尘送到庭园里去兜圈,吸吸新鲜空气,散散心。

白尘和金玲,夫妻恩爱几十年。

白尘对我喁喁而谈,如山间的流泉出自他的深心。

我又一次感受到了白尘的温暖的友情。

一轮红日挂上大树梢,白尘长谈,我怕他过累,起身辞行。

我难得来南京一次,更难得和白尘夫妇见面,白尘突然起立,双腿慢慢地移动,送我到门口。

白尘很难举足出户,站在门槛内,低首垂眉,亲切地喃喃对我说:"五年后,我们再见面!"

可是只过了两年,白尘却离我们而去了!白尘的音容笑貌仍在眼前,留给我的是长相忆。白尘的艺术成就辉煌在人间!

黄秋耘

可敬爱的喜剧人物
——悼念陈白尘同志

优秀的剧作家、文学界的老前辈陈白尘同志离开我们已经一个月了。

从一九五四年九月间开始,我和陈白尘同志在中国作家协会共事。当时他担任作协的秘书长,我在作协主办的《文艺学习》月刊担任常务编委,秘书长主管日常行政工作,很少过问各个刊物的编辑业务,因此彼此直接接触的机会不多。使我感到有点奇怪的是,尽管秘书长是领导干部,陈白尘身为秘书长,但是在历次政治运动中很少主动起带头作用。无论是反胡风也好,批丁、陈也好,反右派也好,他都很少发言,偶尔发言,也不过讲几句"随大流"的话,不超过十分钟。机关里有些同志议论,陈秘书长对政治运动好像不大感兴趣,他平日开玩笑,说笑话,倒是挺起劲的,不是一个沉默寡言的人。

一九六六年前后,陈白尘同志和我都被调离作协,他调南京,我调广州。"文化大革命"一开始,我们又都被揪回北京接受审查。我是一九六六年十月底回到北京的,陈白尘比我早到一些。我回到作协第一天就被带到顶银胡同三号作协宿舍的一间三四十平方米的大房子里,那儿放着三张单人床,四五张办公桌,只住着刘白羽、陈白尘和我三个人。我的那两位同审难友表现得完全不同。刘白羽忧心忡忡,愁眉不展,从早到晚埋头伏案写材料,难得说一句话。他对我说的唯一一句"悄悄话",就是:"唉!这回真是一场十二级台风啊!"陈白尘却满不在乎,整天在打哈哈,装出一副玩世不恭的样子。他大声对我说:"别看局势那么严重,我看到头来会出现一个戏剧性的收场,揪出来的人那么多,总不能把他们都枪毙掉或者判刑送去坐牢嘛,牢里容不下几千万啊!顶多来一个统统罢官,削职为民,那又有什么了不起,我正求之不得呢!"除夕之日,我抄了一首黄晦闻的《岁暮示秋枚》七律诗,拿给陈白尘看:

来日云何亦大难,
文章尔我各辛酸。
强年岂分心先死,
倦客相依岁又寒。
试挈壶觞饮江水,
不辞风露入脾肝。
何如且复看花去,
蓑笠人归雪未残。

陈白尘看过后,一本正经地说:"'文章尔我各辛酸'、'倦客相依岁又寒',这两句诗倒很贴合咱们当前的处境。不过,'强年岂分心先死'这一句,我不赞成,心不能死,心一死,就什么都完了。'哀莫大于心死'嘛。咱们的气质不大一样,我是个喜剧人物,我的代表作《升官图》、《结婚进行曲》都是喜剧,你嘛,说句老实话,恐怕只适合做个悲剧人物!"说完,他怕我误会,又加以解释:"老弟,别想不开,悲剧人物不见得一定没出息,伯夷、屈原、荆轲、李广、岳飞、张学良、杨虎城、彭德怀……全都是悲剧人物,他们赢得很多人的同情,他们的悲壮事迹将永远铭刻在人民的心灵上。受到唾骂的不是他们,而是那些装腔作势的小丑，祸国殃民、伤天害理的'英雄'，趋炎附势、飞黄腾达的新贵。当然，喜剧人物不见得全都是坏人，悲剧人物也不见得全都是好人，要根据具体情况作具体分析。有一些历史人物，例如恺撒、拿破仑、克伦威尔、慈禧太后、袁世凯以至斯大林……究竟算是喜剧人物还是悲剧人物呢？就很难说，一个人往往既是喜剧人物，又是悲剧人物，以喜剧开始，而以悲剧告终，或者恰恰相反，或者悲喜交集。"陈白尘这番富有哲理的名言谠论，是值得我们再三深思的。

"文化大革命"后期，陈白尘和我都到干校去，陈白尘去湖北咸宁干校，我去广东英德黄陂干校，离开干校以后，又各奔前程，天各一方，难得再有聚首的机会。据作协的同志后来告诉我，陈白尘在咸宁的时候，仍然以革命乐观主义精神激励着周围的战友共同度过"文革"最后几年艰难的岁月。他真不愧是一个可敬爱的喜剧人物！

一九九四年六月二十八日于广州

胡　可

悼念白尘同志

我们敬爱的前辈戏剧家白尘同志离我们而去了。他的辞世给我们带来震惊和巨大的悲痛。他的渊博的学识、丰富的经验，许多还没有来得及留下来。他的匆匆离去，是我国戏剧界重大的无法弥补的损失。

我同白尘同志的接触，比起戏剧界熟悉他的许多同志来并不是很多的，但是他的作品和文章，他的思想和人品，却一直为我所仰慕。白尘同志轰动剧坛的名著《升官图》，我是在战争期间读到的；在第一次文代会上又曾看过他的著名喜剧《等因奉此》的演出；建国以后又陆续读到和看到他写的话剧《结婚进行曲》和由他执笔的电影《乌鸦与麻雀》、《宋景诗》等。从那时起，我就把这位喜剧大家视为自己的老师。我认识白尘同志是在五十年代初，那时他正担任中国作家协会书记处书记和秘书长，后来又担任了《人民文学》的副主编。说到这里我要顺便提到，那时戏剧创作是作为文学创作的一个门类由作协来管的，剧作家和诗人、小说家一样，受到作协一视同仁的关心，那时作协常常对新出现的剧本组织讨论并研究戏剧创作问题，《人民文学》和各地的文学刊物也都发表剧本。以上这些属于完全正常的情况是和白尘同志在作协主持工作分不开的。他在作协工作期间,我曾多次听到过他的意见,得到过他的指教。在读他的作品和文章、听他的意见当中,给我印象最深的,是他那强烈的社会责任感和创作上严格的现实主义要求。我把这种责任感、使命感和严格的现实主义精神视为我国话剧的战斗传统,我们从许多前辈剧作家身上感受到这种传统,这种精神也强烈地体现在白尘同志身上。建国以后的五十年代,当时一方面文艺工作发展很快,取得了可喜的成绩;另一方面在有些单位也存在着不尊重艺术规律的情况,有时提出不适当的要求,加以无冲突论的影响和文艺批评中的简单粗暴现象,特别是频繁的政治运动,曾使白尘同志这位精力旺盛的剧作家的创造精神受到了极大的束缚,使这位在喜剧领域、在历史剧领域功勋卓著的老剧作家未能有更多的新作品问世。但是他在自己的岗位上,凭着自己的丰富创作经验,一直和那种阻碍创作正常发展的公式化概念化倾向、"左"的倾向进行着斗争。他不止一次地指出过无冲突论的谬误。他是喜剧大师,在一九六二年初于广州召开的话剧、歌剧、儿童剧创作座谈会上,他专门作了以"喜剧杂谈"为题的讲演。他认为"喜剧的武器是笑",对讽刺和幽默的问题,对对待敌人和对待人民内部的缺点、旧的事物如何运用讽刺武器的问题,发表了精辟的意见。他在卫护正确的文艺方针方面做出的贡献是令人难忘的。

白尘同志留给我的另一个深刻印象,是他对年轻剧作者的关心、爱护、帮助的热诚。我作为当时的一个年轻剧作者,对这一点是深有体会的。若干年后他在南京大学开设了以培养年轻剧作家为宗旨的戏剧研究室,培养了许多位全国知名的剧作家,我觉得,白尘同志这方面的贡献,正是他从五十年代起就一直着眼于培养戏剧创作人才的宿愿在新的历史条件下的实现。作为戏剧教育家的白尘同志,在教育、扶植、培养剧作家方面的贡献,在我国还是前无古人的。

白尘同志离开我们了。作为他的学生,我们应该认真遵照他的遗愿,在党的"二为"方向和"双百"方针的指引下,在用优秀的作品鼓舞人的总目标下,努力做好我们的工作,以慰先生在天之灵。

向陈老的夫人金玲同志和子女们致以诚挚的慰问。

白尘同志永远活在我们的心里!

一九九四年六月十六日

徐晓钟

永葆青春的两位戏剧大师
——缅怀佐临、白尘老师

一九九四年的夏天,中国戏剧界失去了两位勇敢的新戏剧的探索者,两位永葆青春的戏剧大师——佐临老师和白尘老师。

佐临老师从艺六十年,编导了将近一百台戏剧和多部电影、电视剧,培养了许多优秀演员、导演和剧作家,留下了一个由他创造的戏剧美学词汇——"戏剧观"和表述他的"戏剧观"的许多撰述、评论、学术性文章,尤其是他的许多非常有价值的舞台实践。

五十年代,佐临在中国介绍布莱希特理论,他从介绍布莱希特开始,经过对斯坦尼斯拉夫斯基、布莱希特和梅兰芳之间的比较研究,最后发展到探索三者相互交融的可能性。他从五十几岁的《激流勇进》到八十高龄时排演的《中国梦》,走过了一条艰苦曲折的道路,可以讲,在艺术的探索精神上,黄老从未老过。在创造思维上,佐临老师是一位永葆青春的大师!

佐临老师对中国戏剧教育事业也做过重要的贡献。在重庆国立戏剧专科学校时,在教学和戏剧演出中热心地实践斯坦尼斯拉夫斯基体系;新中国成立后在上海人民艺术剧院卓有成效地办过学馆,培养了不少的优秀演员。一九六三年春天,中央戏剧学院表演系 59 班在天津进行巡回演出时,佐临老师带领学院青年教师对《霓虹灯下的哨兵》进行了指导和加工,使我们的学生和青年教师受益匪浅!我也带领过导演系导演师资班的中青年老师专程到上海去向他求教。他培养的许多优秀的演员、剧作家和导演,以及曾经受业于他的青年学子,现在都在为我国戏剧和影视艺术事业发挥着重要的作用。

戏剧界都知道佐临老师是个非常幽默的人,豁达的人,爱讲笑话的人。他的座右铭就是"开口便笑,笑古笑今",一次,我带着学生去看他,并请他讲布莱希特,他诙谐地说,五十年代我排《胆大妈妈和她的孩子们》时,我用"间离效果","间离"来"间离"去,把观众都从剧场里"间离"跑了!听的人哈哈大笑,然而在佐临老师的笑话中,含有对自己艺术实验的极苛刻的总结。正是对自己要求的苛刻,使佐临老师的艺术常青!

四十年前佐临老师从理论和实践上介绍布莱希特时,曲高和寡,今天,中国戏剧界不仅接受了布莱希特,而且根据自己的艺术经验、自己民族传统的美学原则融化了它,发展了它;佐临老师的理论,他排演的《激流勇进》和《中国梦》在今天看,也是充满着朝气的作品。今天,佐临老师不在了,可是他的笑声,却永远留在我们中间!

白尘老师是我敬重的剧作家和老师。无论是他从三十年代到八十年代写下的五十部戏剧、电影作品和他在国立戏剧专科学校的教学、学风,都直接、间接地教育过我。一九八九年春天,南京举行"南京小剧场戏剧节",南京的报纸约佐临老师、白尘老师和我三人在白尘老师家里座谈对"小剧场戏剧"的看法。这是我最后一次当面聆听两位老师对戏剧运动、戏剧创作的精辟见解。白尘老师对自己的学生有特殊的情感,他对龙云的创作和另一位在中央戏剧学院工作的研究生总是记挂在心,每当我从北京去,关于他们两个人的近况,他总要问这问那。一九八九年我在南京见他时,他问我在干什么,我说正在排演龙云的《洒满月光的荒原》,那年戏没能上演。一九九三年春天我与龙云再次合作,在北京演出了龙云的诗剧《洒满月光的荒原》。我们了却了他对学生创作的一桩心事。龙云对生活的忠诚,对新戏剧的苦恋,对时代的敏感,都是白尘老师对学生谆谆教导的和他自己一生所奉行的艺术真理,如果他看到了这台戏的演出,我相信他会是很高兴的!

两位创造不息的戏剧大师、诲人不倦的戏剧老师离开了我们,他们留下的戏剧文学和导演创造的理论和实践的财富,已经撒进了中国戏剧的土壤和江河,中国戏剧界今后向人民捧出任何一点新成就时,我们都会轻轻地说:谢谢您,佐临老师!白尘老师!

唐振常

壮志未酬哀白尘

几年前,陈白尘答谢我寄赠的悼师友集《往事如烟怀逝者》,有句云:"惜我未死,不及见写我之文也。"这自然是开玩笑的话。然以多年衰病之身,写此不祥之语,不免令我心惊。今天真的执笔悼白尘了,这些年他的衰病之情,悲怆之心,思之凄然。

两天前,得知噩耗,即发一唁电给金玲嫂,中云:"五十年相交,厚我爱我,此情长在。"

五十年前,白尘早已是负盛名的作家,我是个爱好文艺的青年,他主编成都《华西晚报》副刊《艺坛》,兼编《华西日报》星期天的文艺专刊,因为写稿,我们认识了。他不以我年少无知见弃,常相来往,时作鼓励,并主动介绍我加入文协。此后我亦入《华西晚报》工作,我们住在一起,吃在一处,同在这家穷得不堪言状的报馆为理想而奋斗。其时也,白尘方三十余岁,我则二十出头,人世艰辛,浑然不觉,以为天下事无不可为,今日回念前尘,真放翁所谓"早岁那知世事艰"也。此后数年,同在上海,每多过从,杯酒共话,笑谈天下事,乐以忘忧。他北迁以后,是个大忙人,我北去,他南来,还能碰杯。他还是老样子,不堪酒,多醉,出言纯真如旧。

忽然听说他谪居南京了,其故语焉不详。"文革"乱定,他忽然寄来新作《大风歌》油印本,并云,《剧本》月刊求他荐人写一评论,问我愿写否。读竟为之大悦,即写一长文寄给他。至今犹觉歉然的,我文直写,多繁体字。白尘收到后,请其夫人金玲按通行格式抄录一遍方寄《剧本》月刊发刊。宝刀不老,其笔如椽,《大风歌》可称传世之作。我始终不明白,后来改编电影,终致停拍,其故安在。此事甚伤白尘之心,亦未便多问。其实,《大风歌》是真正的历史剧,所写皆于史有据;白尘也一再说过,所写是历史,无所谓影射。如云讽喻,它毕竟是剧,非历史学论文,兴观群怨,读者之感,那是作者所不能负责的。

白尘写《大风歌》之时,他的"案子"尚未了结。在极艰难的情况下,日夜奋战,写成剧本,全家努力,自刻钢板油印,其志壮矣。白尘受人尊重与推崇,自然由于他在中国文坛和剧坛的业绩,早年之作,举世公认,中岁以后历遭大劫,而继《大风歌》之后,佳作频出,亦为众所公认,由于任教南京大学,他在创作之外,又复兼及戏剧史及戏剧理论,主编巨著,为中国戏剧史留下了宝贵的财富。

晚年在南京,生活渐趋安定,心情渐畅,这得亏他早年难友匡亚明的助力。匡亚明把他请到南京大学任教,在生活上安排至善。惜乎患病,壮志未酬。他想写的东西还很多,最重要的一项,是完成关于太平天国的话剧巨著。白尘早年即以所写太平天国话剧负盛名,历劫之后,他仍不能忘情于此,想继前作,续写数部。当未病之时,我去南京看他,他详谈其所构想,并提出三个问题,不耻下问及我。我们畅谈终日,饮酒及醉。我期待着他的太平天国话剧续作问世。天不佑善人,白尘病了,根治难从,被迫搁笔。数年前往访,相见执我手久不放,我问安否?他答语却云:"无所事事,不知何以终日。"言讫泪下。我亦泫然欲涕。此去南京本为开会,他邀我住其家。我知道他的作息时间安排,心念住在他家必打乱他的日程,于养病不利,坚谢之。两年后,又去南京一次,他说话已感吃力,早年口吃之习更烈,已经难于畅谈了。坐终日,竟是相对无言之时多。我知道,此后恐怕再晤的机会更少了。

不久前,白尘的学生、侄女婿李天济告,白尘已入危急状态。我只能默祷,期尚能挺住一时,而终于撒手去了。

白尘所给予这个世界的很多,而世界给他的远不足。壮志未酬,然遗泽已将及于永久。

一九九四年五月三十日

车　辐

如烟往事忆白尘

一九四三年夏"中华剧艺社"来成都,是以《华西晚报》名义邀请的。全体人员到达成都后,住五世同堂街报馆大院内,《华西日报》与《晚报》两报同人都热情地为艺术家们提供工作上、生活上的方便。陈白尘先生同我们几个报人的友谊就是这样凝结起来的。

白尘先生来了以后,主持了两报副刊,丁聪为其美术设计,中华全国文艺界抗敌协会成都分会会员们都全力支持,几个大学的教授、学者,进步的学生们也为之挥毫。李劼人就说:"我们以《新华日报》为准则。"态度鲜明。白尘更以其犀利的杂文见于《晚报》副刊,他都是用的别名,或用一个字代。他是前辈,他的言行和工作谨严的态度,直接影响了我们,教育了我们。我们同他近三个年头的相处,亦师亦友,包括体弱的金玲大嫂那样地照顾白尘,对待朋友,我们都以她"长嫂当母"看。

当时,"皖南事变"的阴影还笼罩着成都,中华剧艺社一来到,也来了一些早已有名的作家,如有神童之誉的吴祖光、贺孟斧,赵慧深等。其中陈白尘挑起了成都文协领导的担子,团结了爱好文艺的广大群众;开拓了《华西日报》,主编文艺周刊《星期文艺》与《华晚》的《艺坛》,这两大副刊成为抗日战争时期中大后方著名的报纸副刊之一,向敌人发出致命的投枪,对妥协投降者予以揭露!并以两个文艺阵地的副刊团结、培养、教育了一大批文艺青年,这些当年的文艺青年后来又大多成为下一代文艺战线上的骨干。他积极支持、参加当时成都地区进步的学生运动,一有消息,便在他主编的副刊上载出,以短小有力的文章配合,如匕首一样直刺敌人。因此国民党反动当局的新闻检查处给以种种留难,经常扣留稿子,使报纸经常开"天窗",白尘马上提笔,用"浩"、"江浩"笔名补上"天窗"又送审,此时他猛力地不断抽纸烟,集中精力写文章,我们看到心里难受,于是我同黄是云几个酒友就去约他到荔枝巷的正发园去吃"胖子肉丁",白尘能饮,全兴大曲能来上半斤,微醉的他也淡淡地谈了他的过去,原来他早已是共青团员了。

一九四三年十一月十五日,成都文艺界集会为叶圣陶五十寿辰祝贺,白尘在那一个月以前就忙起来,他说:"为叶老祝寿,要表示成都文艺界的力量,有针对性,针对国民党反动派那一套。我们都要去道贺,都提起笔来写文章,要借题发挥。"祝寿会堂布置在新南门外锦江之滨的竞成园,那天近百人到会。其中,中华剧艺社社员占大多数。

在社会上一些有意义、进步的文艺活动,凡请了他的,他都去了。当时四川大学学生的进步活动是通过"民协"领导的一些学生团体来进行的。诗人、新华社记者孙跃冬回忆说:"每次去请陈白尘,他无论怎样忙,总是有求必应,每到必讲,一九四五年端阳节举办诗人节,请了陈白尘与叶丁易参加,会开到夜深,我负责送他们到九眼桥,为他们雇黄包车,他们坚决不要车钱,向他说明是专项开支,他也不让给。还有华西坝上五所大学的进步的学生团体,也请他讲演,他都去了的,成都夏秋天气,时来暴雨,纵然他坐了黄包车,从南门外回到东北角的五世同堂街,也淋得一身湿透,白尘身体很好,少有伤风咳嗽。前几年我每去南京,必去看望他,使人不安的是他确实一年比一年衰老了,两年前他过八十岁,我去看他身体就更差了!他的动作迟缓,几乎是举步维艰,也更令人耽心了!怎知道他在上月二十八日病去了呢!"

一九八三年五月全国文联来川访问团到成都,他急于要我陪他去看看离开三十七年整的五世同堂的《华西晚报》编辑部宿舍,他看后一切皆非,目瞪口呆了。当时他还提出要看看贫病交加而死在成都的江村与施超的墓地,我向他说:"十年浩劫"中早已化为平地,连郭老写的"诗人江村、剧人施超之墓"那块石碑也化为乌有了。这时候他也沉默了,不是什么偶感往事而伤怀,屈指算来,他摇摇头,声音突然低下了:"如今只剩下我一个人了!"——可是今天,剩下他一个人也看不到了,思绪万端,叫人怎么说?我看到他的,是一个忠诚于人民文艺事业的人,他以他的言行影响人、帮助人、教育人,是一位慈祥温和带有几分幽默感的老作家;平易近人,尤善于团结年轻的文艺爱好者。孙跃冬在《他站在青年人中间》一文中回忆:他最初寄一首习作诗歌给他编的副刊,很快就被刊用,还写信给他,要他继续写稿。"白尘同志当时是著名的剧作家,却在百忙中写信向我这样一个普通的文艺青年约稿,这给人多大的鼓舞啊!"我有多次从报馆出来,碰见青年学生问陈白尘住哪里,要我带他们去见先生,他们还带了作品去求教,白尘却一一给他们进行指导帮助,有时长达一两个小时。两年多的时间,他团结、培养、教育了一大批青年,"石在,火种不会灭"。他二十年代开始走上文学创作的道路,三十年代参加革命队伍,从事革命文艺创作组织、领导工作,五十年来创作大量优秀话剧、电影、小说、散杂文,培养众多的戏剧艺术人才。他的讽刺喜剧《升官图》轰动四十年代剧坛,话剧《大风歌》(在李致主持下,一九七九年由四川人民出版社出版),一九八〇年获国家创作一等奖。《中国现代戏剧史稿》获得一九九二年全国高校优秀教材特等奖。他晚年的创作是"悄悄地退回屋里,提起笔来再写我所不会的诗,记下我的悲哀、痛苦、愤怒和抗议!"直到一九七七年七月初回到南京,他的创作如奔腾的野马,对自己呼号:"我要写!我要写!我要写出最好的诗来献呈我最敬爱的人!"他留给我们的是凝聚他老人家一生的心血和爱与恨。

白尘离开我们而去了,我在收到"陈白尘同志治丧办公室"的《讣告》上看到醒目的头一句:"中国共产党员"。是的,他无愧这一称号。

张逸生　金淑之

哭白尘师

五月二十八日一清早,白尘的女儿陈虹打来"我爸去世了"的长途电话,真是晴天霹雳啊!令人惊愕!苍天竟残忍地夺去了我们常相思念的老师又是战友的白尘的生命!我们哀伤,我们悲痛,多么遗憾啊!天南地北,我们不能前去看一看你的遗容,只能温一温刻在我们心底的永远抹不掉的你的音容笑貌;只能遥对金陵的南天泣呼:我们的老师!我们的亲密战友!永别了!你安息吧!

我们忘不了,一九三八年的国立剧校,你给我们讲过戏剧的社会价值,讲过戏剧要寓教于娱乐之中,还有戏剧要面对现实,等等,指引我们走上演剧的途径。也就在这时,你创作了《魔窟》等反映那个时代现实的剧本。

那正是进行民族解放战争的年代,我们拿起戏剧武器,走上社会,从事抗战救亡运动,去体现戏剧的社会价值。真是千里有缘来相聚,一九四一年,我们又走到一起了,在你所创建并主持的、名为民营实为中国共产党领导的战斗团队——中华剧艺社,并肩战斗了六个春秋,那甘苦与共的岁月,是我们永远难忘的啊！

在北京，在阳翰笙同志生前，我们时常谈起中华剧艺社的创建。那是反动派倒行逆施的年代，在震惊中外的"皖南事变"之后，大后方人民群情激愤，特别是文化界人士义愤填膺，以为应给反动派以有力反击，想到演剧是最有效的武器，但只靠在官办团体的同志和朋友是不行的，需要有一个自己的战斗团队。在如此情势下，当时在国统区领导革命文化工作的阳翰笙同志，首先找到了你商谈组建戏剧团社的问题，然后报请周恩来同志做出决定后，开始筹划起中华剧艺社的组建。剧社的方针大计，都是阳翰笙同志和你商订的。由于重庆社会的复杂和险恶，必须要有一位能应付三教九流和五花八门环境的人来作剧社的出面人员，也是你和阳翰笙同志在我们的同志和朋友中选出应云卫的。在建立集思广益集体领导的理事会中，除应云卫任理事长（对外为社长）外，是翰笙同志指定要你任总揽内务的秘书长，协助云卫办社。理事长也好，秘书长也好，担子都是沉重的。

经周恩来同志批准，设法筹得了三千元开办费起家，首先是开支演出费用，其次是供数十社员的大锅伙食，再没有别的余钱了；营业状况如果好了，可以发点购买日用品的零钱，薪金是没有的，而且要日以继夜地排练演出。如此艰难的物质条件和劳动情况，怎样来维持一个专业剧社，而且不是一年半载，而是六七年之久，恐怕今天少有谁能想象得出。

剧社的生存，靠的是志同道合、为抗战戏剧运动的爱国主义奉献精神，也靠的是领导成员的凝聚力。社长也好，秘书长也好，导演、演员、工人也好，所有的社员，自始至终团结合作无间，相处得情同手足，亲如家人。中华剧艺社就是这样的大家庭，我们都是这个大家庭的成员，这情谊是难以忘却的。这个集体肩负着时代使命，一方面要进行抗战戏剧运动，一方面要对倒行逆施的反动派进行斗争，这是个战斗集体，战斗的情谊更是深厚而可贵的！

中华剧艺社的首次公演，就是你白尘的《大地回春》。我们在大声呼吁要"春回大地"！开锣戏演出就得到舆论赞扬，然而却遭到反动派的仇视。在反动派的政治和经济的双重压迫下,剧社又演出了阳翰笙的《天国春秋》和郭沫若的《屈原》等直刺反动派的剧目,更激怒了反动派。到一九四三年春末要演出《石达开》时,反动派竟釜底抽薪地卡掉了我们演出的剧场,我们不得不求助楚剧团,请他们让出剧场给我们救急。为防止剧社遭到更大的迫害,党内决定让剧社暂离重庆。周恩来同志通过南方局布置四川地方党照顾剧社转移到川西一带活动。剧社到了成都之后,因工作需要,又给你加上了两副担子,一是成都文协,一是《华西晚报》。在《华西晚报》,你像一把烈火,曾烧向地方恶势力,险些遭到特务的毒手残害,但毫未减弱你的斗志,照常在《晚报》播撒火种。同时你仍在照顾着剧社内务。在剧社经济困窘、负债累累、债主几乎天天坐在票房收取票款的一段日子里,个别社员误会应社长经常在外面吃喝,不和大家同甘共苦,而有非议,是你找个别社员谈话,又建议应社长召开社员大会,向社员解释在外应付债主的苦衷,并请大家共商解决社内问题的办法。经过那次社员大会,消除了误会,也议出了由刘郁民管业务、张逸生管生活、应社长在外面办事的决定。从此,随便脱离大锅饭生活、产生纷乱的苗子消失了,剧社一切平安无事,照常演出。

一九四五年,日本投降,在大家兴高采烈欢庆胜利之际,报上登出了国民党军事当局的命令:"令八路军就地待命,不要参与受降。"我意识到时局的变化而对大家欢庆胜利泼了冷水,引起有些朋友的反感,而你对我的态度表示理解,给我以慰藉。事实上不到几天之后,一片反对内战的呼声响彻了大后方,随之成都党组织发动了成都文化界对时局宣言的签名运动,剧社全体社员都签了名。从这件小事上,给我一个很深的印象:你作为作家,有着善于对现实审察的敏感,使我敬佩!

抗战结束了,应抗战之运而生的中华剧艺社的历史任务完成了,一九四五年底,告别了蓉城,回到重庆。这时全国正掀起民主运动高潮,反动统治者被迫召开了政治协商会议,剧社全体除投入"促进政治协商会议"的签名运动外,继续进行演出。在较场口事件之后,在文化界抗拒审查制度运动的时刻,剧社和四川剧校校友组建的戏剧协会合作，公演了你的新作《升官图》。这个被公认为"新官场现形记"的讽刺喜剧，和观众一见面，立刻就轰动了山城，也震惊了反动派，只是顾到了伪民主面子，未便公开禁演，却指使特务进行捣乱，就这样在时刻警惕中还演了几十场。这是中华剧艺社告别大后方观众的剧目，这个战斗的剧社，以演你的《大地回春》为开始，最后演的也是你的《升官图》，可谓自始至终，都是用的你陈白尘制造的锋利的武器作战斗。这是中华剧艺社的荣耀，也是你陈白尘的荣耀。这是戏剧史上值得记述的一笔。

中华剧艺社演完了最后一个剧目，在艰难困苦中也算"复员"了。我们受到重庆戏剧界的朋友挽留，得到阳翰笙同志"占领阵地"的指示后，又留在重庆战斗了几个月。在我们演出的三个戏中，第二个就是你的旧作，那是你还在给我们讲课时就写出的，揭露一群沦陷区的地痞流氓、汉奸争夺官位的闹剧《魔窟》。我们在反动派背信弃义撕毁《双十协定》、在南京召开准备选举总统的"国民代表大会"时，用《新官上任》之名，把它搬上舞台。可爱的观众，心领神会，从舞台上的新官上任，联想到违反民意的即将出现的新官上任，赞扬演出的现实意义，同时也招惹了反动派的敌视。当我们再演出寓意反内战的《楚霸王》时，反对派就找了麻烦，施展了压力。

你的讽刺喜剧，是焚烧丑恶的烈火，不止是我们演剧界所喜爱，更是广大观众热烈欢迎的。在我们先辈和同辈中，像你那样心里装着光明和真美善，仇恨黑暗和假丑恶，而善于表现于戏剧的作家，为数是不多的啊！美与丑、善与恶，不仅是过去存在，在什么年代恐怕都会存在的，比如今天反腐倡廉中出现的诸多案件，比如今天的打假、扫黄等运动里揭露的诸多不良现象，比如……有列举不完的值得讽刺、嘲笑、批判、鞭挞的现象有待善于笔伐的作家去创作，创作出使观众在娱乐中得到启迪，而产生社会效益的作品啊！记得你当初任教南京大学时说过："但愿今后能写出几本像样的剧本来"，我们也一直在盼望着你的新作啊！然而你竟过早地离开我们了，这不止让我们感受到丧失亲人的悲痛，更是戏剧事业的无可衡量的损失啊！

李天济

五十六载，师恩如海

恩师白尘先生辞世快一年了。时间如流水，却未能冲淡伤痛，心情倒渐渐平静下来了。平静中，老师的音容笑貌又愈益清晰。

一九三八年秋天，熊佛西校长在成都创办了四川省立戏剧教育实验学校。开学不久，听说陈白尘先生要来教书了，全班都极为兴奋，一则他是名作家，二则《太平天国》、《群魔乱舞》数月前刚在成都上演过。那天上课，我个子矮，坐第一排。其时尘师年方三十，穿套藏青西服，倜傥蕴藉，不紧不慢地踱进来。我们起立，他拿下唇间的香烟，点点头，我们坐下。他开口第一句就是："我叫陈白尘……"说着自己也笑了。大家对师长名人的凛惧之情，刹那间全皆化为亲切之感，于是七嘴八舌，一致要求尘师讲他的《群魔乱舞》是怎么写出来的。老师略略犹疑，接上支烟："故事来源于报纸上的新闻，人物是我肚子里的……"的确如此，十多年后，我已成了老师的侄女婿，从老岳父那里听到，当年他们家附近，有个肉铺老板就叫陈万兴。第一课，尘师就在平淡中讲述了创作的基本规律——材料可以搜集，人物在于积累。他从自己的剧本讲到了作者的社会责任,要与大众的苦乐相通……惜乎我们刚进校门,太幼稚,未能理解消化,而半个月后,尘师就不再来上课了,传说是去了重庆。

一九四〇年,老师又来到学校。此时学校加办了音乐科,校名也改为四川省立戏剧音乐学校,疏散到距成都六十里的郫县新民场一座名叫吉祥寺的尼姑庵里。环寺一道小溪,大门前填出一片操场,放眼四望,只见农田小桥、竹林茅舍,一片宁静淡远,颇为风雅。其实则又不然。

学校开始就有地下党的支部,团结影响了越来越多的热情向上的同学。国民党此时也已大肆反共,而且越反越凶。三两个三青团学生,拉拢一些人,吃吃喝喝乌烟瘴气,上面还派了个特务来做训育主任,箝制熊校长压学生,加上许多名家教授几乎都走光了,只留下一位专搞文学史的丁易先生独力苦撑。

白尘先生对我们可谓来得其时,对他自己却是太辛苦了。他讲课、排戏,和丁易先生一齐支持进步同学的活动,大大稳定了同学们的躁闷情绪,从此朝气日升,邪气下降。

尘师教我们班的编剧。我记得很清楚,一上课,就在黑板上写"主题"二字。就这个"主题",每周六小时,足足讲了四个星期。从夏衍到契诃夫,从鲁迅到高尔基,围绕中外大家的作品中的人物、语言、情节等来解释主题的意义和内涵,更由此来阐述作者们的爱憎和愿望、追求和理想,之后,又对具体作品进行技巧上的分析。讲奥尼尔的《一条索》,特别强调编剧技巧和剧本的人物主题,及作者的感情思想,总是水乳交融,难于分开的。后来上课,尘师就不是他一人讲了,而是引导我们都来"编剧",要大家讲自己最感动或者最难忘的事,最爱或者最恨的人;或者干脆讲自己是个怎样的人,从分析自己来学习分析别人、分析社会,进而引导大家一齐来发展故事,丰富人物,探讨争论主题。回想当年,之所以能够如此,是由于白尘老师与我们之间已经建立了超乎寻常的师生关系,具有一种发自内心的信任和挚爱。白尘师不仅教给我们知识,无形中又教了我们怎样做人。学习上的振奋推动了大家思想上的开阔与提高,学校风气也为之大变。

尘师和丁易先生同住在吉祥寺偏院的林间小屋,简直可以说与我们朝夕与共,因此很自然地参与了学校的生活,支持进步力量,支持熊校长对特务教师的斗争——不容许清理图书馆,不容许检查同学的信件。记得当年为了反对一个三青团份子,我和刘沧浪年轻气盛,冒冒失失,被特务老师抓住把柄,在校务会议上逼熊校长挂牌开除我们。白尘先生拍案而起,以他的去留保护了我俩的学籍。时至今日,半个多世纪过去了,往日的怨愤,几已淡若云烟,至今难忘者,只是老师那脸红脖子粗的一身正气。

当年的吉祥寺,真可算得国民党统治下的一小片自由乐土。然而天下事好景不长,一九四一年初,四川省参议会出面,以虚耗国币之名,勒令学校停办。音乐科的学生转去国立音专,戏剧科的学生转往江安国立剧专。

尽管树倒猢狲散,戏剧科三班同学还是有近廿人不愿去江安剧专,散滞于成都,屈楚、谢继明、赖静他们十几人挤住在同乡家里,周特生一班几个,也到处寄人篱下,我和沧浪借住在人家过道里,一张大床、一个锅灶都是白尘先生帮我们要来的,锅盖翻转就成了书桌(后来老师把它用在《结婚进行曲》第五幕黄瑛家中),大家都怀念吉祥寺的日日夜夜,宁愿待在成都"打烂仗"。

尘师在省立剧校半年的生活和斗争,使他与本不相识的丁易先生成了灵犀相通的挚友。学校关门,他们也一齐到了成都,合住在沙利文旅馆的一个小房间里。于是一批批同学,三三五五找上门去,跑公园,泡茶馆,谈苦闷,发牢骚。尘师对我们这批娃娃,尽皆视若子弟,总是满怀欢笑不厌其烦地给我们解说、排遣、鼓励……

学生热爱老师,老师更爱学生。沙利文当时设有一个三四百座位的小剧场,正空在那里,为了我们的学习与工作,尘师说可以把小剧场包下来演戏,只要大家团结一心,廿个人也够了,不但可以解决生活问题,更重要的是可以继续学习磨练,摸索开创我们自己的道路。他自己为我们写剧本,还可以拉别人来写，导演找贺孟斧先生，沙利文方面的交涉也由他出面，毫无问题。大家听了，辗转相告，兴奋莫名，一个个意气风发，谈论演出节目、演职员分工……唯一的难关是钱，总得要笔钱来做开办费啊！老师、学生都是穷光蛋，钱从何来？谈来说去，终于有位女同学挺身而出，她愿意回老家古宋去卖田卖地。这一下老师也信心大增，整天笑容满面，劝说丁易先生留下来和我们一齐干。然而就在那位女同学准备回家卖田的前三天，我和沧浪去看老师，只见老师斜躺在床上，脸色灰暗，泪迹斑斑。丁易先生把我俩拉到门外，说："刚刚有批同学来过，说他们决定还是要转到江安剧专去，有的也要回老家暂住。他们一走，白尘伤心得落泪……"

老师想办小剧场，完全是为了我们同学，这下子走掉一大半人，什么也干不成了。老师对年青人的满怀热诚遭到了倾盆大雨，真可谓头浇冷水怀抱冰，我是第一次感觉到了白尘恩师灵魂上的痛苦。然而更令我终身不忘，并以之自律的，却是以后——以后数年，乃至数十年，老师对当年辜负他一片好心的同学们，却又毫不挂怀，始终竭尽所能，帮助教育乃至提携他们。伟大的作家，必有其伟大的心灵！

学校停办了，我们师生关系却不仅名义上没有断，而且日益密切深挚。此后五十余年，白尘先生作为严师慈父，其恩泽涵盖了我的一生。到重庆后，我有幸连续十二年和老师同处一个城市，甚至有时还同在一个剧团，同住一个院落。我得到举世难求的学习机会。

一九四一年在重庆张家花园文协楼上，老师对我们谈他《大地回春》的构思，让我们看他的草稿和改定稿，要我们谈感想，提意见。老师几乎不把我和沧浪当学生而是当成朋友了。我们为老师那抗日激情、那蓬勃燃烧的民族之火感动得怪声大叫，也不管对否大胆提出些细节上的想法。老师不拒细流，他认为好的就接受修改。记得剧中小少爷离家抗日，老奶奶给他系了一根缝进钱钞的腰带，就是我讲的自己的事。老师叮嘱我们，剧本中人物的行动、语言、细节等首先在于广泛接触，大量积累，从而才有可能蕴育、想象、进入创作,至于接触、积累,又绝不是简单加法,而要有颗能感受的心。

一九四四年在成都时,师妈得了肺结核,一位专治肺病的医生出于对老师的敬爱,对病人的同情,义务出诊,同时也与老师结下了深厚的友情。这触发了老师心中孕育已久的感念,写下了他的不朽力作《岁寒图》,为当时一些甘于清贫自守、浑身凛然正气的知识分子高奏悲壮之歌。《岁寒图》者,岁寒而知松柏之后凋也。我几次看过这部戏的演出,导演为陈鲤庭,男女主角是孙坚白(即石羽)和路曦,珠联璧合,舞台上那股"松柏"之气,直撼观众胸臆。尘师一生在戏剧创作上成就最高,喜剧、正剧、历史剧都直攀顶峰,示范后世。《岁寒图》下笔从容平淡,主角乃诚厚正直之士,屹立于末世狂涛之中,历经惨败而不悔,正是那一代知识分子的精华。从中我们不但看到了那位医生,更看到了白尘先生,看到了他的同辈与先辈。全剧朴实浑厚,于沉郁苍凉中又时时闪耀希望之火。这不但是老师个人也是那个时代的经典之作。

一九四五年老师又写出了他轰动全国、震撼国民党统治基础的大喜剧《升官图》。一九四五年底,我们还在成都,在"三益公"中艺宿舍里,老师和我们不少人挤在铺板上,大骂国民党的"劫收",骂他们的贪污、腐败。大家也七嘴八舌述说当时的各种传闻,从国民党的特务横行到八路军已进军东北轰轰烈烈,可说是"嘲笑与愤怒齐飞,憎恨共希望一色"。老师此时说了一句:"不管能不能上演,我要写出来。"果然,中艺一九四六年初回到重庆时,老师的《升官图》已经完稿了。这部戏成了我国剧坛上喜剧的登峰造极之作。其社会影响,不敢说绝后,毫无疑问是空前的。三四月间,重庆、上海先后上演此戏,四十二年之后,南京大学的学生们还演出过这部戏,一群业余演员,却因观众的拥戴与欢迎,演得几乎欲罢不能。

老师很早就写喜剧,从《乱世男女》开始,留下十余部喜剧剧本。从我学习的点滴而论,老师在喜剧上也有支五彩笔,写时因题材、生活及心灵感受而有所变化。对重大题材如《升官图》,则是把悲愤压到要处,下笔时又举重若轻,一似行云流水,讽刺贯穿全篇,笔笔强劲锋利,肆意挥洒,嬉笑怒骂皆成文章。至于像《禁止小便》一类独幕喜剧，写来好似"茶杯中的风波"，对一些小人物的可悲可悯的生活，其讽刺则轻柔有致，趣味盎然，细一看却又针针见血，刺穿那些人人见惯不怪的平庸与无聊，直指那腐朽社会的本体，近似这类小人物的喜剧，还有《未婚夫妻》，后来被放大改写为《结婚进行曲》。它的前四幕笑声不断，第五幕却是悲剧，男女主角斗不过当时的社会，只有再回到老家糊口，平庸艰困度日，女主角黄瑛却仍丢不开独立生存的愿望，于睡梦中抱着培培尔的《妇女论》大叫："给我一个职业！"身旁的爱人无限痛惜地脱下上装给她盖上，悲愤地咆哮："醒醒吧，不要做梦了！"大幕落下，台下鸦雀无声，像没有观众似的。正为演出效果担心时，观众席陡地爆发出哄堂掌声与跺脚呼叫，观众醒过来了，为他们自己的愿望呼叫。这下得罪了国民党，下令删掉结尾。老师和扮演黄瑛的白杨坚决不改，在剧院门口挂出了自动停演的布告。解放后，这个戏再度公演，当然不会再有昔日的麻烦，然而有人提出，前四幕是喜剧，第五幕成了悲剧，风格不统一。当时老师谦虚地改写了第五幕。然而老师不愧为老师，不愧为严谨的现实主义作家，晚年出选集时，他把这一幕依旧改了回去。老师忠实于生活，忠实于他自己的感受和爱憎，远过于追求艺术样式上的一致，何况从喜剧发展到最后成为悲剧，与风格之是否统一毫不搭界，他本身就是一种风格。卓别林的《大独裁者》、《凡尔杜先生》不就有着类似的情况和结尾吗？

《太平天国》第一部《金田村》，是老师话剧的成名之作，也是他在戏剧创作上步入成熟阶段的标志。这是部历史剧，在这之前有《石达开的末路》，之后则有《大渡河》、《宋景诗》、《鲁迅传》、《大风歌》。老师在创作上，取材、样式从来不拘一格，只是写他胸中涌动不安、必欲一吐而后快的东西，不管是历史剧、正剧，还是喜剧，始终坚持严谨的现实主义道路，他对生活无限忠诚，对历史也力求忠实，一贯反对历史剧中借历史来影射现实。在成都三益公茶馆里，老师曾多次告诫我，不应以史影射。在特定的现代生活中，完全可以找到某一段真实的历史或人物，用来为现实服务，这就是所谓以史为镜。这一点决定了老师在创作历史剧的准备上、材料的掌握与研究上特下苦功（在他上海复兴西路家中，我曾为他搬动过有关太平天国的几大箱的资料），而下笔极为严谨。当然，苦功并不妨碍他的追索和想象，严谨也绝非拘禁，不能阻塞他广阔的胸怀。

老师一生坷坎，而他的历史剧则给他带来过极大的伤害和不快。一九七〇年，《红旗》杂志发表《批判反共历史剧〈石达开的末路〉》一文，署名为钟岸。钟岸者，中央专案组的谐音也。从此老师被打下了十八层地狱。六十年代，老师写《鲁迅传》写了六稿，摄制组浩浩荡荡，赵丹为了扮演鲁迅而蓄髯，着长衫，结果是无疾而终。"四人帮"倒台，老师不顾一切，抓起笔来写了气势磅礴的历史剧《大风歌》，还率领全家用吃饭的钱，刻印、装订成册，他在杭州和北京的学生，程维嘉和耿震竭力先后把戏推上舞台。

我上面说过，老师对我这个学生是严师而兼慈父。

恩师慈父非应景之言，事实如此，出自肺腑。拜识老师时，我才十七岁，而今七十有四了。回首当年，感慨万千，静夜思之，泫然泪下。

在学校时，我交不出伙食费，老师替我掏腰包；到重庆工作了，《北京人》首演我管效果，丢三落四报不出账，老师闻之大笑："人家赚钱你赔钱，妙！"又是他掏腰包给我补上。第一套旧西服是老师给我拼凑来的，连领带也是他手把手教我打的。老师对我生活上的关照，也是无微不至。二十岁时，我初恋的女友不声不响丢了我跟别人跑了，在我精神上面临全面崩溃如坠深渊时，又是老师把我拉上岸，推上健康之路。尔后近十年，老师仍时时关切我的爱情生活，待我结婚时，他亲自操劳，做女方的主婚人。

一九四七年起，我转向电影厂干编剧，第一次接触电影剧本创作是在尘师新祥里的小楼上，天天听老师、陈鲤庭和赵丹谈《幸福狂想曲》。我的第一个电影剧本《小城之春》（导演费穆）就是在老师的督导扶持之下才写成的。写时穷得叮当响，每天在老师家白吃两顿饭，外加一包烟。从此以后，哪怕老师离开上海之后，我写的廿个剧本，没有一部不请老师看，老师也没有一部不严加批评教导的,有时还超出了剧本写作的本身。一九六〇年,我的《今天我休息》引起全国性的喜剧讨论时,老师对我说:"你不要发言写文章,不要沾沾自喜。"我也衷心照办了。多少年来,我始终奉老师为我创作做人的指路明灯。此外尽管跑跑龙套,也有幸参加过老师剧影作品的演出,从最初的《群魔乱舞》到《结婚进行曲》、《升官图》、《乌鸦与麻雀》,直至《阿Q正传》。

五十六年,老师对我一直很严格,严格下面是极大的多年不变的爱心,爱之越深,责之越切,师恩如海,无边无涯。老师去矣,从此天人永隔,耿耿于心者,唯有自己不成材,愧对老师耶。

一九九五年二月

周特生

革命现实主义的戏剧大师
——悼念白尘恩师

一代戏剧大师陈白尘与世长辞了,但风范犹存,白尘师的道德文章,白云千载!

我和白尘师的师生之情,已有五十多年了。三十年代末,我在四川省立剧专求学时,就和当时在该校任教的白尘老师结下了深厚的师生情谊,我们还在他和丁易老师的支持下,与当时学校中的反动势力作了针锋相对的斗争;抗战胜利后,我们现代戏剧学会与中华剧艺社合作首演了白尘老师的力作《升官图》,在重庆引起巨大反响;四十年代末,我从渣滓洞魔窟脱身,逃到上海后,找到的第一位老师,就是白尘老师;八十年代初,承白尘老师信任,又让我执导了他根据鲁迅原作改编的话剧《阿Q正传》,并取得成功……这一桩桩一件件往事,印证着我和白尘老师五十多年的深厚情谊。在这半个多世纪的岁月中,白尘师历尽坎坷。最值得我们敬仰的是:白尘师到了晚年,仍然是丹心一片,其志益坚!白尘师襟怀坦荡,一生淡泊,他火样的热情,鲜明的爱憎,全部倾注在他的剧作里。为此,在痛悼恩师逝世的日子里,我再一次拜读了他不同时期的几部代表作,让它们再次把我带回那难忘的年代。

《岁寒图》是白尘师的明志之作,在这个剧本里,白尘师塑造了一个令人敬佩、令人称颂的人物黎竹荪。黎竹荪是医学专家、医院肺科主任大夫,他一贯以治病救人为怀,医德高尚,从不放过他所发现的每一个肺病患者,不管有钱无钱,他都尽心尽力,因而,他受到广大患者的尊敬和热爱。抗战以来,由于生活条件欠佳,肺病患者日众,黎大夫忧心如焚,根据病情的发展判断,如不及时防治,任其蔓延,全国几千万人行将死于痨病,这并不少于抗日战争中的伤亡数字。黎大夫为此寝食难安!他提出了一个全面的防痨计划,以为当政者会从善如流。黎大夫的善良愿望,自然不会在当时的环境中成为现实,尽管他再接再厉,终不能如愿。最使他伤心的是,由他亲自培养起来的两个学生(当时颇有名气的肺科大夫)在他最困难的时候离开了他!

一九四二年的国统区,抗日的硝烟已经随风飘散,政治气氛低沉,人心思变。在这难熬的日子中,多数人在为生活而挣扎,也有少数不肖之徒,乘物资匮乏之机,囤积居奇,大发其国难财。肺科大夫胡志豪见利忘义,竟然拒绝参加其师黎大夫的防痨计划,离开医院,私自挂牌营业,又倒卖药品,一时财运亨通,腰缠万贯。肺科大夫江淑娴,秉性忠厚,为人善良,又学有所成,她是黎大夫最得力的助手,黎竹荪又是她心目中最崇拜的师长,一般估计,她是不会离开黎大夫的,可是胡志豪对她软硬兼施,为了要胡志豪继续供养其母,她做出了违心的选择。

黎竹荪是孤独的,但又不是孤独的,天涯何处无芳草,作家沈庸就是他的知己,他们有相同的感受、相同的抱负、相同的感慨,岁寒而知松柏之后凋!就个人遭遇而言,他们都是不幸的,但就做人的品格与操守而论,足以为世之典范! 缺少高风亮节的人,不能认为是一个大写的人!

白尘师泾渭明辨,是非分明,他所写的《岁寒图》和《魔窟》、《升官图》三剧摆在一起,形成了善与恶、美与丑的鲜明对比。

白尘师在《魔窟》中描写的李步云、陈万兴、潘岐山、刘殿元、吴从周、孙大娘等一小撮，不仅仅揭露他们丑恶的灵魂，而重在暴露这群认贼作父者的心狠手辣、残害无辜的种种罪行，以激发人们的刻骨仇恨。群魔猖獗了一时，但终未能逃脱灭亡的命运，刘殿元企图顽抗，也只能在小扣儿父子俩的枪口下结束了罪恶的一生。

《魔窟》，曾经有人把它当作闹剧来演，显然是曲解了剧本的立意。魔窟里的群魔，不能只是对它一笑了之，这一小撮，必须用铁扫帚把它扫进垃圾堆！

白尘师的名著《升官图》和《魔窟》，均属于讽刺喜剧范畴，其表现形式与手法又大同小异，《魔窟》意在揭露，《升官图》则嬉笑怒骂皆成文章，是一出地地道道的闹剧。《升官图》的重点描写，是一些大大小小的"长"字号人物，他们既是"判官"，又是"赵公元帅"，在他们管辖之下的黎民百姓，只有叩头烧香、顶礼膜拜，才能保一家大小平安。如若有事相求，"长"字号的痼疾"头疼"便会突然发作，不是左边疼，便是右边疼，或是前脑疼，或是后脑疼，有时前后左右一齐疼，事态就严重了。医治此病，只有金条，少则一根，多则十根八根，这得看发病的部位，或数病并发而定。没有金条，"长"字号的病又不好，那就办不成事，也无法办事，有钱事事通、路路通，没钱就一窍不通。小"长"字号对大"长"字号的发病，是绝不会不胜其烦的，倒是心安理得而乐助其成，协力招财进宝、利益均沾。这是戏里的小偷（梦里的秘书长）在做梦时发生的事。而这究竟是梦还是非梦，人民大众的心里有数。难怪《升官图》在重庆首演时观众爆满，掌声笑声声震屋宇！人们不仅发泄了久已郁积心头的怨气，同时也预感到这些头顶长疮、脚底流脓的达官显贵好景不长了！

以上三个戏作一比较，《岁寒图》是歌颂之作，《魔窟》与《升官图》是暴露之作，歌颂与暴露形之于剧作，是作家立场与爱憎的具体表现。"只有真正革命的文艺家，才能正确地解决歌颂与暴露的问题。一切危害人民群众的黑暗势力必须暴露之，一切人民群众的革命斗争必须歌颂之。"（毛泽东同志语）白尘师在这方面取得了卓越的成就，因为他具有一个革命戏剧家的素质与品德。

白尘师是中外驰名的喜剧大师,他的剧作脍炙人口,讽刺喜剧《升官图》和《魔窟》,好似匕首,刃锋犀利,刺刀见红;可是他的另一种讽刺喜剧(暂名曰幽默剧)却婉而多讽,用以批评人民内部的错误和缺点,目的在治病救人,两种喜剧构成了陈白尘喜剧的整体。

幽默喜剧《结婚进行曲》里的女主人公黄瑛是一位初出茅庐的年轻姑娘,她满怀热情地闯入了社会,要实现她的伟大理想——职业独立,男女平等。她经过一番拼搏,取得了小小的成功:在一个公司里当上了职员,又和心爱的刘天野结了婚,拉开了实现理想的序幕。可是,序幕还未完全拉开,就被周经理之流给关上了。周经理之流并不尊重女性,他聘请女职员,好似买花瓶、作摆设,感情需要时,又可作为玩弄的对象。黄与刘结婚,周经理送客,黄瑛又多次求职,她所遇见的经理、科长莫不是天下乌鸦一般黑。潦倒的生活使黄瑛不堪其苦,甚至在睡梦中也常常喊出:"我要职业,我要解放!"黄瑛的梦话,也许使人发笑,但更叫人辛酸。那个时候的国统区,连国家的独立、民族的解放都被人置之脑后,谁还会搭理小小黄瑛的什么理想不理想!黄瑛不懂得她生活在什么样的社会,更不了解周经理、王科长之流是何等样的人!

鲁迅先生的小说《阿Q正传》,是文苑的不朽名著,早已流传于世,几十年来,也曾有人改编成话剧上演。在小说和剧本里对阿Q的描述,都有这么几个层次的发展变化:改变境遇,处处碰壁,穷途末路,决意造反。阿Q为了造反,曾四处去找革命党,假洋鬼子不准他革命,他又向往白盔白甲,直到把他抓起来审问的时候,他也没有认过罪、低过头,绑赴刑场的时候,他没有丝毫后悔,最后,还叫了一声响亮的口号:"二十年后又是一条好汉!"从阿Q一系列的行为来看,说他有一点"精神胜利法"也无不可,但忽视阿Q的那点造反精神,却是一叶障目,特别是经过了那场令人心惊胆战的史无前例的大革命以后,人们对于造反精神才有了既触及皮肉又触及灵魂的感受!当然,今天来看那场大革命,不过是一幕过眼即逝的悲喜剧。教训是要吸取的,干革命、想造反单凭热情和愿望是不够的,如果不辨是非,不分黑白,一听造反就闻风而动,糊里糊涂地采取革命行动,就会闹出许多令人啼笑皆非的笑话来,难道阿Q的行为不正是这样！我们对阿Q的笑,有时是大笑,有时是含泪的笑,有时是笑不出来的笑！发人深思的是：阿Q在绑赴刑场的时候还自以为是条好汉,而未受刀下之苦的小D,在阿Q死后,仍然坚持认为阿Q哥是一条好汉！白尘师在戏的结尾,用他的点睛之笔,写了一段解说词："阿Q从来没有接触过女人,但他的子孙繁多,至今不绝！"不妨说,这就是白尘师在八十年代初改编《阿Q正传》的新意。

统观白尘师的剧作,没有单纯的娱乐品,也没有专门供人欣赏的艺术品,读了他的剧作,或给人以启迪,或给人以联想,或引发人以思考。他始终不忘戏剧的严肃使命,时刻不忘自己是灵魂的工程师,他是革命的现实主义的戏剧大师。正由于陈白尘是这样的戏剧大师,他在创作上才能不拘一格,从不受样式或表现手法的束缚,总是根据内容的需要,去创造最佳的表现形式。《魔窟》的结构与结尾,《升官图》的序幕与尾声,《结婚进行曲》的悲喜参半,《阿Q正传》所采用小说体,无一不是刻意创新,开辟了喜剧创作的广阔前景。

巴 波

一瓣心香：悼白尘老师

去年底(一九九三)白尘老师和金玲师母共同署名赐我的贺年卡上写道："我们一切如旧,只因年老体衰,足不出户,在家休养,今年健康情况比去年大有好转,勿念。"

得知这一信息,我也就放了心,到了今年初夏,忽得白尘老师谢世的电报。我有如冷不丁被人当头打了一棒。我找出贺年卡一看,才察觉是师母金玲的手笔,字迹与白尘老师的大体相同,我大而化之信以为真,这才醒悟白尘老师病情并没有"好转",要不,他是会亲自动笔的。

白尘老师在课堂上教过我编剧,也看了我学写独幕剧的作业。从此,我们有半个世纪的交往。在写作、事业和政治上,白尘老师对我都有所关怀、照顾、提携和指导,是我一生百分之百唯一的恩师。他先走了,我这个快近耄耋之年,十足的老弱病残,不能亲往告别,只能沉浸在往事回忆中,用笔写出来,算是我的心祭。我有个不好的习惯:写出来的作品,发表之后才让人看。比如,与文坛前辈张天翼在成都住在一起,与文坛前辈蒋牧良在香港文协住在一起,我写的东西,从没有向他们请教。然而,对白尘老师却相反,哪怕远隔千山万水,我都要向他请教。例如,一九四〇年,我在成都写多幕剧,才写完第一幕,就把稿子寄给白尘老师,当时,他住在重庆张家花园,不幸住地被日本鬼子飞机炸塌,他从废墟中找出我的已经破损的稿子,并提了意见寄还给我。又例如,一九四七年内战爆发,国民党特务在成都搞了有名的"6.1大逮捕",我侥幸逃亡到乡下与张天翼同住一起,这段时间,我写了几篇小说,都是寄到上海向白尘老师求教。白尘老师认可后,有的转给凤子主编的《人间世》,由丁聪插图发表;有的转给范泉主编的《文艺春秋》发表。又例如,一九六一年我到黑龙江当所谓专业作家,这一年写的短篇《医道》,主人翁不是工农兵,而是个知识分子,已经脱离了当时提倡的主流。白尘老师写信给我指出,因为我写了人,说我写小说才入了门,要我继续努力方有所成。说明白尘老师对我的要求颇严。俗话说,严师出高徒,然而我虽有严师,却没有成为高徒。

白尘老师对我的提携的事那就更多了。这也得举例。如白尘老师在成都宴请马宗融教授,我与马素不相识,也有我的末座。又如,成都文艺界庆祝叶圣陶五十大寿,除了举行盛大的集会外,还有一桌寿宴,也因白尘老师的关系,才有我的末座。又如,五十年代初,白尘老师从上海调到全国作家协会当秘书长,举办了个小型的只有十多个人的新春晚餐会,也有我的末座。就是在这个晚餐会上,侯宝林来了段相声,说作家是坐在家里的坐家那个段子。

白尘老师在事业上对我的支持,有一件政治性很强的事。抗战胜利那年,在成都,我和志同道合的翁耘圃(党员)、版画家张漾兮(盟员)、漫画家谢趣生创办了《自由画报》(周刊、漫画、杂文为主)。趁成都地下党人发起拒绝国民党对专刊新闻检查登记运动之机,画报创刊了。创刊号上白尘老师写了篇针对国民党箝制言论出版自由的文章《去思碑》。这个画报打的是资产阶级革命口号,创刊词就是六个大字:"不自由,勿宁死",又是白报纸印刷(在当时是很难得到的独一份)。国民党摸不清这个画报的底细。画报又借用了美国总统罗斯福说的四大自由口号,很显然使国民党特务迷惑了一阵子。然而画报的矛头,没有中间味道,对准的是国民党反动统治。国民党特务制造了很多障碍,想方设法扼杀这张画报。前几年成都的画家牟康华在《群言》杂志上写过专文介绍这张画报,标题就定性为公开的《挺进报》。《挺进报》是重庆地下党办的不公开发行的油印刊物。《自由画报》够不上这个荣誉,然而成为国民党特务眼中钉肉中刺则是事实。这个画报,经理是翁耘圃。他患肺病严重(死于此病),由我接替当经理和主编,应该补充一句:没有共产党人翁耘圃就没有这张画报。我不在党,仅是一个普通盟员。在国民党特务压力太大情况下(为了篇幅,这里不能列举事例),我找白尘老师,谈了画报的处境。过了短短几天,白尘老师交给我一张《自由画报》董事会名单。董事长是民盟主席张澜,副董事长是德高望重的叶圣陶。一大堆董事,多为知名的学者、专家,还有四川地方实力派(即四川军人的理财能手和高级幕僚),其中有的是共产党又是民盟如李相符教授(建国时的第一任农业部长)和田一平(建国后任四川省政协副主席),更多的是盟员,如刘开渠、庞薰琹,当然也有白尘老师。这个名单登在画报第七期和第八期上。等于告诉世人,其实是告诉国民党特务,这个画报的后台是民主同盟。当时,民盟是"合法"的,活动是公开的,国民党正在假装民主,要动手还不是时候,至于民盟承认不承认这张画报是它办的,也就无关紧要。这个画报的同仁还有些健在,大多是盟员,后来成了党员,应该特别申明一句,参加画报工作的同仁都是尽义务,还要自掏腰包。投稿者有很多知名人士,也没有拿稿费。这个画报能如此特殊,能如此有凝聚力,全靠一个共同理想:反对国民党独裁统治。我现在手上还有世界上仅有的这一套画报可以作证。能有这份画报,是一九五六年我去成都时,当时每期为画报写杂文的汤远烈把他保存的一份送给我的。不幸的是,第二年他被扩大化进去,在劳改时又碰上三年困难时期,也就自行坠岩而去了天堂。一句话,要不是白尘老师,我既想不出董事会这个办法,也请不出董事会这些高层人士。不能不说,这是白尘老师对我极端的信任和最宝贵的支持。白尘老师在纪念张天翼逝世的一篇文章中写道:张天翼在成都的三年时间应该由巴波来写。这是白尘老师公开点名交给我的任务,至今我没有完成,愧对白尘老师的嘱托。三十年代初我学写作时,就很喜欢张天翼的表现手法。虽然鲁迅先生指出过他的缺点,也没有影响我对张天翼的崇敬,何况鲁迅先生逝世出殡,张天翼是抬棺者之一。别认为这是小事,我这个年轻人闻讯后对张天翼更为崇敬。抗战开始后,张天翼写的短篇《华威先生》,引起极大轰动,我拜读之余,更是五体投地。湘桂大撤退时,日本鬼子侵略铁蹄跑到了贵州独山。就是这段时间,患三期肺病的张天翼从湖南跋涉到四川,同行者有他的一个学生,全靠这个学生背着张天翼赶路。到了重庆后,张天翼疏散到成都,投奔他的战友白尘老师。白尘老师要我写张天翼在成都三年当然有原因。这原因从杨槐写的《张天翼在成都》(载一九八五年五月二十七日《四川日报》)可以略知一二。先抄一段杨槐的文章:

> 作家张天翼同志最近病逝北京,终年七十有九。当时,张天翼患三期肺病,陈白尘托巴波为他找个安身养病之所,提出两个要求,住地在政治上要安全可靠,还要有人在生活上照料……端阳节前几天,一乘滑竿抬了病势垂危的张天翼,由陈白尘、巴波从城内五世同堂街《华西晚报》白尘的临时住地,送到两路口。那时,鲁绍先正准备结婚,他把光线充足,空气流通的新房(内铺有地板隔潮,房顶是厚厚的稻草因而冬暖夏凉,长长的一面南墙全是玻璃窗——抄者补充)让给患病的张天翼,而他自己结婚时搬进一间小小的没有窗户的小房。

谁也懂得肺结核病那时无药可治。到了第三期等于判了死刑。当时在成都的中华剧艺社的电影明星施超(与赵丹同时出名)、名话剧演员又是诗人江村,都是因患肺病死在成都。白尘老师的嘱托,我没有一点犹豫找了鲁绍先。其实此事已有《华西晚报》记者找过鲁绍先,被鲁绍先一口拒绝。我不知道这个过程去找鲁绍先,鲁绍先却一口答应。当时鲁绍先有两个对象,他拿不定主意选择谁。找我征求意见,于是我毫不含糊地表了态,认定了他的这个而今的老伴。我和绍先深交到这个份上,请他接张天翼到他家养病,哪怕是三期肺病,他也就点头应允。

鲁绍先家在两路口,这是成都县与郫县交界的地方,地势偏僻。鲁绍先是长兄当家,一切由他作主,弟妹只能听命。不过,必须说明的是,鲁绍先是典型地主,靠剥削佃农过日子,不是我阶级界限混淆,要是贫下中农,岂有能力留着一个三期肺病的患者?同住一个大院的还有鲁绍先的伯父,他田产不多,只够富农这个成分,然而,他是袍哥中的龙头大爷,又叫舵把子,还是"一贯道"的点传师(解放后因此被镇压),谁也不会怀疑这个大院养着一个三期肺病患者是个不小的共产党人。必须注明的是鲁绍先虽然是典型地主,但思想进步,他家就有全套《新青年》可以作证。唠唠叨叨这些,就是说我所托的人是符合白尘老师要求的条件。他还亲自跑路送张天翼去两路口,见了情况,想必才放了心。从此,我多了一个任务,凡是张天翼的战友去看他,如陈翔鹤、牧野、沙汀等都是由我当向导,又跑腿,又赔车马费,又赔时间,还担风险。我却有着一种完成任务的满足感。当然,解放后有的大人物把这件事张冠李戴,我也能原谅,因为中国有句老话:贵人多忘事!

解放后,风风雨雨这里就不说了。一九五七年,鲁绍先被扩大化进去,一群儿女,上有老母在堂,老伴是个小学教员。月人工资不过二十几元。中国有句老话:受人点滴之恩须当涌泉而报。鲁绍先出了事,我应援之以手,每月汇去二十元。一直到"四清"时,也就是"文革"前,我自顾不暇,才中断这笔汇款,别的不谈,就凭张天翼在他家养病三年这个份上,我每月只能汇去微薄的二十元,不是涌泉,而只是一番心意。

我明白无误地说,没有鲁绍先精心照料张天翼(具体感人之事很多,我这里就不提了),张天翼是活不到解放的。白尘老师要我写张天翼在成都这三年,我一直到现在也提不起笔来,始终没有完成白尘老师交给我的写作任务。白尘老师会谅解的。

白尘老师的著作能够传世已有定论,用不着我多嘴。白尘老师的为人,他的人格力量,也是够我们后辈学习的。艺术力量的较量与人格力量的较量,在白尘老师身上是和谐统一的,永远是我们的榜样。

安息吧!白尘老师!

吕　恩

白尘老师　送您远行

今年北京早热，六月初已经烈日炎炎，使人难熬。正好我从久居的单位宿舍——闹市，迁移到郊区的居民楼中，缺少了传达室，没有了电话，我和外界断绝了联系。

一个上午，黄宗洛同志急匆匆来叩我新居的门，说奉姊姊宗英之命，要找到我，代传白尘老师侄女要我给她速去电话。我和老伴立刻赶到生活小区的中心邮局，拨通了上海白尘侄女锡珍的长途，听话者是侄女婿李天济，他听出是我，第一句就问："你哪里去了，我们好找？"我说正在搬家，找我什么事？他说："锡珍已去南京好几天，我也马上要去。四叔，你的老师病故了，上月二十八日凌晨，走得很突然，也走得很安详，师妈要我们通知你……"我"啊"了一声，他说什么我都没有听见。我的嗓门哽住了，泪如泉涌。对方在电话中紧催："你说话呀！你怎么啦！？"我才恍悟过来。我说我在搬家，来不及过来送别了，请代我和我的全家献上一篮最美好的鲜花，放在老师长眠身旁，代表我和我的全家送他老人家远行的心声。我即刻去打唁电安慰师妈。

我从邮局出来,烈日当空。我心潮起伏,一路想着老师的音容笑貌,诙谐风趣的谈吐,热情豪爽的性格……

我没有正式在教室里聆听老师的授课。但是我在成都中华剧艺社当演员的两年里,和他朝夕相见,同吃一锅饭,同在一起工作,关心着共同的患难命运,享受到新剧作演出成功的喜悦。他无时无刻不在关心剧社的建树,对青年人的培育关怀。他是我当之无愧的老师,我和剧社中他的大弟子刘沧浪、李天济、陈镜光等一起称呼他老师。

老师在中华剧艺社关心每一位青年人,从少年服务员李水渝到演员李纬、秦怡、张鸿眉以及我等都受到他的教导,鼓励我们在业余时间多阅读世界名著,累积生活素材。我们都住在五世同堂的大院里,里面有报馆,有小学校,也有我们中华剧艺社。我经常到老师处借书看,他介绍我去报馆、小学的图书室,使我结识了一批新闻界的朋友,如今健在的车辐同志,我们保持着联系。老师要我在阅读小说时为了加深印象和理解,做读书笔记或写随感。一次我把读完陀思妥耶夫斯基的《被侮辱与被损害的》写的一些感受请老师批阅指导。他把这篇短文,送到报馆,发表在一九四三年十月三十日成都晚报艺文志栏目中。这是我第一次看到自己写的文字发表在报纸上。我激动,他微笑,要我今后多开动脑筋,多练笔杆。可惜多少年来我未能按他的希望坚持下去,我辜负了老师。

老师一生的奉献是多方面的,他是位大剧作家、散文家、教育家,对青年人的成长尤多关怀。他在"文革"以后,身体受到了摧残,又已到了晚年,精力没有过去旺盛了。他在南京大学开课精心培育研究生。现在北京人民艺术剧院工作的剧作者李龙云同志,是他晚期培养的高足。他看到李龙云同志写出了贴近生活、京味儿十足的现实主义剧本《小井胡同》,他得意地到处夸奖,比他自己创作出了《升官图》、《阿Q正传》、《大风歌》等大作还要兴奋。

老师向我讲过店小二上大学的故事:王姓青年是老师女儿虹虹插队朋友,回城分配在下关一家小点心铺当伙计,老师戏称他王小二(戏曲舞台上年轻跑堂的伙计统称店小二)。王小二喜爱文学,古文底子功厚实,老师深知之。那年大学招生制度改革——择优录取,许多有志青年都报名赴考,虹虹也报名了。王小二心动,但除语文外小二的其他功课不行,所以犹疑不决,不敢报名。老师知道后约他来家长谈,帮助他分析,解除他顾虑,增强他自信,鼓动他报考。小二欣然赴考,他一篇数百字的古文体写作,在判卷老师中引起轰动,最后由招考委员会决定录取。小二高兴非凡,提着两笼包子来老师家,老师拉开桌子,摆上酒菜说包子收下,举杯为小二、虹虹(也考取了)庆贺,对王小二说:"进大学不容易,好好学习,学有所用。做包子的工艺也不要丢,也是一门学问。哈!哈!大家吃包子。"

老师对青年的重视,一生中贯穿如一,因为他充分认识到祖国的富强,要全面提高人民的文化素质,要讲科学,更重要的是多出人才。

老师!您离开我们的噩音,我知道得晚了,没有能够亲自来为您送别,我这份对您思念的追忆也发出得迟了,我的祝愿希望您在穹空里感应到,我祝愿您在远去的大道上,有温馨的鲜花为您铺路,有众多好友、学生、观众、读者、至亲的情谊伴着您起程。您走得坦荡,走得潇洒。您离开我们越来越远,然而,亲爱的老师,您的形象,您对青年人的热爱,您的秉正,您的为人,永存于我们的心中,祝愿您无所牵挂地远去,休息长眠!

李恩琪

痛悼白尘尊师

呜呼！昊天不吊，岁月无情！五月二十八日，我国戏剧界一代宗师，陈白尘老师，竟溘然长逝，和我们永别了！噩耗惊巴蜀，桃李泪沾襟！彼苍者天，何其有极?！

白尘师不仅是一位杰出拔萃的剧作家，还是我国影剧界的开拓者、组织者、领导人。远在一九三七年，他带领"影人剧团"入川，我随"四川旅外剧人抗敌演剧队"后进巴蜀，由于天不假缘，未曾亲领教诲。一九四〇年我们在成都"西北电影公司"一起工作。一九四二年他以"中华剧艺社"领导核心成员身份再度来成都，我于一九四三年加入"中艺"和陈师又在一起。时我正处于生活中贫困潦倒，艺术上迷迷茫茫，这时老师和我曾有接触，多少言谈教诲，指我迷津，使我茅塞顿开。对生活充满希望，对前途有了信心，事业上有了进取精神。

使我最难忘的是在一九七八年，我解甲归田，重返成都。偶遇车辐兄，他谈起老师劫后复出，在南京大学任教，我托他向老师问好。不久，车兄又从南京回来转告我，老师非常关心我，并也向我问好，给了我很多鼓励。同时还带来了他"文革"后的第一个剧本《大风歌》。可能除车辐兄之外，我是看到该剧本的第一人。读后非常兴奋，笑谈中，我对车兄谈及，我真想演该剧的主角吕后，谁知车兄竟把这话写信告诉了陈老。不久，接到老人家回信。他说："……在成都如果演出该剧，恩琪当属最佳人选……"老人一句话，我感到心中火热，当时我已年逾花甲，老师对我尚如此器重。这使我对文艺工作原已心灰意冷的感情，又一次获得新生。十多年来，这股力量在鼓舞着我，再次投入我热爱的戏剧事业，虽不在岗，只要在心，哪怕星星点点，但凡力所能及，也要为精神文明发挥余热、做出些许奉献。

老师为革命事业、文艺事业、教育事业呕心沥血，油干灯尽，德高望重、劳苦功高。他本该活上百年，但是，人生苦短，回天无力。老师的不幸逝世，是我们戏剧界莫大的损失，是我辈同仁切肤之痛！相信老师的光辉业绩，必将名垂青史！他的高尚品德，无私奉献的精神，将成为我们的终身楷模，鼓舞我们不断开拓进取，为话剧事业的振兴奋斗一生，实现老师生前的宿愿。

您——永远活在我们心中。

安息吧——我永远尊敬、怀念的师长。

一九九四年六月十九日

杨 琦

献上一个小小的花环
——悼念白尘师

谁说你走了
希望这是讹传
你是一座花岗岩的雕像
矗立在中国艺术的殿堂
狂飙恶浪
动摇不了你脚下的基石
腥风血雨
毁灭不了你一生的辉煌
你真的走了
留下桃李满园永散芬芳
献上一个小小的花环
它凝结着我沉挚的感情和无上的敬仰

一九九四年七月九日晨于
四川音乐学院

赵瑞蕻

重读《云梦断忆》
——纪念陈白尘先生逝世一周年

今晨我特地起来很早，为了写篇纪念陈白尘先生逝世一周年的文章，要再一次好好地读读陈先生的杰作《云梦断忆》，这是我第三遍拜读这本书了。我从书橱里拿出这本只有一百〇九页袖珍版的书，虽然较薄，但是我觉得沉甸甸的，一股热血，一簇火焰又从字里行间喷出来。翻开扉页，一下子跳入眼帘的是陈先生把书送给我和杨苡时的亲笔签名，下边的日期是一九八四年三月。书里还有四张相片：一张是一九八二年在南京家里拍的，一张是一九八二年九月，他和夫人金玲在美国爱荷华大学与聂华苓女士在一起的合影；另外两张都是一九七二年陈先生摄于云梦泽"五七干校"，那时他正在那个"阴雨很多，其实是少见阳光"的地方"劳动改造"，放鸭子，看菜园子，等等，"接受再教育"。这两张照相特别珍贵，因为可保持当年陈先生落难时的真迹。从一九七二年到一九八二年正好十年。这本书写于爱荷华"国际写作计划"中心，从一九八二年九月到十一月，断断续续，写了八篇散文。如果不是当时行色匆匆，或者后来为别的工作缠身，我想"断忆"定可多写些，正如陈先生自己在书中所说的："三年多的干校生活,可歌可泣的,可恼可恨的事自然很多。但回忆总是蒙上彩色玻璃似的,因为也是如云如梦,总觉美丽的。"如今我体会到陈先生是以多大的痛苦,多深沉的愤慨,写下这几句话的。

一九八三年年底,香港三联书店出版了《云梦断忆》。三个月后,陈先生送这书时,我就读了,非常感动,也喟叹万分,使我立刻想到巴金先生晚年的杰作《随想录》来。也真凑巧,一九八四年八月至十一月,我应邀到香港中文大学比较文学研究中心做客,进行一些学术交流活动。在一次香港作家协会主席曾敏之先生的宴请席上,我遇见了早已在北京杨宪益家中认识的澳大利亚青年汉学家、作家白杰明先生。他告诉我就要到南京拜访陈白尘先生,因为他要翻译《云梦断忆》。第二天,他到中大雅礼宾馆来看我,说他对《云梦断忆》特感兴趣,认为是巴金《随想录》之后,关于"文革"的精彩之作。那时他翻译的巴金《随想录》第一册已在香港出版了。我竭力赞成他把《云梦断忆》译成英文,介绍到国外去,使全世界人民多知道些中国人民、知识分子、作家们的深重苦难。白杰明说,一定要译好,不过比译《随想录》要难些。我托他带封信给陈先生,谈谈我在中大生活和工作的情况,顺便再介绍一下白杰明。陈先生接信后很快回复(一九八四年十月十四日),说已同白杰明谈了三次,很高兴,"由他翻译拙作应是最理想的人了"。

还有一件巧事。那年十月十二日,巴老从上海飞到香港,来接受中文大学授予他的荣誉文学博士学位。他住在中大大学宾馆里,离我住的地方不远,我几乎天天去看他,跟他随意聊天。我告诉他接到陈白尘先生的信;我们谈到《云梦断忆》,巴老说,陈先生在"文革"中也吃了不少大苦头;谈到白杰明要译这书,他说:"太好了,写回信时替我问白尘好。"也正是这时候,巴老《随想录》第三本《病中集》在香港三联书店印出来了,他立即送我一本,签上名,书上写着的日子是一九八四年十月十七日。我之所以在这里一再提到这些往事,特别把《云梦断忆》同《随想录》连在一起说,就是因为我深深感到这两部著作都是两位老人、可敬的前辈作家讲真话的书,根据各自亲身经历,痛切感受,反映了"文革"十年的实际状况;对极"左"思潮、愚昧主义、封建法西斯主义,对中国历史上那个最黑暗、最野蛮、最恐怖、最荒谬、最可耻的时期提出了"J'accuse!"(我控诉!)这里,就是巴金和陈白尘这两位受尽折磨的中国现当代卓越作家的响亮的声音——他们的声音也代表了成千成万中国不屈的人民和正直的知识分子:

"十年浩劫"是全人类有关的大事。我们的惨痛的经验可以帮助人们了解"极左"的空话会把人引到什么地方去。我又说,古今中外的作家中,谁有过这种可怕又可笑,古怪而又惨痛的经历呢?我们没有一个人逃掉,大家死里逃生,受尽磨炼。我们有权利,也有责任写下我们的经验,不仅是为我们自己,也为了下一代,更重要的是不让这种"浩劫"再一次发生。

——巴金《真话集·〈随想录〉日译本序》

"十年动乱"中,国家和人民都遭受巨大的创伤,除少数宠儿外,谁不在心灵或肉体上伤痕累累?文学艺术如果不反映这些伤痕,那才是咄咄怪事!难道说,一个作家可以把"十年动乱"一笔勾消,而专事歌颂什么"一举"的功绩么?伤痕文学不是不该写,而是写得不够:我们还没有反映"十年动乱"的深刻而伟大的作品出现!不把造成"十年动乱"的社会根源、思想根源深挖出来,我们这社会主义社会要前进,四个现代化要实现,那才是缘木求鱼!

——陈白尘《云梦断忆·后记》

《云梦断忆》是抒写陈先生被下放到那个办在湖北古云梦泽一部分地方的"五七干校",劳动三年多的生活情景,所见所闻,种种深切的感受。他以犀利的眼光,不时使用诙谐的笔墨,辛辣的讽刺,深邃的幽默,来揭露、鞭挞各色各样的丑恶现象;痛斥那个人妖颠倒、荒唐透顶的时代中的各种罪孽。同时,书中也洋溢着陈先生强烈的爱憎、是非感。

这本书里也谈到"文革"初期,北京"造反派"揪斗一大批文化艺术界人士、著名作家——那时,他们都被称为"黑帮"、"牛鬼蛇神"等——的情况。例如当时中国作家协会声势最浩大的一次批斗会,就是斗张天翼。那时,陈先生同样被打入"牛棚",几次被拉去陪斗。他曾"偷偷"地用巧妙的方法写了七册日记,这也都是极珍贵的史料。《云梦断忆》中也谈到好几位我认识或一直敬仰的诗人和作家,如沈从文、冰心、冯雪峰、严文井、郭小川、楼适夷等在"五七干校"的遭遇,受苦受难的实况。我一读到我的老师沈从文先生(那时他已入古稀之年)患着严重的心脏病,也被勒令下放;师母张兆和也得去,但必须分居两地,无法照顾沈先生;可是,沈先生却还是那样笑眯眯的……这一段时,我仍然不禁感到十分难受,虽说已过了二十多年了。这点也足见这本书的魅力,感人之深。所以,我认为,《云梦断忆》完全可以当作一部"文革"史来读的,让今天活着的人们,特别是后代子孙看看中国作家们、知识分子是怎样曾经在地狱中挣扎过来的,正如陈先生说的:"在'十年动乱'中受过苦难的人,谁都诅咒那荒谬的年代。我也诅咒。"这也正像巴老所指出的:"未治好的伤痕比所谓伤痕文学更厉害,更可怕。我们必须面对现实,不要讳疾忌医。"(《探索集》第41页)

这会儿,我在激动中,再往下读陈先生这本书,可以说,我是用麻木的右手指一个字一个字抚摸着看下去的。书中有不少篇幅实在感人,实在精彩。我非常欣赏《忆鸭群》上下两篇。我想这些关于鸭子的文章如果不是亲身经历,深入观察,从苦难中得到切实的体会,是绝不可能写出来的。我以为,这两篇可归入全世界自古至今最优秀的散文宝库中去。陈先生奉命放牧三百来只鸭子,天阴天晴,风朝霜夜,或大雨滂沱,他那么细心,那么保护鸭群,对这些可爱的家禽产生了深厚的爱心——这是为什么呢?请读读原文吧。后来,"厄运也随之而降临,我们的鸭群",在一个晚上,为了"节日让大家换换口味",全给杀光了。陈先生写道:"和我厮守近两年的鸭群便永远和我分离了!"还有,干校连部下令,大家都得进厨房,一起拔剔鸭子身上的茸毛。这里便是陈先生沉痛的感受。

　　当此时也,一个象我这样处境的人,不能不联想到自己的命运的。那些声称把我打倒在地并且还要踏上一只脚的人,那些对我横眉竖目、跟着高喊口号的人,那些对我昂首而过,不屑一顾的人,……更不用说那恶声相骂、其实是在卫护我的人,他们之中除了极少数是真心一饱"口腹"之欲的以外,难道真个都想吃掉我的么?是否也象我一样,是在领导的命令之下,不得不来拔剔我的茸毛呢?……

　　这会儿,我往下读,读到最后一章《忆探亲》了。我的眼睛突然停留在这一段——多么揪人心魂的一段啊!——使我立刻想到巴老《怀念萧珊》那篇读不厌、读时总会使人流泪的散文来,尽管后者是怀念、哀悼一个过早不幸逝世的亲人,而前者却在叙述在南京车站进行的很可能是生离死别的一幕——在那些人命如丝的岁月中,一个患有冠心病,年逾花甲的老人,又不得不再次离家,回到那个白颈乌鸦盘旋着的云梦泽去,向亲人告别,谁能担保哪一天还会重逢相聚呢?——请读一读下面一段吧,我相信将来总有一天电视摄影师会把它拍成动人的画景的:

　　这种离愁别绪,当我假满离家,全家在车站月台上送别时总爆发了。妻子儿女个个都热泪盈眶,对车上的我一再叮咛珍重,我确实后悔了:我这十天没能给予他们足够的安慰!……我只能忍住泪水,强颜欢笑说些闲话。但四双泪眼正对着我,而火车迟迟尚未开动。我受不了,只好将视线避开。此时发现一只小手提包不知放在哪儿了,便借机找寻。等寻找到了,车厢已缓缓移动。我再看看金玲和儿女,她们仍然含着泪水,伸长颈项在张望着我哩!一阵愧怍的心情袭击着我,要说什么,但也无济于事,车轮滚动,人影渐远渐远了!

我读到这里,再一次望望书上陈先生的相片……在我眼前浮动着一位慈祥,真诚,刚正不阿,光明磊落而又疾恶如仇的老人,一位为中国现代文学,为现代戏剧创作和话剧运动,特别在中国喜剧艺术方面呕心沥血,建立了不朽功勋的作家,一位又在中国当代教育事业、培植年轻人才上做出了重大贡献的教授活生生的面影,熠熠发光……我回忆着从一九七八年,他到南京大学任中文系主任以来,我与陈先生的交往,多少次恳切的谈心,对我的鼓励和帮助——比如,一九八六年一月三日,他在一封给我的信里说:"你今年极忙,但颇多成绩,足以自慰了。……今年你研究生多,尚望多自珍重!巴、沈二公研究太必要了。"这里,巴、沈二公,即指巴金和沈从文。那时,我正从事巴金和沈从文与外国文学关系的探索;发表了关于巴金《随想录》与卢梭《忏悔录》比较研究的长篇论文。陈先生对此大予赞许,使我非常感谢——我回忆着多少次与他在一起,印象至今仍然鲜明,例如一九七八年十一月,我们同坐一个车厢,到北京参加全国第四届文代大会;一九七九年十月,美国威斯康星大学大型代表团访问南京大学,陈先生主持中文系欢迎会招待该大学部分文科同行教授,我们一起参加了一些学术交流活动;在江苏作家协会几次理事扩大会议上,我听见陈先生批评当时文艺界某些不正之风,揭穿极"左"思潮流毒的慷慨激昂的发言……我回忆着一九八八年五月七日,在南大中美文化研究中心举行的"祝贺陈白尘教授从事文学和戏剧活动六十周年暨八十华诞座谈会",那么热烈;同志们的祝辞和发言使我更加认识到陈先生长期以来在文化艺术教育的园地中辛勤耕耘,为今天中国人民精神文明的建设进行了不懈奋斗的光辉业绩。我坐在陈先生身旁,那么激动,那么欢欣,我朗诵了一首献给他的新诗——《金色的晚秋》……

去年五月二十八日清晨,我和杨苡突然得到了陈先生逝世的噩耗,我们立即赶到他家里。在客厅门前,陈虹一见杨苡就抱头大哭;我们流着泪进去向师母表达痛悼哀思,紧紧握着她的双手。我们走进卧房,看见这位猝然离开人间的老人安详地躺在床上,盖着大红缎被,像睡着了一样。我和杨苡向他行礼;我把一束鲜花轻轻地放在他头部右边,靠得那么近,仿佛听得见陈先生仍在缓缓地呼吸着……这一刹那啊,一刹那就是永恒。外边园子里阳光灿烂,石榴树上正盛开着火红的繁花……

这一切都永远不会忘记。陈先生虽然走了,但他仍然活在《金田村》、《结婚进行曲》、《升官图》、《岁寒图》、《乌鸦与麻雀》、《大风歌》、《阿Q正传》等中;仍然活在他两本早年自传,那么多篇优秀的散文、杂文和评论文章中;仍然活在他晚年杰作《云梦断忆》中!永远活着,活在亲人,朋友,学生,中国人民的心中!

我热望着《陈白尘全集》早日问世,我特别期待着他两部遗著《牛棚日记》和《听梯楼随笔》终于能冲破某些障碍得见天日!它们的意义和价值,在这里,我想,我只要引用一下陈虹最近发表在《收获》上写得极好极感人的《父亲的故事》一文中的几句话就可了解了:

> 《牛棚日记》与《听梯楼随笔》是父亲这一生中唯一没有发表过的两部作品,然而我却由衷地喜爱它们。我爱它们的超然无畏,爱它们的藐视尘寰;从它们的字里行间中我仿佛能听见父亲的心跳,能触到父亲的鼻息。说实在的,我真正为父亲自豪的是这两部从未见过天日的书稿,它甚至超过《升官图》!……

陈先生辞世也不觉已一周年了,纪念他的文集正在编印中。我早应该写篇东西表达深切的哀思和怀念了,向他致敬,向他学习。今年恰好是全世界反法西斯胜利五十周年。地球上各族各国,每个地带,每个角落,无论东方或西方,都要举行各种活动(有些纪念活动已开始了),庆祝以亿万人的鲜血的代价,征服了法西斯恶魔,取得了辉煌的胜利。人类的大悲剧,苦难和觉醒,经验和教训,使全世界人民更加认识到自己神圣的职责——绝不允许法西斯幽灵重新在大地上游荡! 也使深受两次大战的灾难的德国人民在今天同声喊出了——"NIE WIEDER!"(永远不!)这样两个字,这样响亮的口号。"文革"、"十年动乱",也就是法西斯暴政的十年。中国人民也绝不允许"文革"重演! 巴金先生说:"我们有一个共同的决心,绝不让我们国家再发生一次'文革',因为第二次灾难,就会使我们的民族彻底毁灭。"因此,他建议设立"文革"博物馆,"用具体的、实在的东西,用惊心动魄的真实情景,说明二十年前在中国这块大地上,究竟发生了什么事情?! ……"他还认为"建立'文革'博物馆,每个中国人都有责任"(《无题集》第 134 页)。

也因此,在纪念陈先生辞世一周年的时候,我特别希望陈先生的《牛棚日记》和《听梯楼随笔》尽快出版;还有《陈白尘文集》及时编好问世,使我们活着的人们,年轻的一代,下辈子孙们,能从陈先生宝贵的精神遗产中,汲取智慧和力量,经验和教训,做人和为学的道理,了解已离开世间的这位中国杰出的知识分子和作家走过的是怎样的一条道路,为全人类的文化和文明增添了哪些闪亮的东西。陈先生在《云梦断忆》中期待着反映"十年动乱"的深刻而伟大的作品出现,他说:如果我这些"断忆"能为未来出现的伟大作品提供一砖一瓦的素材,于愿足矣!

我坚信,在不远的未来,陈先生这个愿望一定会实现,正如上文所提到的巴金先生那个愿望也会实现! 这两位文学大师的全部著作,连结着以鲁迅为代表的整部中国现代文学史,从根本上说来,都是为了使全人类免于苦难,免于饥饿,免于罪恶,免于战争,免于法西斯暴行!

鲁迅说:"盖人文之留遗后世者,最有力莫如心声。"这是至理名言。《云梦断忆》,连同《牛棚日记》和《听梯楼随笔》是不朽的,将在代代人的心上掀起巨浪!

一九九五年三月十五日至十八日

于南京大学

董　健

良师·同志·慈父·诤友
——痛悼白尘老

白尘老走了,走得这样突然。在一个深夜里,他悄然离去,没有看医生,没有住医院,没有惊动任何人……

五月二十八日凌晨一时,我一接到那个令人悲痛难已的电话,立即往他家里赶。一路上,我心里问:"这是真的吗?"我似乎产生了一种幻觉;这不过是"误传"。记得三十年代,曾误传陈白尘偶遭不测,作家巴人(就是后来在"文革"中被迫害致死,至今"下落不明"的王任叔同志)随即发表了一篇真切感人的《怀白尘》,悼念他的"死",成为文坛趣闻。谈起此事,白尘老曾带着幽默的笑对我说:"一次误传,我竟被悼念了一次。活着而被悼念的人,恐不多见。"在夜的小巷深处走着,我越觉得这幻觉的真。

然而赶到他家,幻觉被眼前的现实打破。这位驰骋文坛、讲坛七十年的老将已经停止了呼吸,安详地、静静地躺在我的面前,脸上似乎还留着最后的微温。我多么想他能说:"一次误传……"南京大学党委书记韩星臣同志是一个很重感情的人,他眼里含着泪花,亲自为陈老平整衣着,为陈老修面……看着这朴实而庄重的动作,谁都会在心里发出深深的感叹:"陈老,您一生赢得了多少人的敬与爱!"

　　白尘老在八十六岁上辞世,也算是长寿之人了,但我们还是感到太突然。这是因为他与我们之间多年建立起来的感情的纽带,使我们难以接受这个事实。我们爱他、敬他,我们的事业太需要他;他亦不断给我们长者的宽慰与激励。而我个人与他也还有不少"未了之事"。我需要他的教诲和指导。特别是自从他安了心脏起搏器,虽然讲话的声音有些沙哑,但健康有起色,精神渐渐好转,我总觉得与他老人家相处的日子还长着呢。朋友催我快把《田汉传》写出来,送陈老过目,听取他这位"田门弟子"的指教,我总说:"别急,待他身体再好一点。"后来倒是陈老催我了。每次去看他,他都问:"《田汉传》写得怎么样了?"接着就讲起田汉来,对其人品、学问,对其创作风格,分析透辟,见解独到,给我很多启发。

　　去年八月,香港剧作家林大庆、陈丽音夫妇来访,陈老设家宴欢迎,我亦作陪。那天陈老精神特好,谈兴甚浓,还四五年来第一次开戒喝了一杯酒。我们都高兴地举杯祝他健康长寿。今年春节我去看他,见他精神比上次还好,给我以"回春"之感。我怕他劳累,想早些告辞,但他拉着我谈了很久。谈到他最近在整理《牛棚日记》,谈到目前我国戏剧事业的困境和出路,谈到我们南京大学的戏剧学博士点,而谈得最多的还是《田汉传》。

　　"写到哪儿了?"他关切地问,声音还是那么沙哑着。

　　"第四章——《南国时代》刚写完,还是草稿。"我看着他的脸,回答道,感到一股关怀的热,也感到一种鞭策的力。

　　"这是田老最有个性的时代,应写成最精彩的一章。"讲这话时,陈老眼里放着光。我知道,陈老自己也有一个"南国时代",那正是他与田汉一起战斗过的年代。他是当年南国社的骨干成员,也是在戏剧创作上最有成就的一位"南国传人"、"田门弟子"。

　　"陈老,我在这一章不少地方写到了您,待我誊清后交您过目。"

他答应了,带着期待的微笑。

但是没隔多久,当我正在誊清准备送给陈老看的那部分书稿时,他的女儿陈虹告诉我:"爸爸最近身体不好,肚里的血管瘤已长得很大。"我知道,心脏病有起搏器还能坚持,血管瘤却是一颗不能驱除的"定时炸弹",它的爆炸将夺去陈老的生命。他被这可诅咒的瘤折磨得有时难以成眠,我不忍心把书稿给他看。有一次戏研所的顾文勋同志说:"陈老又问《田汉传》了。"但我还是不忍心送去,我渴望着他病情的好转。

我怎么也没有料到不幸会来得这样快,这样突然。《田汉传》未及送陈老过目,成了我终生的遗憾!这本书是北京十月文艺出版社《中国现代作家传记丛书》中的一部,前些年本来打算约请陈老写的。就他的学识以及他与田汉的关系来说,没有比他更适合的人选了。但他对我说:"对田老,我也就是二十年代知道的多些,其他时期,也要查资料,访问人,我跑不动了。你来写吧,我保证支持你就是了。尽我所知,任你提问,希望你早日写成。"但我当了几年副校长,整日被杂务缠身,把《田汉传》耽误了。陈老看我一介书生,拙于行政管理,更不会官场应酬,苦得很,对我很是同情;看我读书日少,业务荒废,也很替我惋惜。一旦届满下台,回到业务岗位,陈老连说了三个"好"字。知我爱我如此,令我感动。十多年前,我写过《陈白尘创作历程论》,只论其作,未能详论其人,我很不满意。我觉得欠了陈老一份情。我想把《田汉传》的写作当作补偿。然而他连初稿还未及过目就走了,能不令我悲伤!

我和陈老相识十七年,共事十六载。我与他那个病逝在莫斯科的儿子同庚,我把他看作我的父辈。这些年相处,我给他的太少,他给我的太多。他给我的是四样人间最宝贵的东西:良师之教、同志之情、慈父之爱、诤友之谊。这四者浑然一体,化为一种无形的动力,催我奋进,使我在人生的旅途上不敢懈怠,使我在苦闷时得温慰,糊涂时得指点,困难时得鼓励,头脑发热时得清醒……

认识白尘老之前,我早就对他心仪已久。五十年代在大学读书时,读了他不少剧作,如《金田村》《结婚进行曲》《岁寒图》《升官图》等,也看过他编剧的电影《乌鸦与麻雀》《宋景诗》。尤其是他那爱憎分明、充满机智的幽默和讽刺,深深打动了我。我想:"陈白尘一定是一位谈笑风生、像侯宝林那样会说笑话的人!"一九六五年,那时他刚"下放"江苏,匡亚明校长请他来南京大学讲学,我第一次见到他。但他在台上讲,我在台下听,我认识了他,他并不认识我。那次报告给我的印象与我原先从他作品中获得的印象完全不一样,我有些失望——那幽默、讽刺的才能和机智哪里去了?天真幼稚的我哪里知道,那时的陈白尘实际上是背着"黑锅"被赶出京城的,在当时文艺界"阶级斗争"、"反修防修"的日趋紧张的空气下,他已经幽默、讽刺不起来了。事隔一年,他就被赶进了"牛棚",后来的遭遇,读了《云梦断忆》便可略知一二。

我第一次登门拜访白尘老,是在一九七七年冬。虽然"文革"已经结束,"四人帮"已经垮台,但他似乎还是一位"油漆未干"的人物,身上被泼的污水尚未洗去。最令人啼笑皆非的是,他被"四人帮"整了十年,如今整"四人帮"的人却又"请"他去交代张春桥的问题。陈白尘怒斥了这混账逻辑,顶过来了。我当时在南京大学中文系主持现代文学教研室工作,想请他讲课。有人说,他的"问题"尚无结论,似有不便。但我想,"四人帮"已经被粉碎了,怕什么?作家庞瑞垠是他的邻居,带我去了。第一次相识,他很谨慎,也很热情。后来在一九八三年整党时,他才在支部会上告诉我,他对我那次拜访在内心是颇为感动的,因为我没有顾忌那些"钦定"的所谓"问题",而坦诚表示了对他的信任。那时他冒着风险,在冷遇中埋头写完了《大风歌》,答应在适当的时候来南大讲一讲创作的体会。"逆境"中的涓滴信任之情永远比"顺境"中的赞扬宝贵。出于此,我们的交往开了一个好头,从此相知日深,他对我的上述四个方面的赐予亦日多。

白尘老的"问题"直到一九七九年在胡耀邦同志的关怀下才得以解决。他到北京登门拜访耀邦同志,回来后常讲起这位政治家的坦率、正直、没有官气、理解人、尊重人等许多优秀品德,使我们听者也觉得受了耀邦同志的不少

"恩泽"。然而识人明理者,处处不乏其人。早在白尘老的"问题"没有解决之前,他就被匡亚明校长大胆破例地聘为南大中文系教授兼系主任了。他一到任,就全力收拾这一副刚刚经过十年破坏的摊子,以七十高龄废寝忘食地干,颇费了一番功夫。他下课堂听课,他家访教师,他接见学生代表,很快得到师生们的爱戴。他重建了戏剧研究室,自兼主任,叫我当副主任,把中文系的特色专业——戏剧学恢复起来。他招收戏剧创作研究生,我协助他的工作。他既是我的领导、老师,又是我的同志、诤友。后来,全国综合大学中唯一的戏剧学博士点在我们这里建立起来了;国内第一部《中国现代戏剧史稿》在这里写成并获得了江苏省政府一等奖和全国教材特等奖;戏研室扩建为戏剧影视研究所并接受和完成了一项项的国家科研任务;《中国新文学大系 1937—1949》的戏剧卷在这里完成了;一批批戏剧学硕士、博士研究生从这里毕业,成为戏剧创作或研究的专门高级人才;我们的学科又被评为江苏省重点学科……这一切都渗透着白尘老的心血,他的工作是带开创性的!

招收研究生,陈老取人的标准是"宁稚嫩而不俗,勿老成而平庸",很注重选拔那些有见解、有"灵性"、热爱生活、勇于探索的人。入学之后,他不仅教他们为学之道,更教他们为人之德。有一次在他家喝酒,谈起"文革"那段生活,李龙云问道:"如果再遇上'文革'怎么办?"陈老爽朗地一笑说:"我领着你们一块从长江大桥上跳下去!"但他笑声旋止,正色对弟子们说:"我们才不告别生活呢!作家应该是生活的真正拥抱者。作家总是在苦斗中。你们走到这一步,不后悔吧?我们就是为最广大的人民而写作的!"出自他门下的毕业生,如李龙云、姚远、赵耀民等,都是很有个性的青年剧作家。他们这些年在戏剧创作上的实绩,证明了陈老育人之道的高明。我忘不了一九八二年第一届研究生毕业答辩的情景。白尘老到北京出席全国作协理事会,一回到南京就扭伤了腰,几天卧床不起。他叫我扶着他登上中文系小楼的二楼,忍着伤痛参加答辩会。这是国家"验收"他的第一批"产品",他的心情难以平静。当宣布几位研究生的答辩全部通过时,所有与会者的心都像那间三面有玻璃窗的房子一样敞亮和开朗。陈老兴奋地说:"匡校长对我说;'你培养的学生应该超过你,如果超不过你,那就是你的失败!'你们说,我失败了吗?我没有失败,他们在不少方面已经超过我了。如李龙云的《小井胡同》,在人物刻画上就颇有独到之处……"一支烛光不管多亮,总有燃尽成灰之时,但当它以自身之火点起另外的无数烛光时,它的生命将永照不熄!在这些年里毕业的一个个硕士生、博士生的身上,从他们的创作或研究的成果中,我们不是看到了白尘老的光和热吗?

　　与白尘老长期相处,对他的学问、创作和为人,知道的逐渐多起来,我更加爱他、敬他。他刚正不阿,热情坦率,豁达大度,幽默风趣,所有这些都给我熏染,令我向往。我写《陈白尘创作历程论》,经常缠住他不放,打破砂锅问到底。他和我多次作深夜长谈,把自己的一生赤裸裸地暴露在我的面前。有一次开完支部会,他又被我留住,一直问到吃晚饭都不放他走。他幽默地说:"你比专案组还厉害!"说完我们都笑了。他对书中的观点,不加"干涉",但材料、事实,一一审核、订正,务求真实。我对《大风歌》缺点的批评,他不服,我们争论,最后还是任我写。那时他还没有戒烟,我们常常把一间屋子抽得烟雾腾腾。我第一次尝到了批评者与作者互相理解与支持的最大愉快。那本书的诞生,其本身的意义还在其次,更值得纪念的是,我们的感情又深了一层,我对他的敬和爱又进了一步。在这些年文艺界、教育界的风风雨雨潮涨潮落之中,在种种是是非非之中,不论是忧时还是喜时,我总喜欢到陈老那里去谈谈心。他一声爽朗的笑,能驱散我满脸的愁云;他一句睿智的话,能使我豁然开朗。每次谈心,我都得到极大的愉快和安慰。不在南京时,我们就通信。一九八七年初,我在冰天雪地的列宁格勒(现在叫圣彼得堡了),听说国内出了事,对文艺界情况颇多疑虑,写信问白尘老。他立即回一长信,分析问题入情入理,解惑释疑,给了我莫大的鼓励。十一届三中全会以来,白尘老思想解放,敢想敢说,批判极"左"思潮,每每深中要害。遇有文坛纠纷,仗义执言,深得同志们的信任。但也有小人嫉恨他,极"左"派不喜欢他,每每暗中放箭,但经过多次"炼狱"之磨难的陈老,是无所畏惧的。这也是我喜欢找他谈心解惑的一个原因。在北京一次戏剧界的讨论会上,我亲眼见他怒斥文坛邪气,令举座皆惊,戏剧家、诗人李超当席赋诗曰:"白尘拍案鸣不平。"

陈老晚年除献身教育事业外,仍笔耕不止,勤奋写作。《大风歌》、《阿Q正传》剧本之后,又写了几本很有特色的回忆录,如《云梦断忆》、《寂寞的童年》、《少年行》、《漂泊年年》等,深受学界和读者好评。这几本书陈老都签了名送我。一位熟人借去看,再也不还,追问之,说是被人偷走了。后来才知道,其实是珍爱那陈老的亲笔题签,舍不得还回来。我只好二次向陈老讨书,累他那抖抖的手再签了一次名,他还特地认真地写上"再赠"二字。

年老了,思维力总有些衰退,写作困难也是很自然的事。但他为此却感到莫大的苦恼。我去看他,他总是诉说着终日不成篇的写作苦闷。我劝他好好休息,以身体为重,他却颇为反感地反驳道:"活着不做事,还有什么意思?"我想,这句话应该叫那些身体很好、精力旺盛而浪费时间的人感到深深的惭愧。最近两年,陈老的痛苦更大,精神的痛苦远远超过肉体的。主要是为了"活着而不能做事"。南大校系领导及师生们越是关怀他,他越是为不能报效国家而痛苦。前些年,他一直说:"我即使是一撮药渣,也要再挤出点药来!"这两年,他觉得似乎连"药渣"也已挤干,还能做什么呢?我也五十多岁向六十岁靠了,偶有衰老、疲惫之感和无所作为之苦,但一想到陈老的话,一想到陈老的生命价值观,便感到愧疚,于这愧疚中精神为之一振。

白尘老离我而去了吗?不,那良师之教,那同志之情,那慈父之爱,那诤友之谊,永远活着,活在我心中,也活在许多和我相似的陈老的学生和朋友之中。

白尘老,安息吧!

一九九四年六月六日哭于灵前送别时

叶子铭

哭白尘老

五月二十八日凌晨一时,朦胧中被电话铃声惊醒,听见淑敏慌张的叫声,接过她递来的话机,传来白尘同志女儿陈虹低沉的哭泣声:"我父亲走了……"我被这突如其来的噩耗惊呆了,不敢相信这位"驰骋文坛七十载,历尽坎坷无媚骨"的倔强老人,会突然离开这喧嚣的人世。大年初一,我和老伴到白尘老家拜年,他那幽默机趣、谈笑风生的情景尚历历在目,时隔不久,怎么毫无预兆地悄然而去呢?难道是被他戏称为"定时炸弹"的腹主动脉瘤突然作祟?!我连忙抓起电话将这一噩耗告知校党委书记韩星臣同志,他闻讯立即通知校办主任,并约定一起连夜赶往陈老家。我和老伴赶快披衣下楼。

凌晨一时五十分,当我们和校领导驰车赶到陈宅,不久院系领导和陈老的学生也闻讯赶来了。此时,体弱多病的金玲和两个女儿,悲痛欲绝地诉说着事发之突然,估计是血瘤破裂,陈老约于二十八日零时十五分心脏停止跳动,临终前他一句交代的话都来不及说,大家怀着沉重的心情步入卧室,只见白尘老安祥地躺在床上,苍白的脸角依然透露出执着倔强的面影。

后来,我从家属处又进一步得知陈老发病前后的一些具体细节。早在一九八六年一月二十二日,他因心脏病住院检查治疗,二月八日当金玲不得不告诉他查出腹部主动脉有个瘤时,他在当天的日记里写道"反觉坦然"。但一九九四年四月十三日,就在他逝世前一个半月,医院所作的B超诊断书记载,他那腹主动脉瘤已悄悄扩大至15.3(长)×11.6(宽)×9.7(厚)公分。这就是说,他腹部背着一个比保温杯还要大的血管瘤,病情已严重恶化。五月二十七日那天,他整天直叫"腰疼",曾自己动手拔火罐,然疼痛未止。小女儿建议送医院,陈老表示不愿再给人添麻烦,晚饭后不久就上床睡觉,然无法入眠。夜里十时二十分,家人请来熟悉的医生为他看病,说不是"腰疼"而是"软组织疼"。老伴不放心,几次打电话请教正值夜班的熟悉陈老病情的主治大夫,大夫让查血压、吃止痛片,又查出血压已达160/120,后吃了进口止痛片,痛未止。深夜十一时半,陈老自己坐起来,又喊"我怎么肚子也疼起来了?"守护在旁的医生忙为他听诊,听见肚子里咕咕响,问:"是不是里头有大便?"陈老答:"我不想大便。"夜十二时,受不了疼痛折磨的老人,在女儿陈晶的搀扶下坐上置于卧室角落的马桶上。不到五分钟,她听到父亲喊出的最后一句话:"我怎么这样疼呀!"话音刚落,头往后一仰,就昏厥过去。陈晶见状惊叫起来,家人及医生闻声赶来,慌乱中为他掐人中、针穴位,均无效。家人把陈老抬到床上,又为他做人工呼吸,然只见他睁着双眼,张开嘴,仿佛有话要说。此时医生见他瞳孔已放大,心脏也停止跳动。亲人强忍泪水,替他抹眼、合嘴。时约二十八日零时一刻。

我之所以据家属追述秉笔直书,是想说明八年多来陈老与病魔作顽强而痛苦的搏斗,到临终前其病情的恶化与自身的忍耐力均已超过了极限,可谓达到"鞠躬尽瘁,死而后已"的境界。在《哭翔老》一文里,陈老曾说过,"有的作家一生是用笔写作的,有的作家却是用生命在写作"。他自己就属于用生命写作的杰出戏剧家、散文家。这里且不说从二十年代到"文革"期间,他以生命之火注入笔管鞭挞黑暗、呼唤光明和历尽坎坷不折腰的写作历程,仅就他晚年到南京大学工作的情况看，也是如此。一九七八年九月，年逾七旬的陈老，应匡亚明校长之聘毅然挑起"文革"后首届中文系主任的重担，作为他的一名不称职的副手，我耳闻目睹他为重振受"四人帮"严重摧残的教育事业倾注了大量心血，坚定不移地贯彻党的十一届三中全会制定的路线，为"文革"后南大中文系的重新崛起做出了不可磨灭的贡献。在南大十六年多，他在教育与文艺两个领域里辛勤耕耘。他不仅创办了戏剧研究所，领衔主编国家级的科研项目，在国内率先建立"戏剧学"硕士、博士专业授权点，培养了一批戏剧创作与研究的优秀人才，而且先后创作话剧、电影剧本《大风歌》、《阿Q正传》，《云梦断忆》、《寂寞的童年》等四种散文集，以及散文、文论130余篇。陈老虽身居南大，却时刻关注我国话剧运动的现状与前途，每次为重振新时期的话剧事业大声疾呼，并为"艺术规律屈从于经济规律"的现象而担忧。尤其令人感动的是，当他得知身患重病后，仍然没有停下那支带血的笔，如散文集《少年行》、《漂泊年年》，就是一九八六年初住院期间及出院后抱病写成的。一九九四年五月二十日，在他逝世八天前，还为陕西的《喜剧世界》亲笔写了"喜剧的武器是笑"的题词；同日，又在由他口授、女儿整理的为无锡市滑稽剧团演员钱吟梅舞台生活五十年展演撰写的贺词上签了"陈白尘"三个大字。后者竟成了他的绝笔。

敬爱的白尘老，您不无遗憾地匆匆走了，留下一些未竟的遗愿。但值得庆慰的是，您走前十来天，已亲闻江苏省委决定赞助二十万元，为您出版《陈白尘文集》。遗憾的是，您刚与陈虹拟定"文集"八卷本的编选计划尚未了，想为"文集"写"自序"的内容也来不及说，竟溘然而去。您所珍惜的十本《牛棚日记》和十本《余生日记》，用生命余火真实记录您对党、祖国、人民的赤子真情，和劫后余生对我国改革开放大业的深切关注，相信迟早也会如愿问世的。您严于律己，留下身后丧事从简的遗愿，学校与江苏省领导已决定尊重您的遗愿，但您的诸多战友、亲朋、学生希望为您送别，所以明天上午还要为您举行简朴的送别活动。我和老伴届时也要来为您送行。安息吧！白尘老。

包忠文

忆陈白尘先生二三事

陈白尘先生离开我们快一年了,但我总感到他还活着。他的音容笑貌还是那么亲切、鲜明。他那风趣、幽默的谈吐,尤其是他对于当代戏剧、文学事业的忠诚和新的构想,对于当下转型期人生课题的深沉思考,我还记忆犹新。面对剧烈变动的人生和艺术,我总不由自主地想起陈老。他鼓励我直面现实,奋然而前行。

记得七十年代末八十年代初,陈老来我系担任系主任。那时候,"四人帮"刚粉碎,百废待兴。中文系面临着整顿、发展、提高的繁重任务。陈老不负众望,做了大量切实的工作。他约请系里大部分教师个别谈心,消解"文革"给教师间留下的种种隔阂、恩怨和阴影。他还亲自到课堂听教师讲课,了解中文系教学情况。那时期,陈老真是全身心地扑在工作上,他日夜思考的是如何使中文系的各种力量发挥出来并拧成一股绳,群策群力,把中文系建设成教学和研究的中心。如今,我们系在各方面都有了很大发展,谁都会想到,这是和当年陈老的富有成效的工作分不开的。

陈老的言和行,给我留下了深刻的印象。

八十年代初,他曾经对我们说:"不要在家里闹意见,张家长李家短,有什么意思呢!有本领的到文坛上学坛上去'闹意见',各抒己见,百家争鸣嘛!"当时教师中有的同志还没有从"文革"的恩怨中解脱出来,影响教学和研究。陈老这段话,希望这些同志把精力和智慧集中到专业上来,以事业为重,鼓励大家在学术研究上有所建树,多作贡献。

有次整党会议上,同志们谈起"紧跟形势"问题,又谈起政治和文艺领域的"左"和右问题。陈老仔细听了我们的意见,他语重心长地说:这个问题确实很复杂,但我总感到你们经历了"文革",政治上也应该成熟起来了,脑袋长在自己的肩上,应当有自己的判断,不能人家要反右,就赶着反右;人家要反"左",就忙着反"左","左"而右,右而"左",搞得"团团转",太吃力了!而且这样人格上也有欠缺,投机嘛,"风派"嘛!最重要的是立足本职,结合自己的实际,放出眼光,独立思考。在"左"右问题上闻风而动,个人得失考虑多了,总是会翻筋斗的。陈老还说:文艺上"左"右问题以不提为好!因为文艺虽然不能离开政治,但毕竟不是政治。"左"、右是党内的概念,把它简单地搬到文艺上来,说不清楚嘛!陈老这段话,触及一个知识分子的人格修养问题,对于阐述文艺和政治的关系,也是精到的。后来,邓小平同志提出"文艺不从属于政治"这个命题。看来,陈老的看法还是很有眼光的。

记得我负责中文系教学工作的时候,有次我向陈老谈起学生听课情况不理想时,他说:"这不能完全怪学生。如果教师认真,课又讲得有水平,当作别论。假如教师讲的没有什么新东西,都是教科书里有的,那又何必浪费学生的时候在那里听课呢!应当允许学生在课堂上看他们感兴趣的书,甚至允许学生不去上课。"陈老还说这样对某些教师也是一个促进,使他们注意提高自己的学术水平和教学水平。我也以为陈老的看法是对的,是可以治一治某些在课堂上一味照本宣科、不求进取的教师的病的。但我同时也感到陈老这个意见和现行的学籍管理规定有冲突,要实行起来还需要一个过程。有次,我和陈老讨论研究生考卷评分标准的问题,他的态度很明确。他说:要给那些有独立思路、新鲜见解的卷子打高分。同一份卷子里有多道题目,如其中有一道答得出色、有新意,其他几道就是答得平平,也可以打高分。对那些四平八稳、没有自己心得的答卷就必须打低分。的确,陈老这个想法,对于发现人才,选择有培养前途的人才,是非常有价值的,行之有效的。然而,在当前的情况下,也是很难这样做的。就从以上两例,我们至少可以看到,陈老对于学校文科的教学改革是有很多考虑的,归结到一点:教师不是"教书匠",应当是有见解、有学问的学者;对于学生的学习要提倡主动精神、创造精神,对他们重在引导,不要限制。陈老是我国有渊博学识、有战斗锋芒、有独立风格的杰出的文学家。他的一生,高举人民解放的旗帜,直面现实,为现实而抗争。正唯如此,他殷切期望文科师生:善于学习,勇于探索和创造,追随时代前进,为人民解放事业奋斗终生。

陈老对于处于逆境中的晚辈的支持,集中表现了他不畏权势、敢于抗争这一最可宝贵的品格。记得八十年代初,在一次讨论江苏文艺问题的较大规模的会议上,我和董健的发言触犯了当时省委书记许家屯,引来了一场气势汹汹的"围攻"!当时形势十分紧张,后来由于中央来电,这场"围攻"终于流产。为此,大家议论纷纷,会议开不下去了。这时候,许家屯亲自来到会场作了一个东扯西拉、不知所云的报告。他还在报告中百般赞扬陈老的思想、艺术,说什么他最喜欢陈老的作品,陈老的作品艺术上达到了"炉火纯青"的地步,等等。会后,陈老对我说:"许家屯是有名的'许三版',常常在《新华日报》上发表整整三版的大文章。他这样看重陈某人,能心口如一也就好了!如真是他所讲的那样,那我写的《大风歌》为什么不能在江苏排演?还不是'许三版''版定'的!这么个捧法,实在令人反胃!"这次会议之后,许家屯对于我、董健等人有一个所谓的"三不准"的指示,这就是不准在江苏省的报刊上发表文章、不准公开做报告、不准在电视台上露面。陈老知道后十分愤慨,叫我们顶住。后来,陈老通过惠浴宇、管文蔚等老同志把我们受压制的情况上报中央。这件事给我们的教育是没齿不忘的！每想起这件事，我心里就充满感激之情。就我自己的经历，我碰到的朋友"同欢乐"的何其多，"共患难"的又何其少啊！陈老在我们遭到压制的艰难岁月里，能够给予这么大的支持，这是我们不敢奢望的啊！可这是铁铸般的事实。这一事实让我清醒，催我奋进。每当自己产生"畏难"或者"自我感觉良好"或者想"休息休息"的情绪的时候，陈老的形象就浮现在我眼前！是的，不能辜负陈老的期望，要提起精神努力工作，应当像陈老那样，为文化艺术事业献出自己的一切。人生短暂，一个文化人只有不断进取，永不停步，才对得起我们的人民和时代。

吴新雷

缅怀陈白尘先生

我在南京大学中文系做学生的时候,就读了陈白尘先生的名作《结婚进行曲》和《升官图》,对陈先生衷心景仰,但无缘识见。一九七八年,本校匡亚明校长延聘陈先生来校担任中文系主任。我还清楚地记得,陈先生到任是在九月九日下午,系里开了欢迎会,我第一次见到了他和蔼可亲的风采。

陈先生执掌系政后,有两件事给我留下了深刻的印象。第一件是约见本系的每位教师,关心每个人的生活疾苦,并征询办好中文系的意见,我也在被约之列。第二件是亲自到各门课程的教室里听课,深入了解师生的教学情况,为全面提高教育质量而操劳。陈先生来听我的课是在一九七九年三月十六日上午,他不动声色地走进西南大楼124号课堂,坐在学生中间;那天我是给三年级讲《宋元明清文学史》,正讲到南宋李清照的歌词。他听后和我探讨了怎样运用意识流的新理论来评价李词的问题,并考查了学生对古典文学的接受能力。当时陈先生从事创作的日程十分紧张,但他在百忙中仍尽心于公务,这两件事便足以说明他认真负责的领导作风了。

一九八〇年秋,陈先生卸去系主任的行政职务,致力于本系戏剧研究室的创建。他除了研究现代戏剧以外,对传统的民族戏曲也很重视。一九八二年五月二十五日至六月三日,"江浙沪两省一市昆剧会演"在苏州举行,陈先生和我都去了。碰着匡校长也是个昆曲迷,闻风而至,每天看戏以后,匡校长特别爱听陈先生发表的精彩见解。六月二日晚,匡校长为江苏省昆剧院青年演员石小梅举行拜师典礼,陈先生和昆剧表演艺术家俞振飞、沈传芷、周传瑛等都到场讲话,为昆剧新秀的人才培养提出了重要的建议。

一九八七年,董健同志担任系主任,嘱我去做陈先生的副手。陈先生是戏剧研究室主任,我做副主任。由于工作上的关系,我跟陈先生的来往就多了起来。一九八八年春季开学后,南京大学和江苏省文联、作协、剧协、影协合作,准备举办"祝贺陈白尘教授从事文学和戏剧活动六十周年暨八十华诞座谈会",大家进行分工,我负责会务的安排和筹备《陈白尘教授从事文学和戏剧活动六十周年资料展览》。这期间,我和陈先生多次商量了座谈和展览的内容程序和邀请名单,以及请柬的形式等各项事宜。陈先生再三叮嘱,务必以朴实节约为原则。但我们不能因陈先生的谦逊而搞得太简约。经集体讨论,决定要办得隆重热烈。在请柬的印制上,我们精心设计,却不料印刷厂误解了我们的意思,把它印成了大红帖子。我跑到印刷厂一看,焦虑万分。因为我知道陈先生是崇高雅洁的人民作家,他最痛恨庸俗的市侩气;所以我赶紧叫厂方停机,说明邀请对象都是文化人,不是客商,不能搞成俗不可耐的样子。厂方出于对陈先生的尊敬,同意我提出的改版要求,重新印出了淡雅素净的请帖。这桩事我始终没有跟陈先生讲,因为陈先生是不愿给别人增添麻烦的,如果他晓得了,必定会说:既然已经开印,就算了!他是绝对不会让我去改版的。但我们敬重陈先生,心香一瓣,尽力要把他的事情办得好上加好。

在筹办展览会的过程中,我和戏研室的同志们曾多方征集陈先生从事戏剧活动的资料。在陈先生改编的《阿Q正传》中饰演主角的张辉同志,拿来了到日本演出时的剧照。作为陈先生的至交,匡亚明教授也提供了资讯。还有徐州师院中文系的王进珊教授,二十年代和陈先生是挚友,特地写信给我说：

　　白尘兄为我六十年之知交，一九二九年在镇江国民党江苏省党部宣传部指导科共事谛交，我为干事，他为助理干事。其时他并非国民党员，实为进步人士。秋间，白尘发起筹组"民众剧社"，左明、赵铭彝等由沪来镇参加。成立之日，省主席叶楚伧出席讲话，随后于伯先公园礼堂公演话剧，白尘饰演《父归》中之长子。——前几年在宁晤叙，闲谈中我提及《父归》，白尘犹笑云："此我之保留剧目也！"——那年十一月间，国民党省保安队搜捕共党分子，白尘与我皆先后赴沪，借寓租界避难，自谋生活；与郑君里发起组织"摩登剧社"，即在此时。

　　这一段有价值的掌故，可以作为史料的补遗。

　　一九八八年五月七日上午，"祝贺陈白尘教授从事文学和戏剧活动六十周年暨八十华诞座谈会"在南京大学中美文化研究中心举行，高朋满座，嘉宾云集，场面阔大，气氛炽热。资料展览也在南京大学图书馆同时揭幕，并由中文系学生剧社组织晚会，在校内大礼堂演出话剧《升官图》，八日晚放映了陈先生编剧的影片《乌鸦与麻雀》。陈先生对整个活动非常满意，为了对各方面表示谢意，他亲自撰写了《谢启》，文稿如下：

　　——　同志：

　　在白尘从事文学和戏剧活动六十周年之际，厚承亲临指教，或惠赐鸿文，或函电赐贺，奖掖备至，愧无以当！特专函申谢，以表达最衷心最诚挚的敬意！

　　专此谨致

　　敬礼！

陈白尘谨拜
一九八八年五月

这份感谢信打印后分寄各方,使大家感到了陈先生温馨的情意,慕怀不已。

年华似水,流光飞逝。往后的岁月中,因匡老要我去做帮手,在一个阶段内代为主持《中国思想家评传丛书》的编务,我与陈先生就没有了工作关系。我最后一次见到陈先生,是一九九四年二月春节、年初二上午。我到陈先生家里去拜年,他很高兴地紧握我的手,问长问短,十分关切我的近况。谁料这次晤面竟成永诀!他是一九九四年五月二十八日凌晨病逝的,现今正逢逝世一周年之际,我特地写下以上的纪念文字,以表缅怀陈先生的一片寸心。

艾 煊

微笑看世态

一九六四年,进行了一次全国规模的文艺整风。这次整风运动,声调高昂,连写中间人物都要受到批判。再过若干年,未来的作家们,恐怕很难理解,正面人物,反面人物,中间人物,在一件文艺作品中,需要按比例搭配。

这次文艺界的整风运动,大概可以算作是"文化大革命"的序幕了。

作为整风的实际成绩,北京一大批文艺工作者下放到了地方。白尘同志就是这一股强劲的台风,把他刮到了他的老家江苏来。这种遭遇,颇有点像是古代贬谪措施之一的回乡安置。

他被安置到江苏作协创作组。

隔年,"文化大革命"正式鸣锣放炮。火烫的南京夏天,报纸上号召造反的文章,也是炙手火烫的。那时,我们创作组的作家们都变成了文盲,每天集中在一起,由一个人朗读报上措辞汹汹的文章,默默地静听。其中有一篇文章,使白尘同志特别感到震惊:周扬被批斗了。白尘一声不响,泪流满面。

休息的时候,我和他在园子里散步。

"周扬怎么会是反革命呢?"我悄悄地向他发问。这话,问他,同时也是问我自己。在文艺界,和文艺界以外的许多人心目中,周扬是解释毛泽东文艺思想的权威,是执行毛泽东文艺路线文艺政策的领导人。他也会是反革命?这我是真正不理解了。

白尘拍着我的背,说:"连周扬都是反革命,中国的文艺界,岂不要变成洪洞县了?"

一叶而知秋。这位敏感的艺术家,感知到一个划时代的悲剧,正在拉开帷幕。

在谈这么一个严肃的、令人痛苦的话题时,他仍是带着他特有的那种幽默的语调。

据说,中国人缺少幽默感。白尘同志的许多戏剧文学作品中,却充满着幽默感。他的幽默,不是浅薄的调笑,不是相声式的逗乐,是那种令人深沉思索的轻松愉悦。在生活中,在和朋友们聊天时,白尘同志的话,常常会使人发出会心的微笑。他总是把严肃和庄重,用轻松、明朗、微笑表现出来。即使是愤怒,也会化为微笑,化为一种美的精神境界,用文字,用语言,传达给人。

听他谈天,如饮碧螺春般得沁人心脾。他的浅浅的微笑,深沉的幽默,从此后,只能在梦境里重现了。

白尘同志一生所经历的生活,是很沉重的。那种苦辣甜酸咸,诸味俱全的感受,融会在他的心里。再表现出来的时候,不是沉重,却是活泼,轻松,俏皮的语言形态。我无法测知他的心里储存了几多微笑,几多美的情愫,美的酵母。

在文学形态美和文学内在美的把握上,白尘同志是一位少有的幽默艺术大师。

读他的作品,或者和他对坐谈天,都会浸润着一种美的意境。

近年来,白尘同志被疾病困扰,苦于不能执笔。几十年中不倦地和读者交谈的老作家,难以再和读者敞开心门交谈,这是痛苦的。虽然他还是相当平静地微笑。

在他八十寿辰的时候,朋友们曾举行过一次庆贺活动。我因事外出,赶不及回来与会。曾送过一联祝语:

<blockquote>
辛劳两万日　写尽世间百态　读者观众满乾坤　先生文章魁首
忧患八十年　尝遍人生五味　存朴守真返童稚　耄翁风骨寿星
</blockquote>

这是一幅寿联,想不到竟也可以作为怀念之联。白尘同志是豁达人,想也不以故人为忤吧。

海　笑

记白尘老二三事

　　我和白尘老有近三十年的交往,虽然这几年我退居二线后,来往得少了些,但每年我总要去看望他一两次的。就在今年的三月二十九日下午,我还曾前去看过他,他的女公子陈晶开门见我,便向内室叫喊道:"海笑叔叔来看你了!"白尘老闻讯立即从里面拄根拐杖出来,高兴得紧紧地握住我的手不放,我搀扶着他坐在沙发上长谈起来。谈了近一小时,我见他累了,连声音也嘶哑尖啸,我不敢再耽误他的休息了,几乎是硬着心肠坚决地告辞出来的。不过,这次看过他后,我倒放心了不少,觉得他心脏病装过起搏器后,已经恢复得很正常了,而且精神不错,我在心底真诚地祝愿他活到九十多岁,如果一切顺利,就是长命百岁也不会有多大问题的。然而没有想到,五月廿八日凌晨电话铃声突然响起,我接过电话,便听到了陈晶的悲声,她说妈妈要她转告我,爸爸已经走了……我听得呆愣起来,怎么会呢,怎么会呢!然而事实终究是事实,一位劳苦功高、德高望重的前辈走了,一位著作等身、饮誉海内外的名家走了,一位我尊敬的良师益友走了,不禁悲从中来,同时也想起了很多很多,马上想到的是要写一篇纪念文章,可是又千言万语,不知从何说起。

我认识白尘老是在一九六五年底。一九六五年有一个很长的寒冷的冬天,那时不仅北国冰封万里雪飘,就是江南大地,也是雪上加霜。一天,阴霾的傍晚,组织上告知我白尘老从北京来南京,要宣传部副部长钱静人和我去车站迎接。那时,我是省委宣传部的文艺处长,于是我陪同钱静人去了车站。对白尘老,我虽还没见过面,但他的大名却早已如雷贯耳。他在抗战时期创作的话剧《升官图》具有振聋发聩的作用,使一部分人捧腹,也使另一部分人暴跳如雷、胆颤心惊;果然,后来由他执笔的一部电影《乌鸦与麻雀》便为国民党所禁拍,直到解放后才得以拍摄完成,在一九五四年的电影评奖中,得到毛主席和周总理的赞许,并获得一等奖;我还读过他的许多其他作品,有些作品我还在寻觅中。对一个作家来说,他是中国作协书记处的书记,是我的领导;对一个作者来说,他是全国最权威的文学刊物《人民文学》的副主编,是我们作者的园丁和裁缝。现在由我去迎接他,我当然是非常愿意和高兴的。那天,十分寒冷,南京下关车站也没有暖气,我虽然年轻力壮,却也觉得冷彻骨髓,心里不免嘀咕起来,北京是全国的首善之区,待遇好,有暖气,怎么在这个时候让一个年过半百的老人到南京来呀,而且据组织上透露,白尘老来宁后好像是准备长住下去的,我奇怪,为什么不把一个德高望重的老作家、名作家留在全国作协的领导岗位上,难道就因为他是江苏人就要把他放到江苏文联来工作么?当然我也知道当时北京的风声很紧,据说有一个什么反动的裴多斐俱乐部,但我到底了解得太少,一时也猜不出究竟是什么原因,这时列车已准时到站,我们接到了白尘老师和他的夫人金玲同志。看上去白尘老有些疲劳,但是精神很好,谈笑自若,好象根本没有把组织上这不太合理的安排放在心上;在个别交谈时,我婉转地谈了自己的不解,白尘老相反劝慰我道:"江苏是我的故乡,我能回到江苏来非常高兴,在北京杂事缠身,要想写一点东西都不大可能,今后我可以安下心来写些东西了!"我听了他的解释,的确宽心不少,是呀,在北京的领导岗位上,文山会海,这运动那运动,这问题那问题,人际关系又是那样复杂紧张,还怎么能安心写东西啊!当时我许诺道:"白尘同志,今后有什么事要我做的,你尽管盼咐好了!"我是愿意为他出好作品而尽自己的力所能及去服务的。然而曾几何时,全国的狂飚突起,一场"大革文化命"的运动席卷全国。这时,我虽然了解到组织上安排白尘老到江苏,实是明降暗保,犹如把沙汀、艾芜分到四川,把周立波分到湖南一样,可是强劲的狂飚似乎要摧毁一切有价值的东西,最后连我这个微不足道的小人物也不能幸免,还谈得上什么去为白尘同志服务么?而白尘同志除了能写自己的检讨外,又能写什么呢!后来白尘同志不仅为江苏的造反派所批斗,还又被劫回北京的原单位去批斗,最后被下放到湖北云梦泽的一个"五七干校"去劳动改造,而我则被赶到黄海边一个偏僻的乡村去做农民。

等到粉碎"四人帮"以后,在拨乱反正、解放思想的运动中,我们都一齐回到了南京,重返文艺队伍,这时他有了安心创作的条件了,一头扎进书稿中,日以继夜地构思写作;不久便推出了话剧《大风歌》,这出将历史真实、艺术真实和现实倾向性和谐地统一起来的史剧,很快便风靡全国,终于荣获国庆三十周年献礼剧目一等奖。与此同时,根据鲁迅小说《阿Q正传》改编的同名电影及同名话剧又获得了巨大成功。反映"文革"期间知识分子遭遇的长篇回忆录《云梦断忆》也反响强烈,博得了海内外评论家的高度推崇和赞誉。我为白尘老全身心地扑上了创作、日以继夜地紧张劳动而担心,因此又常抽空去看他,真想劝劝他注意劳逸结合,别写得太累;每次去,我都能从他那里得到他亲笔签名的赠书,而且看到他因创作丰收而更加精神焕发,所以我要讲的话一直讲不出口,相反他倒劝我最好能摆脱一些事务工作,多写点东西,后来他又托人带口信给我,说我的《红红的雨花石》写得不错,希望今后能看到比这写得更好的书,这是他对我的鼓励,对我的促进,使我在繁忙的工作中始终没有迷失方向,我不仅要使机关以创作为中心,而且要使自己也以创作为中心,我科学地安排工作,争分夺秒地去进行创作,这以后我每次去看白尘老,都能呈上一本自己的拙作请他指教了,他看了非常高兴,开玩笑道:"你工作写作两肩挑,不像有些人只是做官而不创作。"今年三月份的那一次,我又带了一本新出版的《战争中的少男少女》去请他指教,他很激动,说:"你现在还能写书出书,我不行了,不能写了。"他真是一个视事业如生命的人,生命不息便想创作不止。我马上劝慰他道:"白尘老,你的贡献已很大了,又这么大年纪,应该休息休息了,现在连我都写得很少了,也可能这就是最后的一本!"于是他又反过来鼓励我道:"不,你还能写,你应该继续写下去!"我感动得点点头。没想到这次谈话竟是我们的最后一次,因此现在一想起,我还激动不已,我一定要继续努力下去,绝不辜负他的希望啊!

在那最后的一次谈话中,他还告诉了我一个秘密,或者说是他自己坦露了一个最后的心愿,他握住我的手悄悄地说:"最近省里领导答应了要出我的全集,共八卷三百万字,我很感谢他们。不过我还有一本下放在云梦泽时的日记,这是一本真实的记录,我已经送去北京,不知能否出版?"白尘老一直以讲真话、办实事而闻名,在粉碎"四人帮"以后的思想解放运动里,他在省里的文艺界中率先冲破各种禁区,坦率地陈述自己的见解,与一条顽固的"左"倾思想路线展开了坚决的斗争,那时我的思想还不够解放,不敢公开地毫无保留地坦陈己见,总害怕被人抓住小辫子,又要挨整挨批挨斗,是他教育和鼓励我只要真理在手又有何畏哉!因此我相信他的云梦日记一定是自己灵魂的真实写照,同时也是他周围许多人的灵魂的真实写照,这一定是一本非常精彩的书,鲁迅就曾提倡要严肃地解剖自己,卢梭的那本犀利地解剖自己的《忏悔录》,至今仍有无穷的魅力,我当然高兴能早一天读到这本书了,白尘老紧接着又说道:"我担心这本书会使一些人不愉快,因此已将里面的人名简化成××、××了,不知他们还敢不敢出版?"我对这一难题很难回答,一碰到新闻出版问题就像遇到了斯芬蒂克之谜,我只好安慰他道:"我相信总有一天它会出版的,你也是一定能够看到的!"我说了这一美好的愿望,他高兴得笑了,可是我绝没有料到关于出版他的《云梦断忆》八字还没一撇时,他竟匆匆地走了,我对自己这一不切实际的预言感到内疚,但我又希望我的这一预言不太久便能实现,到那时,我一定会捧着这本书献在他的墓前。

一九九四年六月二十八日写于南京思静斋

王　鸿

一次难忘的教诲

　　一九八二年春天,省里召开戏剧创作会议,到会的大多是我省的中青年剧作者,我们约请陈白尘老师给大家做了一次有关戏剧创作的辅导报告。
　　那时,白尘老师已经由北京回江苏数年,他对我省戏剧创作在较长时间内处于"温吞水"状况,以及戏剧队伍的现状相当了解,讲话的针对性很强。在那次会上,他语重心长地向到会同志提出:要做一名剧作家,不要做一个编剧匠。"家"与"匠"仅是一字之差,却有着完全不同的内涵。大家听了白尘老师的讲话,都感到深受教益。
　　白尘老师说,要做一名剧作家,一定要有强烈的社会责任感,要有胆有识,既要有政治远见,又要有坚持真理的胆量,戏剧创作必须直面人生,做人民的代言人。
　　他说,不要相信"戏剧作法"、"写剧入门"之类的东西。剧作者要勇于探索,勇于创新。创民族之新,创中国之新。对外国的流派可以借鉴,拿过来研究,有用的就用,没有用的就不用,要兼收并蓄,有所扬弃。对内容与形式的关系,白尘老师指出:"创新的形式一定要为内容服务,不能为形式而形式。"他鼓励剧作者"做人间第一手。从'我'开始,创个流派",他说,"没有这个勇气,算得了什么作家?"

白尘老师说,要提高创作水平,一定要在作品中塑造出生动形象的典型人物。他指出有些作者由于对生活中的人物研究不够,理解不深,因此写得太浅太露,有的则大致雷同。

白尘老师在创作方面的重要成就,特别是在创作讽刺喜剧方面所做出的突出贡献,不少同志是了解的。他在讲话中还联系自己的创作实践,谈到戏剧应当娱乐观众。如果没有引人入胜的情节,不能使观众得到美的享受,那么争取观众就成为空话。同时他还指出,争取观众并非去一味迎合观众。对那些低级庸俗的东西,走歪门邪道的东西,不仅不应去效仿,而且应当"应战"。我们要争取观众,要征服观众,要提高观众,武器只有一件,就是提高我们的艺术水平。

那次会议以后的几年内,白尘老师又在不同的场合就创作问题发表过多次重要谈话,江苏的戏剧创作状况也逐渐有所改观,出现了一批当之无愧的剧作家,创作出一批在全国产生了重要影响的作品。这些,都是与白尘老师对我省戏剧工作者的悉心培育分不开的。

白尘老师在一九八二年春天的那次讲话距今已十多年了,他离开我们也已一年了。今天,我写下这篇短文,既是重温他对我们的殷切教诲,也是表达对这位尊敬的师长的深深怀念。

梁　冰

人民不会忘记
——痛悼白尘同志

　　白尘同志走了！他走得很突然。他的亲人、友人，甚至最了解他病情的医生，谁都没有料到！当然，他自己更没有料到，因为，为了他所挚爱的祖国和祖国的戏剧事业，他还有很多很多事情要做，很多很多心愿未了。他要亲眼看到中国戏剧——特别是话剧的振兴，看到香港回归祖国的怀抱；他用无数心血培养起来的一批批中青年戏剧家正等待他继续关怀、指导；三百万字的《陈白尘文集》正等待他着手整理、出版……然而，他竟如此匆匆而去！五月二十八日清晨，当我接到金玲同志的电话，急忙赶去的时候，他静静地躺在床上，已经永远阖上那双睿智的眼睛。我轻轻抚摸他冰冷的前额和稀疏的白发，想到他顽强拼搏的一生和未竟未了的心愿，禁不住悲从中来，痛哭失声！

　　白尘同志于一九〇八年生在苏北清河，一九三二年参加革命，一九五〇年加入中国共产党。从一九二四年发表短篇小说《另一世界》起，大半个世纪以来，他一直以笔代枪，通过各种题材、体裁、样式的文学作品，鞭挞黑暗，追求光明。这些作品，从现代题材到历史题材，从话剧到电影，从小说到散文，无所不包。他是一位著作等身的剧作家,也是一位博大精深的文学家、理论家、杂家,一位享誉海内外的文坛大家。

当然,他在戏剧方面的成就更为人们所崇敬。从二十年代末发表第一个独幕剧《墙头马上》,和三十年代初发表第一部多幕剧《除夕》以来,他为中国戏剧事业奋斗了六十多个春秋。旧中国强加于他的种种苦难直至他身陷囹圄,都没能使他放下手中的笔。抗日战争、解放战争时期,敌机的狂轰滥炸、国民党特务的无声手枪以及"戏剧审查"的大棒,同样没能使他放下手中的笔。而且创作激情更加高涨,锋芒直指日本军国主义、汪精卫汉奸集团和国民党右翼势力。为了拒绝反动当局对剧本的粗暴修改,他忍痛让《结婚进行曲》被迫辍演,宁折不弯;利用旧政协召开的有利时机,他巧妙周旋,使直刺反动派心脏的"新官场现形记"——《升官图》在重庆连演四十三场,持续达两个月之久,随后又在上海连演两百场,持续达半年,全国各地也纷纷上演,从而奠定了政治讽刺喜剧在我国现代喜剧史上的重要地位,被誉为中国现代喜剧最优秀的代表作;四十年代后期至"文革"前,他在首都一面忙于文艺界的组织领导工作,一面继续握笔创作。硕果累累,影响深远。

十年内乱,"四人帮"对白尘同志的千磨万折,还是没能使他放下手中的笔。他挨批斗,遭流放,关"牛棚",放鸭群,直至开除党籍(后已平反),身心饱受摧残,却敢于冒着极大风险,在有形无形的监视下,奇迹般地写出了十卷《"文革"日记》、十卷《余生日记》和一部二十万字的纪实性散文集——《听梯楼随笔》。有一次正在写作,有人一反从来过门不入、不屑一顾的惯例,突然破门而入,进行刺探,白尘同志急中生智,推说正在抄写花卉种植法。事后,他上街跑遍许多书店,好不容易买到一本《月季栽培》,置于案头,作为掩护。后来,他在《忆鸭群》《忆金镜》中曾说:"在兽性大发作的年代里,有些'人',是远不及我的鸭群和平温良,而且颇富'人'情的……"正是怀着这样的心情,他在粉碎"四人帮"后即创作了大型历史剧《大风歌》。他说:"我抑制不住对于'四人帮'——这批披着人皮的禽兽、天安门冤案的元凶们的怒火,我不能不鞭挞他们！"八十年代初，他改编的七幕话剧《阿Q正传》在国内外相继上演，获得极大成功。在剧本的结尾，他辛辣地指出："阿Q死了！阿Q虽然没娶过女人，但并不像小尼姑所咒骂的那样断子绝孙了。据我们的考据家考证说，阿Q还是有后代的，而且子孙繁多，至今不绝。"爱憎分明，嫉恶如仇，嬉笑怒骂皆文章。这就是我们的白尘同志！

江苏剧协和江苏戏剧界得天独厚，从党的十一届三中全会始，一直得到白尘同志的直接关怀和指导。他亲自为剧协的报纸写《开场锣鼓》（代发刊词）。江苏剧协和省文化局联合设立的"戏剧百花奖"请他担任评委会名誉主委，他欣然同意。对于江苏（包括地方和部队）的中青年剧作者，他爱护备至。早在一九七九年，他主持南京大学中文系时，就招收了第一届话剧创作的硕士研究生；一九八五年又开始指导第一批博士研究生，开国内综合性大学之先河。他认为：一个话剧作者"要做一个革命者，一个为历史认可的有作为的真正剧作家，而不要做一个忘掉神圣使命和社会责任、随波逐流迎合低级趣味、追逐个人名利的编剧匠！"他拥护小平同志关于对文艺创作"不要横加干涉"的指示，在《人民日报》大声疾呼："戏剧佳作之出，对于剧作者来说，第一需要的并非黄金，而是创作自由！"不仅话剧，也不仅剧本创作，江苏的许多剧种以及表导演艺术都同样得到白尘同志一视同仁的关注。作为剧作家的白尘同志，还十分重视戏剧理论建设，他说："理论家是戏剧运动的开拓者，没有你们披荆斩棘，仅靠剧作家是杀不出重围的。"他赞成戏曲的"推陈出新"，但是他认为："戏曲中一切优良的传统不能改，唱念做打和载歌载舞等等不能改。戏曲必须是戏曲，不是话剧加唱。戏曲话剧化的路子是倒行逆施！要改回来！"

白尘同志对于戏剧的深情和执着，令人十分感动。粉碎"四人帮"后，他曾怀着天真的喜悦，托人捎信给德国戏剧家、老友舒马赫教授："请转告他，陈白尘回到了写字台上，又成为作家了！"他对来访的日本戏剧家尾崎宏次说："日本话剧所经历的痛苦、困难、迷惘，同中国话剧是相似的。尾崎先生死死抱着话剧不低头。我也是死死抱住话剧不低头的一个！"

近几年来,白尘同志重病缠身,听觉视觉明显衰退,但依然时刻注视着中国戏剧舞台,依然没有放下手中的笔。每当国内外友人或他的学生登门拜望,话题总是离不开戏剧,动情处每每泪随声下。他的夫人金玲同志和女儿陈虹、陈晶为了不让他过分激动和保护他的视力,常常把报纸、杂志藏在一边。但每当有重要文章被他发现,不管多长,都要吃力地一字字读完。他很少看电视,但当中央电视台播出青年剧作家姚远创作的舞台剧《李大钊》时,他硬是撑持着看完了全剧。直至他逝世前的五月二十日,还应优秀滑稽戏演员钱吟梅的请求,为她的舞台生活四十年题词;同时,为《喜剧世界》杂志题写了"喜剧的武器是笑"七个大字。他受日益扩展的腹部主动脉瘤的压迫,加之头晕、手抖,写字非常困难,但在题词时总是一丝不苟,一字字一遍遍地反复书写,反复比较,直至自己满意为止。应该说,他是坚守在自己哨位上,为中国戏剧鞠躬尽瘁、站完最后一班岗的忠诚战士!

"看不到话剧的振兴,我死不瞑目!"这是他生前的誓言。可以使他感到慰藉的是,江苏省委在他逝世前做出决定:出版《陈白尘文集》。现在回顾他即将结集问世的数百万字作品,很多是在监牢里、在"牛棚"里、在病房里、在敌机轰炸时、在特务追踪下、在严密监视中写成的。这些作品,是他对人民的最忠贞的奉献;其中秘密写于"文革"后期的《听梯楼随笔》,在扉页上端端正正写着:"献给我最崇敬的人"——这是指周恩来总理。当时他不可能有正规的稿纸,而是偷偷地用活页纸一点点地写,然后用绳子一页页地串起来。这是需要多大的勇气和毅力啊!正如他的学生们所说,他像逆水行舟的纤夫,像衔石填海的精卫,坚忍不拔,义无反顾!

"我热爱着光明!"这是白尘同志的毕生追求。事实上,热爱光明的白尘同志,也时时把光明给予人民,犹如希腊神话中的普罗米修斯,为了造福人类,不惜自己历尽磨难,九死无悔。

敬爱的白尘同志,安息吧!人民,将永远不会忘记你!

一九九四年六月十二日于南京

田野　张辉

白尘伯伯活在我们心中

当我们眼前浮现白尘伯伯那慈祥又诙谐的音容笑貌时,当我们回想起他对世事深刻又幽默的言谈时,当我们感受到他待人既情深义重又决不含糊时,当十分欣喜接受排演他晚年力作《阿Q正传》时……那么亲切,就像是昨天。可万万没想到,也无法相信白尘伯伯突然离我们而去!声声痛哭悲呼:"伯伯!伯伯!"他再也不回答了!……这竟是无可挽回的事实!

"人生自古谁无死",但白尘伯伯却为后人留下众多的警世之作,和使人们永远敬仰学习的伟大品格,他是不死的!

白尘伯伯是我们的师长,又和我们的父亲——田汉交谊甚厚,情同兄弟,这是我们作小辈的时时能感受到的。可他在我们面前总是谦逊地说:"你们可不能叫我伯伯,田先生是我的老师,田野是我的小师妹啊。"而更不会忘记当田汉冤案尚未平反昭雪之前,白尘伯伯就在南大师生面前敢于仗义直言,说田汉一生光明磊落,定他是"叛徒",那是对田汉的诬陷!他时刻敢说真话,是需要很大的勇气,是要担风险的!这使我们深切地体会到,他们为人民的戏剧运动共创事业,又同遭厄运,但他们在时代的发展与变迁中,对恶势力不屈的性格与凛然正气是摧毁不了的!那些卑劣小人,在他们面前只能成为一堆历史的垃圾!

我们永远敬重他,学习他,怀念他。

白尘伯伯活着,活在我们心中!

于一九九四年七月

凤 章

心　祭
——敬悼白尘同志

　　一九九四年五月二十八日,从电话里传来陈晶的悲泣声:"我爸爸于今天凌晨逝世了!"我惊呆了,简直不敢相信我的耳朵。不久前,我看望过白尘同志,见他脸上的气色和精神都很好,我为他的身体康复而高兴。可万万没想到,才过了几天,白尘同志竟猝然离世而去。我茫然地放下电话,怀着极大的悲痛,忙不迭地从花店买了一束素花,向白尘同志家疾奔。

　　在白尘同志的卧室里,只见他祥和、安谧地躺在床上,他好像在恬静地沉睡。然而理智告诉我,我的老师,我们的文学前辈,我国杰出的戏剧家、戏剧大师陈白尘已离我们而去了。我含着泪,默默地向老师敬献上我手中的花。

　　我和白尘同志相识、相交已有三十多年。在白尘同志主持《人民文学》期间,我是《人民文学》主要联系的作者之一。一九五八年我第一次发表在《人民文学》上的短篇小说,便是由白尘同志编发的。不久,白尘同志又派小说组同志到苏州向我约稿,赞扬我的小说并鼓励我多写。此时我尚不认识这位闻名已久我所尊敬的文学前辈。一九六〇年我出席全国第三次文代大会,在中国作协理事扩大会上,这才第一次见到白尘同志。他在会上的发言,风趣、幽默、富含哲理,而在和我交谈时,又极随和、亲切。他微笑地对我说,他也是江苏人,老家淮阴,离家乡几十年了,很想回去看看,就是腾不出时间。他很关心江苏的文学创作,鼓励我到生活中去,写出好作品来。文代会期间,《人民文学》编辑部邀请出席大会的部分作家座谈文学创作,我也在受邀之列,并要我作深入生活的发言。我知道这也是白尘同志的安排。这以后,《人民文学》便源源不断地向我约稿,我也便每约必写,不仅写小说,写散文,还写报告文学,几乎每次给《人民文学》,都能刊登。尤使我难忘的是,我的一篇散文《水港桥畔》,发表在由白尘同志精心策划的一九六二年五月号的《人民文学》上,这一期便是有毛泽东同志六首诗词首次面世的《人民文学》。这对我是一个极大的鼓舞。白尘同志就是这样不遗余力地提携和培育青年作家。如果说五十年代末到六十年代初,是我创作上的一个爆发期的话,那点燃这个爆发期的火种的,便是白尘同志。

我没有想到,一九六五年白尘同志全家回江苏来了。我惊的是他的无故遭贬(此时文艺界正是乌云压城城欲摧之际);喜的是可以随时得到白尘同志的面教了。在文艺整风之后,江苏的专业作家组实际上已被打散,我和顾尔镡等同志被分配到句容县参加社教,为配合社教,领导上要我们写戏。我从未写过戏,实在为难得很,勉力写了几个小戏。谁知社教以后,写戏的任务仍不断交下来。白尘同志来到,我又把他作为我学写戏的老师。他耐心地听我说题材,谈故事情节,听后指点,仍和过去一样,总是给我鼓励,给我创作的勇气。有时,他也向我谈自己的创作,我记得最清楚的一次,是要我对他的新作《第二个回合》初稿提意见。他不因为我是后辈,不嫌我的浅薄,恳切地听我谈读后感。一位大戏剧家对创作的精益求精以及广听意见的谦虚精神,使我感动不已。这一段相处,可惜时间不长,没有多久,那"史无前例"的风暴,便排山倒海地刮来了。在省文联的一次会议上,我含泪看着白尘同志被北京来的造反派揪走。此后便听不到白尘同志的消息了。

再次见到白尘同志已是历经十年"文革"噩梦之后的一九七八年。那时我在宜兴农村工作了一年之后刚刚回宁，闻白尘同志回来了，便急往中央路那条小弄的寓所看望他。见他精神矍铄，正豪情满怀地改他的皇皇新著《大风歌》。我惊喜地感到，这位戏剧大师就像离队已久的战士一样，一回队便迫不及待地拿起了武器——他那支如椽巨笔。他像过去和我谈创作那样，给我畅谈他的《大风歌》。但也告诉我，在刚写此剧时，竟受到一些人的刁难。他是在极度困难条件下创作的，后来在省委领导的支持下才顺利完成了初稿。言之感慨不已，我也为之愤愤不平。但这部在白尘同志创作中具有里程碑式的巨著，最后终于完成了，出版了，上演了，并轰动了我国剧坛，这实在是我国文学戏剧界值得庆幸的事。

白尘同志仍像过去那样关心和支持我的创作。他热烈赞扬我的抨击宁六公路存在的问题的报告文学《路的呼喊》，在政协会上发言呼吁有关方面重视文章中反映的种种问题；当我的报告文学《法兮归来》发表，有人冷漠，他却鼓励有加，认为是一篇揭示现代生活中矛盾的好作品，后来果然获得全国第四届优秀报告文学奖；就在白尘同志逝世的三个月前，我去看望他，当他听说我的报告文学《上告》，由于揭露徐州市沛县原县委书记强奸女画家事，在徐州遭禁，不由大怒，拍案而起，大声说："岂有此理！向省委反映去！"我和金玲同志都大惊失色。白尘同志心脏不好，体内还植有起搏器，岂能如此激动？连忙安慰他，此事已妥善解决，请他不要为此烦心，他这才安然坐下，但还是不放心地连声说："有什么事需要我做的，你随时来说好了。"我呆呆地望着这位年已耄耋的文学前辈，他的刚正不阿、嫉恶如仇，以及对文学后辈的热爱、支持、关怀，我感动得几乎落下泪来。

白尘同志离开我们了，但他永远活在我们心里。

谨此奉上心香一瓣，敬悼白尘同志！

杨苡

你不会寂寞

那年我捧了一束色彩绚丽的鲜花走进了白尘师的客厅,我笑说:"猴年送一束花给猴王!"白尘师大笑,他说:"猴王老矣!跑不动啦!"我说:"你还不是继续在写嘛!衷心祝你健康长寿!"

今年五月二十八日,一清早到花店配了一束花带去,这束花只有白色的马蹄莲、黄白相间的素菊,也夹上两支淡色的康乃馨,让这束花献上我们的友情、哀思,还有说不出的遗憾!白尘师,我们来迟了!

曾听说老人在前些年住院时,被发现过腹部有个主动脉血管瘤不能动手术切除,只希望它不要长大。后来又发生了头晕症、冠心病,前年装了起搏器,不久出院后又是一场肺炎、病情危急……但都平安度过,转危为安。这位该算是在我国话剧史上最早的喜剧创作大师,在半个多世纪以来,经历过那么多灾难,一次次被人泼上污水,却仍是坦然、乐观、自信地向前走着,绝不丢下他的笔,也丝毫不减低他对年轻人的热情关怀。这几年他的谈吐虽然是速度缓慢些,听觉也不太灵,却还是浸透着风趣与幽默,他的目光永远是十分锐敏的!

我真喜欢坐在他的客厅里,一坐下来就不想走,好像有许多有趣的也有令人伤感的回忆,但似乎从来没有时间把话题转到三四十年代,却总是谈近几年发生的事。半个世纪以前我也曾作过他的读者,后来又成为他的话剧演出舞台下的观众。我一直想跟他谈谈当年的中旅剧团团长唐槐秋和他的女儿唐若青,也是我的老朋友的陶金和章曼苹,还有在抗战后期由于生活太艰苦,听说竟在成都的话剧舞台上吐血而亡的施超,这个曾在《夜半歌声》崭露头角的年轻人,曾经是那样得才华横溢!我又多想跟他好好地"摆龙门阵",从《群魔乱舞》到《升官图》,从《乌鸦与麻雀》到《结婚进行曲》,还有对太平天国人物的评价,再谈到他这些年的散文、随笔……

那年叶至诚曾约我写一篇关于《云梦断忆》的读后感,我有点胆怯,因为我这人没有理论,我不会写这类东西。白尘师却很高兴,他认为我可以写。但当时由于种种干扰,终于没有写成。这本薄薄的小书同巴金的《随想录》、杨绛的《干校六记》、流沙河的《锯齿啮痕录》、梅志的《往事如烟》等都是作者流着泪却又带着苦笑,试图把他所经历的苦难历程淡化又淡化地描绘出来的力作。书虽是薄薄的一本,其实份量却是很重的。后来白尘师又在三联书店出版了《寂寞的童年》和《少年行》。但还有一部尘封的书稿《听梯楼随笔》。我等待着这部十分宝贵的记载了当时历史真实的书稿问世,却至今未见,总不能如他女儿陈虹所担心的被"尘封在历史的黑洞"里吧?!

要对白尘师说的话真太多了!去年十一月底我从上海回来,我恨不能快去跟他聊聊我带着女儿给巴金先生拜寿时所看到的一些有趣的事。"老寿星"是多么不习惯那样方式的"做寿",却是想避也避不开,只好无可奈何地微笑着接受一批批的客人走到他面前十分热诚地祝贺一番,的确是一副带着无可奈何的微笑着的疲劳表情,过了两天客人渐渐少了些,我再去看他时,他又轻松地笑起来,还叫人从旧相册中找出我十八岁时的中学毕业照片给大家看。从上海回来,我带回那个称巴金为"老外公"的李舒送我的一本巨大的画册,那是他编的摄影图片集《巴金对你说》。由于我一时抽不出时间去看望白尘师,在元旦那天,白尘师叫陈虹给我们送来补品和香蕉,我便托陈虹带回这本画册给她父亲看,因为两位老人总是互相惦记着的。我原打算去北京住一个月就回来,再跟白尘师"汇报"北京之行,却没想到一去便住了四个月,生活忙乱得连封贺年问候的信也没写过。

回来已是五月中旬了,几乎每天都要说去看看白尘师,却又被琐琐碎碎的家事绊住,然后决定五月三十日,即星期一,一定要去,雷打不动!要汇报几位他所关心的老朋友的近况,还要谈谈我看了北京人艺演出的《阮玲玉》和青艺演出的《捉刀人》之后的感触……

只能看见他安睡在自己的床上了,睡得那样安详,仿佛还在呼吸。金玲大姐哭喊着:"白尘,你睁开眼睛看看啊,你天天念叨他们,他们来啦!"对着一生相随、在苦难中相濡以沫的伴侣,她蹲在床前,又在轻轻地说:"白尘,你答应我一声,我给你拿报纸来好吧,你不是天天要看报吗?你说话呀!……"妻女们撕裂人心的哭声唤不醒就在十小时之前还在活着的白尘师!

我望着,望着,忽然觉得白尘师好像皱了一下眉头,我清楚地知道这当然是我的幻觉,但我又想,白尘师若此时有知,也许他会劝她们不要用哭泣给他送行,虽然他自己也曾为他所受的冤屈流过泪,为他拿不出去的文稿流过泪,为他所尊敬的、热爱的、关心的一个个同志和朋友所遭受过的磨难流过泪,但几十年来,他却总是通过作品努力把他特有的幽默风格交给观众与读者,但他这一生毕竟活得太累,太不容易了,现在他得到了真正的休息,而在另一个世界将会有那么多的老朋友等着他一道"摆龙门阵"!

六月五日在告别大厅里,我看见佐临与丹尼和他们的两个女儿送的花篮,也就在那时候,有人告诉我黄佐临先生已于六月一日逝世!在震惊之余,我忽然想到在另一个世界里,白尘师定会走来迎接他的好友,张开双臂拥抱佐临,拍打着他大笑说:"哈哈,老兄,你也来啦!"

白尘师,安息吧!你曾有过寂寞的童年,但你毕竟也有过为正义斗争的不平凡的青少年时代！从中年到老年,你勤勤恳恳地写作,却又满腹冤屈,无处可说！你一生嫉恶如仇、爱憎分明！你用你的风趣与幽默包着一只只匕首向你所憎恶的旧制度、恶势力以及一切丑恶现象掷去,便这样光明磊落地度过一生,在中国戏剧史上用你的血泪写下了辉煌的一页！你放心地去吧,你的学生们会接过你的匕首继续前进的！白尘师,你无愧此生！在另一个世界里,将有那么多你的同时代、同行的好友,他们将一个个大笑着走过来拥抱你,他们会说:"我们这一生对得起我们的祖国和人民,我们的读者和观众!"也许他们也会伸出双臂,大声说:"白尘,让我们排一台了不起的泣鬼神、动天地的好戏,我们有的是杰出的舞台监督、编剧、导演、演员、灯光舞美人员等等,我们是'大腕'!"

别了,白尘师,你不会寂寞!

赵　恺

词　语

　　人的一生不知要说多少话、听多少话,那些过耳之风只能被统称为"言语"。具有思想品位才是词语。词语仿佛沙中的金子,一生难逢几次,而一旦相遇便能让你镂骨铭心地警醒一辈子。

　　因为工作关系,十年中我三次接待了返回故乡的陈白尘老师。老师最后一次返乡是一九八七年五月,为他的母校市立一中恢复为成志中学。那天晚上,我陪老师在淮阴宾馆的林荫道上散步,下午瞻仰周恩来故居的情愫还在他心中激荡。谈到胡耀邦的题辞"全党楷模",老师巍然停下脚步,用他那带着浓重乡音的普通话说出一件难忘的往事。

　　老师说,粉碎"四人帮"后为落实政策他去了北京,在中组部上任的胡耀邦接见了他。胡耀邦的亲切、坦诚、负责、果决给老师留下深刻印象。在仔细倾听老师诉说后,胡耀邦说,您的情况我都知道,您先回去,且莫着急,您的问题一年之内一定解决。回去后静下心来写东西,作为作家留下点作品给子孙后代,比当什么官都好。

说到这里老师兀然顿住了。我看见他的眼中闪动泪光。那浓眉、那阔额,那一根一根银丝般的白发组成一尊沉思的雕像。

回到南京,他静静伏身书案,写出他的扛鼎之作话剧《大风歌》和《阿Q正传》,写出一本又一本散文和学术著作,直到生命的最后。而老师的一席谈话则被记忆孕育成晶莹的珍珠。

方同德

哭陈白老

陈白尘先生匆匆地走了。多年潜伏在他腹中的那个血瘤突然破裂,从剧痛发作到阖上双眼,前后仅十几分钟。噩耗传来,我正出差在外地,我简直不敢相信也不能接受眼前的这个事实。就在我出差前几天,他还同我通了一次电话,他要我方便时再去他家中一次,说要再次同我商量一下他的文集的卷目事宜。当时我怎么也不会想到,我电话中最后对他道的那个"再见",竟是永远不可能实现的许诺。

陈白老,你走得实在太匆忙了。你说过,你有一件很重要的事情要做。你要为你的文集作一个自序,既为自己一生的文章画上一个句号,也是对读者作最后的交代。作为一个年近九旬的老人,你很少想到要为自己一生作一个总结;作为一个作家,你要向你的读者作认真而负责的告别。为了这个认真而负责的告别,这几个月来,你都在积聚力量。四月份,医生要你住院治疗,你婉辞了。也许你那时已经意识到了时间对于你已具有特殊宝贵的价值。但是,当时,你的亲人,你的朋友们都没有预感到你已经逼近生命的尽头。正当你准备燃尽生命最后的膏脂,去奋力作人生旅途上的最后冲刺,你却猝然去了。

陈白老,你还记得吗,今年春节我和我爱人到你家来拜年,像往年一样,你留我们吃了午饭。席间,我们第一次扯到了出版你的文集的话题。那天,我们从鲁迅谈到三十年代的左联,又从左联谈到救亡戏剧。我们谈到了许多已逝世的和仍健在的我国文学界、戏剧界的伟人。你说,"伟人"这个词是你加封给他们的,问我同意不同意。我说,我同意。在我们这些文学后辈的心目中,鲁迅、茅公、巴老、曹禺老当然是伟人,你陈老也是伟人。你连忙摆手说,"我只是一个小人,但是,我不是赖小人。"你说,你这辈子字是写了不少,但大多是写在小学生的练习本上的,愧对国人。我说,你的字是有价值的,起码比那些写招牌的索价千元一字的所谓书法家的字要值钱。你说,那好,我卖给你,我只要一元钱一个字,只怕现在一分钱一个字也没有人要。幽默、机趣、犀利,一如当年,人如其文。当时,你畅怀地笑了,我也笑了,但我的笑声中隐含着一种酸楚,一种苦涩。我自知人微言轻,力量菲薄,但还是斗胆提了:"陈老,你应该考虑出文集了。这件事我帮你联系联系看。"临别时,伯母金玲对我说,今天陈老高兴,现在很少有人能跟他谈得这么投机了。陈老此生最大的愿望就是能见到文集的出版。你如果可能,帮他想想办法。伯母握着我的手,当时,我深深感到了老人柔弱的双手的握力。我的眼睛湿润了。

几天后,我就打电话给江苏文艺出版社社长吴星飞同志。星飞原是扬州市文化局局长,几年前弃政从文,为人笃实,对文学前辈的敬仰决不亚于我。我开门见山同他谈起了陈白老出文集的事情,他爽脆地表示愿为此出力,并当即表态,出版社愿出资十万元。

陈白老,你还记得吗,那天当我在电话中把这个消息告诉你时,你是何等的欣喜啊!"谢谢!谢谢!谢谢你那位姓吴的朋友!"苍老的嗓音中抑制不住地流露出一种如同儿童获得他最喜爱的东西时的喜悦。我对你说,这套文集总经费约需二十五万,目前尚缺十多万,建议你给当时任省委副书记的孙家正同志写一封信,请他给予支持。我知道你的脾性,你是不愿轻易向领导开口的。记得当年省委领导解决你的住房时曾考虑把你现在住的那幢小楼全部给你,但你没有接受,你说现在大家住房都这么困难,我这个消闲老人怎么能住那么大的房子呢!最后你只要了其中的一半。因此,我在电话中用了激将法:"家正同志是一位好领导,一位真正关心知识分子的好领导,你不找他,你找谁去呢?"

也许是我这个激将法真起了作用,你终于提笔给家正同志写了一封信。此信仅二百余字,语气十分委婉。信是三月三日递呈的,家正同志是三月十三日批复的。速度之快,出你意料,也令我吃惊。

当我从星飞同志那里获悉家正书记的批示已到出版社,即陪同你的女儿去星飞处磋商文集具体事宜。陈白老,你还记得吗,那天,我们从出版社归来,当你听完我们的汇报后,脱口而出第一句话就是:"这套书什么时候能出齐?"我说:"明年年底,最迟后年上半年,争取在你米寿之年,一定让你看到这套书!"伯母金玲在一旁插言:"还有两年,老爷子,你一定能看到你的文集。"这时,你忽然抓住了我的手,眼神中透出一种信任和真诚,动情地说:"知我者,同德也。同德,你我真是忘年交啊!谢谢!谢谢!"

陈白老,你知道吗,当时我听了你这两句话心里是什么滋味呢?我感到羞愧。我感到欣慰。我做了什么呢?我只是做了一件社会上任何一个正直的人都应该做、都愿意做的事。你要感谢我,其实真正应该领受这份谢意的是你,你为我们这个时代留下了这么宝贵的文字,全社会都应该感谢你。但是,当时我在受宠若惊之余,确也有一种陶然醉意。我是在接受一位受我敬仰的老人的真诚的感谢,我把它看得比任何人对我工作上、事业上、人格上的肯定更珍贵。

陈白老,你还记得吗?那天午饭后,你是那么的兴味盎然,你把伯母、我,还有你的两个女儿邀到院子里,你说你已经很久没有到室外来了。初春的和煦的阳光照在你那张近来渐显红润的脸庞上,柔和的春风轻抚着你满头的白发,我仿佛觉得青春又回到了你的身上。你风趣地说:"白尘老矣,尚能作序。"这篇序将如何写呢?你说,你要向家正同志,向星飞同志,向一切对出版这部文集给予支持的同志表示感谢。你说,有几部作品,譬如《鲁迅传》、《乌鸦与麻雀》,是与人合作的,你要向合作者表示感谢。你说,有的作品,譬如《鲁迅传》、《大风歌》、《宋景诗》,你要说明一下当时的写作背景。你说,你还有一些心里话要对你的读者说。你说,这是最后的话了,一定要说真话。当时,我们谁也没有问你的心里话是什么。因为我们知道这绝不是对家人的嘱托,对组织的恳求,对朋友的企望,这只能是一位握笔一辈子的老作家对他的读者心灵的和盘托出。那么,作为他的读者的我们,有什么权利在他没有向全体读者倾吐肺腑之前先听而快呢?我们都在等待着,耐心地等待着,但是,万万没有想到等来的却是撕心裂肺的悲痛和无尽的遗憾。如今,白尘先生的这套文集缺了他的自序,这是一个永远难以弥补的缺憾。他那辉煌而坎坷的一生,他那华采而悲壮的文章,最后打上的不是圆满的句号,而是令人遗憾又发人深思的省略号。陈白老,你把生命的最后时刻给了读者,给了你一生视作比生命更宝贵的戏剧事业。

陈白老,你去了。你是带着你的文集即将问世的美好消息去的。你一生坎坷,但去得平安,你是静静地躺在亲人的怀抱里去的。我在你的灵前含泪敬上了这么一副挽联:

漫漫八十余年人生,遍尝酸甜苦辣,终不改刚烈,可敬可亲,实为我辈楷模;

煌煌四百万言华章,尽写嬉笑怒骂,始凝成文集,亦歌亦泣,应是尘老欣慰。

陈白老,我将永远在心里为你默默祷念:祝你此去平安。

陈咏华

我哭陈白老
——沉痛悼念陈白尘先生

陈白尘先生匆匆地走了,在一个深夜。我惊闻噩耗,一早便到了陈宅。陈白老静静地躺在床上,像是刚完成了一部作品暂时合眼休息一般;在他床边的案头上正摊着他全集的部分目录。师母金玲和陈白老的两个女儿泣不成声地向我讲述着他逝世前正呕心沥血地整理着书稿,他晚年唯一的愿望就是出版他的全集,他一再声明不为名利,只想将他的著述总结一下,看上一眼。

可他走了,没能看到他的全集出版。

我认识陈白老是在七十年代初刚进出版社工作的时候,我几乎每天都要去他家。记得在给陈白老的一首诗中有句"不因同姓因同心"。当时,有人提醒我要注意立场,我则也干脆道,我是求学,是出于对文学前辈的敬重。陈白老一字字看我的作品,耐心而意味深长地教诲,使我至今一想就汗颜,那时的作品能让他看吗?可他看了,以后的许多日子他总是慈祥而厚道地待我。最令我难忘的是那时我工资低,又常来朋友,有时月底没有饭菜票,陈白老知后总让家里人拉我去吃几顿,拉我去吃并不揭我的底,只是说我一人在外让我改善一下。他让我饱了肚子又不让我失面子,这就是陈白老!他也向我讲起他在上海和重庆时,文友们有时遇到困难,会卖了自己的衣物或将刚到手的稿费全部拿出去资助别人。这就是我们的文学先辈,他们义不容辞地肩负着民族的重任,也同时如此这般肩负着他人的艰难。他们的可敬可佩可怀念正是掺进了他们的心血、生命和可贵人格。

我默立在陈白老的遗体前不愿离去,我脑中又现出他身着旧衣背着包从"五七干校"回来时的情景,他在磨难中没有颓然,他总是不停地写。他在文学与戏剧上的巨大成就轮不到我说,可我对他如何写《阿Q正传》、《大风歌》,却是历历在目。他的敏锐与深刻,风趣与辛辣,他的广博阅历与丰厚功底,那落纸有声的驾驭力实令我辈要好好俯首而思。他那刚直不阿的人品更在他的作品中熠熠生辉。我有幸编过他的散文《五十年集》和《陈白尘专集》,他是戏剧界的泰斗,可他的散文和小说写得也是那么漂亮,那么耐读。

我含泪在他院中走了一圈,他窗前的一株石榴树正含红而开;那一旁的一棵劲柏也铁柯撑翠,真感物是人非。陈白老,你再也不能睁开眼见这世间的一切了,你八十七岁的年纪写了六十多个春秋,你累了,你该歇一歇了。

我能为您做点什么呢?我知道称您老师我并不够格,可我如今怎么喊您您也不应了!我为您最后一次轻轻地掩上了房门,敬爱的陈白老,你安息吧!

可师母金玲却拉着我的手重复着一句话:"我与他相依为命朝夕不离,他把我扔下了,去了,我从此一个人了!"我闻此再也忍不住失声痛哭,我哭陈白老!

一九九四年五月二十八日泪就

蒋晓勤

难忘陈老

　　那是个微雨的早晨,天色混沌。我在北京居所的电话突然急促响起。千里之外,泣不成声的陈晶断断续续报来不幸的消息——陈老于五月二十八日凌晨在南京家中去世!……这是真的吗?我倚着桌子慢慢坐下,胸腔里像陡然被掏空了一块……我开始给宽沟的姚远、方庄的龙云和陈老在京的故交老友们逐个拨电话,一遍遍机械地重复着噩耗。听着嗡嗡电流声后那痛彻心脾的哭泣和沉重悲凉的叹息,我的心一阵阵紧缩……直到把家属委托的事做完,我才清晰地意识到,敬爱的陈老真的离我们而去了!悲痛猛然袭上心头,眼前一片模糊……

　　陈老是我所见过的最有人格魅力的老人。他对我们这一代剧作者中的许多人有着难以言尽的深刻影响。

　　我清晰地记得十五年前和陈老初次相识的情景。当时我正在上海戏剧学院编剧班学习,刚完成五场话剧《带血的谷子》(与韩勇合作)的修改稿。那天接到江苏省话剧团张辉团长的通知,说剧本已寄奉陈老,嘱我去东湖宾馆听取意见。我去了,怀着景仰,也揣着忐忑:这样一位名满天下的剧坛耆宿,会对无名后生的粗浅习作感兴趣吗?

出乎意料,年逾七十的陈老和他的夫人平易近人,丝毫没有大家的架子。他询问我的经历,询问剧本的创作初衷,而后便侃侃而谈。从剧本立意、结构谈到情节、人物,从对现实生活的认识谈到戏剧创作的规律,从作家的责任感谈到社会效果,从宏观形势谈到对"凡是派"的认识,纵横捭阖,旗帜鲜明,风趣横生。他既充分肯定青年人的勇气,又坦率指出不足,并中肯地提出重要修改意见。一个细节,一句台词,都逃不过他的眼睛。阅读之仔细,分析之透彻,态度之平等,观点之犀利,不能不让人惊异。他甚至还预测了剧本立上舞台后可能产生的各种问题,一再提醒"既要有主见,又要有策略",关爱之意溢于言表……他在谈剧本,又不仅仅在谈剧本。他使你联想到人生、命运、历史、文化等更丰富的内容……促膝相对,你可以慢慢感觉到陈老的儒雅外表后面独有的倔犟内涵,以及历尽沧桑的人生高度所带来的特殊魅力。这魅力从他的眼神他的表情他的手势和略带淮阴口音的娓娓话语中散射出来,深深地吸引了我,真是如坐春风如饮醇醪,令人荡气回肠……

在无拘无束的气氛中,我们不觉谈了近三小时,直到金玲老师不得不出面干涉。金老师告诉我,陈老昨晚为上影赶写《大风歌》,直到下半夜二点才定稿,而后又连夜看的剧本,至今还未合过眼……我深感不安,忙致歉道别。陈老却满不在乎,边送我边叮咛:"写剧本的苦恼和乐趣之一,就是剧作家将面对各式各样的意见和观众。对此,要有思想准备。"

这一番关怀教诲已使初出茅庐的我们深受鼓舞。未曾料及的是,陈老回到南京之后,又为我们做了许多工作:他明确向剧团表态支持这个戏,数次在大小会议上推荐和呼吁,并向有关领导作宣传——而这一切,他从来不曾说起,我们那时也浑然不知!……当剧本终于得以上演后,他冒着风雪来到剧场看了第一场演出。他对我说:"我是第一个站起来鼓掌的,我这个'接生婆'的快乐恐怕不亚于你们作者哩。"仅仅一个星期之后,此剧"无疾而终"。他又语重心长地安慰我们:"观众的掌声是作者的最高褒奖。不要在乎一城一地之得失。我这一生,有一半作品命运不佳,或者不能上演拍摄,或者被批判……我们写话剧的,既要不甘于寂寞,又要学会安于寂寞!"在那个乍暖还寒的早春,又是陈老亲自为《带血的谷子》的出版作序并同时交《中国戏剧》发表,再一次向年轻作者提供了他所能给予的有力支持。当我对此表示了一点耽心时,陈老泰然一笑,诙谐地说:"只要心里正,不怕和尚尼姑同板凳!"

围绕区区一出戏,我所深受的教益远胜于剧作本身。陈老的言传身教,无形中树立起高大的人格座标。从他那里我不仅学习了如何作剧,同时也学习了如何作人……八二年,我调南京军区前线话剧团工作。居处离高云岭颇近,于是经常前往探望。渐渐的,我发现陈老的生命和精力,很大一部分是倾注在我这样的后来者身上的。他的客厅里,时常聚集着风华正茂的中青年作者。他们或登门讨教,希望得到指点;或寻求支持,期冀解决难题;也有些仅仅就是为陈老的魅力所吸引,冒失地上门来随便托个话题聊聊天的。而陈老总是宽厚地放下手中的笔,牺牲宝贵的创作时间,尽力给予满足。他轻摇着满颊白发,以丰富的知识给人以启迪,以蔼蔼的风度给人以熏染,客厅里常是春风一片欢声满堂。每一个笑吟吟离去的人总能有所收获。而他自己呢?总是马上趴回到书桌上去,再把时间抢回来……

他是凡人,自然也有苦恼。前些年,他书桌上各种质量的剧本经常积案盈尺。已是耄耋之年,自己有那么多事情要做,再加上目力不济,一个接一个地看剧本,他往往感到头昏眼花,负担沉重。劝他少看点,他摇头说:"不行,要挨骂的。"幽默之中,既有无奈,也有一种责任感的惯性自策,于是,又一个接一个看下去……望着他日渐佝偻的背影,往往引起我们内心自责,于是相约,剧本不成熟绝不麻烦陈老。可用不了多久,陈老就会说:"怎么还不让我看你的新剧本呀?"仿佛这些是他生来就应该做的……陈老不止一次说过,话剧绝不会消亡,但使它振兴须得从一点一滴做起。言信行果,十几年来,他正是怀着这样清醒的认识和目标去勉力实践。在发现、扶掖和帮助中青年话剧作者方面,陈老呕心沥血,满腔热忱,留下春泥护花关爱青年人的佳话。他唤中青年为同行,始终和他们息息相通,心心相印,风雨同舟。仅我所知,新时期剧坛上较活跃的中青年剧作家之中,得到过陈老帮助的就有吉林的李杰,上海的颜海平、马中骏,广州的张莉莉,江苏的邹安和、赵家捷、方洪友、王承刚……他们的成功之作里无不包含陈老的心血。可以这样说,话剧困顿至今,仍有一批人坚守着而不致溃散,是和陈老人格的感召力凝聚力分不开的。至于他的研究生李龙云、姚远和后来的赵耀民,陈老更是倾注心血,关怀备至,情同骨肉。他们的师生之谊留下了许多的佳话美谈……我曾亲眼目睹陈老捧着《小井胡同》和《下里巴人》的剧照和评论文章激动不已的情景。他当时刚从美国爱荷华大学聂华苓、安格尔夫妇的"国际写作计划"中心回来,那副喜上眉梢挥舞拳头的神情出现在通常总是温文尔雅的陈老身上,真是动人极了!不是心灵洁净人格高尚的人是绝做不到这一点的!

这就是晚年的陈白尘,这就是为新时期话剧事业作出了不可替代的多方面贡献的陈白尘。人们往往只知他嫉恶如仇嫉"左"如仇刚直不阿,却少有人了解,他同时是个内心充满着巨大爱意的老人。他爱人民,爱真理,爱青年,爱话剧事业,爱这世上所有美的事物……在我看来,只说刚正不阿仗义直言不是陈老,只说爱意深沉舐犊情深也非陈老,只有这两者合在一起才是亲爱的陈老!因为他自己就是这样做的。做得自自然然,毫不勉强。

……在反复咀嚼失去陈老的痛楚中,我不止一次想到,如果不是我们这些后来者太多地分享了他的精力和岁月,陈老完全有可能存活在这世上更长久更健康……他像是大河中央的砥柱,在砥砺激扬起惊涛骇浪的同时磨蚀的是自己的生命之础;他又像是一只老蚕,在源源奉献着华美锦缎的同时抽取的是自己的血肉之丝……而他对于我们的要求,唯一的要求,仅仅是时常说的那句话:"要写话剧呵!"他至死都惦着他为之献出了毕生精力的话剧呵!

……那天,我们从各地赶回南京奔丧。在为陈老通宵守灵的那个夜晚,我们一次次轮流在他灵前接续香烟。我总觉得冥冥之中他注视我们的眼睛仍在说:要写话剧呵!……我蓦然意识到,这种古老的守灵仪式不仅仅是一种丧事形式,更重要的是,它意味和潜藏着一种精神接续和生命传递的内容。也许人类所有有价值的人格精神都要通过某种方式来实现它的基因遗传,一代又一代繁衍下去的。我们不能不想一想,面对陈老,我们该接续些什么……?!

陈老是不死的。他活在他奋斗了毕生的事业中,活在话剧创作的后来者每一步艰难的跋涉中,活在他所热爱也同样热爱他的人们心中……

[日本]尾崎宏次

陈白尘先生逝世

从南京来的电报中惊悉剧作家陈白尘先生于五月二十八日逝世,因为我曾于去年的九月到南京在病榻旁拜访过陈先生,不禁茫然若呆。我们与从一九七八年后就居住在南京的陈先生相见,同行的有仓桥健、梅野泰靖、伊藤巴子、幸田弘子等多人。熟悉日本的陈白尘先生生于一九〇八年,艺术家逝世,享年八十有六,他是中国戏剧家协会的副主席。

七八年前,那时我作为副会长,决定以国际戏剧协会人物交流的名义邀请陈先生夫妇访日,当获得国际交流基金的援助后,我立即用航空信向南京寄出了邀请书。可是我们接到的回信却是陈先生从医院中发出的。他在信中说因心脏病刚刚住进医院。十分遗憾,我们失去了这次机会。

陈先生是具有大人君子风度的人,眼里似乎总是满含着爱的泪花,令人一旦与他相见,就紧紧握手,不能离去。

陈白尘先生的戏剧尚未被翻译,仅有《结婚进行曲》在日本演出过。我在南京曾和陈先生一起看过那出戏,在上海,还看过《大风歌》。不久前,我还从话剧人社借来陈先生改编的《阿Q正传》的剧本一阅。陈先生在叙述改编意图的文章中,让鲁迅也登场,真是匠心独运。

一九九一年,陈先生的《云梦断忆》以《云梦泽的回忆》为题,由中岛咲子翻译,凯风社出版问世。那是回忆"四人帮"统治的三年中,陈先生被赶到农村时的作品,不仅充满着幽默,也充满了受到爱妻帮助的话语,这是一本始终不改文学家姿态,弥足珍贵的书。

一九七八年我们相会时,陈先生还十分郑重地带着他保存的在日本看过的戏剧宣传册让我们看,这件事令我们永远难以忘怀。

载日本《I.T.I 新闻》第 81 期
一九九四年七月十日
(于琨奇　译)

[日本]梅野泰靖

陈白尘先生二三事

中国著名剧作家陈白尘先生于本年五月逝世,享年八十有六。

前年,我曾与戏剧评论家尾崎宏次等人一起,造访过陈先生在南京的住所,谁知竟成永诀!以后就听说陈先生养病在家,令我们十分怀念。

我与陈先生第一次相见是在一九六二年,那时他是以首批中国戏剧艺术家代表团成员的身份来到日本的,我是他们这一行的联络人。代表团一行人,当时曾一起来到青山一丁目我们的民间艺术剧场,和以泷泽、宇野先生为首的剧团成员们相聚甚欢,畅谈至夜间。

一九七八年,当暴风雨般的中国"文化大革命"刚一结束,我又与陈先生第二次相会于南京。当时陈先生正出差在外,为了与我们相会,他中止了旅行,在火车上颠簸了三日赶了回来。他抱着一个大包让我们看,里面装满了六二年访日时参观的各新剧团的小册子与广告宣传品,有《底层》、《火山灰地》等。更使我惊奇的是一支旧钢笔,那上面刻着"剧团民艺赠"几个字。陈先生说,他已经用这支日本朋友赠送的笔写下了六十万字的作品,"文革"中,是夫人金玲女士设法躲过了多次的查抄,一直将它保存至今。

在令人难以想象的"文革"中,作为艺术家的陈先生,还以若无其事的幽默,撰写着《云梦断忆》。

仅以此文,悼念先生。

载日本《民艺同仁》月刊
一九九四年八月一日
(于琨奇　译)

[中国香港]陈丽音

怀白尘先生

白尘先生逝世了!

我收到这个消息,是五月三十一日的中午,那时白尘先生已去世三天了!送别仪式定在六月六日举行。我订了飞机票。六月四日就启程往南京。当天晚上,在南京大学朱栋霖教授的陪同下,我到了傅厚岗白尘先生的家。踏进院子,一阵愁雾袭面而来。入门,白尘先生的灵堂就在眼前。这本来是一个小客厅,现在只见密密麻麻的花圈,墙上也挂满了挽联。正中是白尘先生的一帧照片,带着微笑,双眼透着一道睿智的光。白尘先生的夫人金玲女士迎上来,我们都哭了!真的,事情来得太突然了,没想到白尘先生一声不响就离开了!

认识白尘先生,已是十多年前的事了。八〇年,我往伦敦深造,打算研究中国现当代剧作家的剧作。当时导师卜立德教授(Professor David Pollard)就对我说:中国现当代剧作家中,有好几位是很具研究价值的,他们的作品中也有不少出色之作,只是一直受到国内外的忽视。这些剧作家就包括陈白尘、李健吾、夏衍、吴祖光。结果,我选择了陈白尘,主要是我爱他的剧作,特别是他剧作中的那一份幽默、讽刺。我开始跟白尘先生通信,搜集所有有关白尘先生的资料。我感觉到我对他的认识是越来越深,跟他也越来越亲了。

我跟白尘先生第一次见面,是在八一年的夏天。我跟剧社的一班朋友到大陆旅行,特别到南京去访问他。那一次,白尘先生给我的印象是:精神矍铄、思维敏捷、说话幽默,完全不像是一个七十三岁的老人!他谈了中国话剧的发展,谈了对中国话剧的看法。他是健谈的,从他的谈话中可以感受到一股很强烈的对生命的热爱。我当时心想:要不是那一场接一场的政治运动,他该为中国剧坛多作出多少贡献啊!

八四年,我再往南京访白尘先生时,刚好白尘先生在访美期间写成的散文集《云梦断忆》出版了。我在南京一口气把这集子看完,心中有说不出的兴奋和激动。这本书实在写得太好了!它不但说明了白尘先生宝刀未老,而且为中国的散文创作添上了光彩的一页。同年,香港话剧团演出了白尘先生改编的《阿Q正传》,白尘先生应邀来港。那年,白尘先生已七十六岁,但他没有给人丝毫衰老的感觉。反之,他总是一派生命力旺盛的样子。他总是说:"我还是要写的。"我有个感觉,他是不甘心的,对于四九年后三十年里他在创作上的空白,他是不服气的。他总想补偿,总想争取在有生之年多写点东西,多做出一点贡献。在白尘先生的身上,我仿佛看到了众多的中国老知识分子的影子。他们怀着一份良知,抱着强烈的使命感,顽强地面对生活。

上天没有特别眷顾白尘先生。在晚年里,白尘先生仍是要跟疾病搏斗。他的字迹开始颤颤抖抖起来,他说他已没法再写了。可是,每次给他信,他总还是亲自回信的。我开始不再给白尘先生写信了。实在不忍心让他抖着手给我回信。我更渴望能再到南京去看望他,跟他闲聊。去年八月,我向学校取了假期,决定去南京一走,事前拨了长途电话,告知金玲女士,不到一星期,即收到白尘先生的一封信,颤巍巍的写满了两页纸。信中写道:"如果只是看看我,则我坚决劝阻你来!第一,南京是三大火炉之一,八月间气温每每高达

38°以上,曾有42°的纪录,你从香港来是吃不消的。其次,我从去年一病,几乎卧床不起了。你来了,我没法陪伴你!……"我相信,光是写那两页纸,就一定费去白尘先生很多精力。一个八十五岁的老人,竟然费那么大的劲,那么细心地关怀到一个无名的晚辈,这怎么不教人感动!

我没有听从白尘先生的劝告,还是如期抵达南京。白尘先生和金玲女士很热情地招待了我们夫妻俩。装上了起搏器的白尘先生,声音变得沙哑起来。可是,沙哑的声音没有掩盖他心底那腔热情和对人生的积极追求。眼前的白尘先生,已是垂垂老矣,可是,我深深地感觉到,他的内心仍有一股热切的对生活的追求和向往。金玲女士告诉我们,白尘先生每天从下午四时起,就开始阅报,直至晚饭时还不肯停下来。要不是家人把报章藏起来,他大概从中午时分,报章送到家门来时,便开始阅报,连休息也管不上。我们从香港带来几本剧本,送给白尘先生,当晚他就开始读了。衰老的身躯使白尘先生没法继续写作,可是,却没法阻止白尘先生继续去看、去听、去了解、关注他身边的事物。我感到释然,白尘先生并没有如信中所说的"几乎卧床不起了",而且,虽然信中也说到"最近一个月的好几位老朋友如沙汀、艾芜、阳翰笙、刘开渠等先后去世,心情亦极恶劣,郁闷异常……"但面对生活,他仍是积极乐观的。

许是上天也怜恤白尘先生的苦心吧,我们在南京的那几天,天气是一反常态的凉快。离开南京前的一天,更下着毛毛雨。我们再一次去探望白尘先生。当天,他和金玲女士都穿上了长袖衣服,内里还穿了毛衣呢。白尘先生见我俩仍是光着两臂,就幽默地说:"我们像是生活在两个不同的世界里。"当时,我们都笑了。现在想起来,这句话可有语带双关的味道。分别时,白尘先生紧握我手,问:"什么时候再来呢?"我笑着说:"香港跟南京很近,我们随时会再来。"没想到,那一次的分别,竟成了永诀!

六月六日,我遵守我的诺言,再次到南京去探望白尘先生,只是,这次白尘先生已沉默了。当车子驶入南京石子岗殡仪馆时,一道横额便进入眼帘:

"陈白尘同志永垂不朽"。灵堂内,白尘先生的遗体安放在正中,灵堂上是"向陈白尘同志告别"八个大字。白尘先生很安详地躺在灵车上,遗体上覆盖了一面中国共产党党旗。走了!白尘先生真的走了!这位在中国剧坛上奋斗了大半个世纪的顽强战士,终于离我们而去了!留下来的,是他那一部部紧扣着时代脉博、呼喊着对人生理想的追求的剧作:《乱世男女》、《大地回春》、《岁寒图》、《升官图》、《大风歌》、《阿Q正传》……

六月十日　香港
原载《香港文学》月刊第 116 期

[中国香港]张莉莉

一个多雨的季节

在我看来,许多人都是将文学当作一个斑斓而又神秘的梦去苦苦追求的。

我不是梦幻者,我的"文学"之路的开始现实得有些令人遗憾。

第一篇作品见诸铅字,是一篇散文。大概是一九七六年冬,我作为资料员跟随剧团的编导到湘赣边界的罗霄山脉中段——井岗山体验生活,一部表现毛泽东领导秋收起义的话剧正在编导们的酝酿之中。回到广州,一家杂志向该剧的编剧约稿,该编剧正忙于剧本的创作,便将"皮球"踢给了我。

当时各文艺杂志正陆续复刊,更没有什么稿费制,写稿纯属"义务劳动"。我几乎是把创作这篇散文当作任务去完成的,然而一下笔,罗霄山脉的雄伟神奇,大自然的灵秀俊美蜂拥而至笔下。待那篇散文变成铅字印到了杂志上,连我自己几乎都不相信是出自我的手笔。

换了别人,这一次小小的"成功"足以让人飘飘然地做做文学梦了。然而我似乎是一个相当愚钝的人,对自己的未来几乎没有精心设计过。一如既往的，待在资料室里，除了工作，便是看书。当时刚刚解禁的一些中外文学名著如同在一个穷光蛋面前开掘出了一座金山，我几乎是贪婪地扑了进去，任由古今中外文学大师的智慧和思想启蒙我那愚钝的心智。

那会儿最大的乐趣便是看书，却从未想过自己去写书。

可是从此以后，我便不得安宁了。演员演了一个好角色，遇上报社约稿，便会找我代笔；编导们写广播剧、话剧、电视剧，甚至由话剧改编电影也找我合作。我如同一个杂耍艺人，竟什么都能上手"玩"一通，偶尔还会有作品获奖。

一九八四年，再一次跟随剧团的编导来到正在建设中的深圳体验生活，正当好几个人合作的一部反映深圳改革开放的大型话剧写得颇为艰难之时，我却突发奇想地产生出与那剧本毫不相关的灵感，提笔四天四夜写成了一部叫作《人生不等式》的话剧，写了两对年青夫妇对爱情的执着和对婚姻的困惑。当时，虽然在小说、电影中闯入"爱情"这个禁区的作品已开始引起人们对婚姻、家庭的深层思考，但在戏剧舞台上，这一敏感领域的作品尚属空白。当剧本几经周折终在一年多之后上演时，苛严的戏剧审查制度便几乎宣判了这部戏的"死刑"。

正当此时，戏剧界的老前辈、著名剧作家陈白尘来到广州，省戏剧家协会请他观看了"人"剧。那是一个富有戏剧性的夜晚，陈老和负责审查的领导一起看完了戏，却被剧团领导煞费苦心地安排在两个地方谈意见。领导说：这个戏的作者还年轻，要对她好好进行教育。言下之意此戏已被"枪毙"。而在另一个会议室里，陈老却喜不自禁地说：这是一个难得的好戏。

因为有了白尘老师这位"权威"的评价，"人"剧的"死刑"得以缓期执行，领导批准该戏先内部演出听听意见。岂料这一演却欲罢不能，除了社会反响强烈，传媒的介入令"内部演出"完全成了一句空话。"人"剧一直演了下去，直至后来演到北京。

在这里我想说的并非"人"剧本身，我想说的是我的幸运。很难想象一个初试锋芒的作者面对被"枪毙"的作品如何抉择未来。白尘老师的热情肯定使"人"剧"死里逃生",更将我推上了创作之路,从此写起来一发而不可收。其间虽尝尽了创作的甜酸苦辣各种滋味,然而戏剧、文学,却日益成了我生命中不可分割的一部分。到了这个时候应该说,文学,成了我平衡现实生活的一个梦幻世界。

之所以写下这些文字,是为了向我尊敬的白尘老师表达我的感激之情。自广州看戏的一面之缘后,我们开始了通信,很难想象当时年近八十岁高龄的白尘老师,身处戏剧界泰斗的地位,却不乏苦心地与我这样一无名小作者通信。每当我有了新作寄上,白尘老师都会写来中肯的意见,并总是给我很多的鼓励。在大陆写戏是一桩吃力不讨好的事儿,每当我有了困惑、委屈、愤怒,去信向老人倾诉时,白尘老师总是从他丰富的人生阅历开导我,至今仍记得他信中的话:

"写吧,别多想那些丑恶的东西,掏出心来写吧,多一分光明,便少一分黑暗!""要做个真正的人。不要悲观,不要失望,要奋斗!"

直到我的剧本结集出版时,病中已久不动笔的白尘老师仍抱病为集子作了序。

在我不长的文学生涯中,遇上这么一位时时关心我,鼓励我的好老师,是我的幸运。

令人哀痛的是,几个月前,五月二十八日,白尘老师突然病逝。白尘老师的女儿陈晶托人打来电话时,我无法相信这残忍的事实。记得一九九〇年,我到南京看望白尘老师时,他老人家还盼望着有朝一日身体康复,重新拿起笔来——

可是,可是——

没想到四年前的一面竟成永诀。

我曾经答应,还会去看望他老人家——

如今,留下来的是老人一封封珍贵的信函。

铺展开来,白尘老师的音容笑貌清晰而又鲜明地浮现在眼前——

这是一个雨季,一个多雨的季节。

人世间的太多太多的哀伤。

载一九九四年八月十五日《香港作家》

姚 远

寂寞的别离

陈老离去了。

他静静地卧在鲜花丛中,身上覆盖着党旗。

我想起了他在两年前对我说起的一句话:"我这一辈子还是跟党走的。"

当时,我并不十分理解他的心情。但我想他之所以这样说总有他的道理。

"我这一辈子还是跟党走的。"说这话的时候,他显得并不亢奋,多少带着悲酸。

·········

早些年,他还是全国政协委员。从北京开完政协会回来,曾经笑着对我们说:"我是党员,老让我开政协会,把我当统战对象!"这句话是他的幽默,但也不纯粹是幽默。他跟着中国革命的脚步一步步走到了今天,他不想把自己当外人。但他确实曾被当作过外人而被逐出过京门。所以他特别敏感一切内外有别的事。

"我这一辈子还是跟党走的!……"

他在认真地想着这一辈子。人到后半辈子,总要想想这一辈子。

在他的这一辈子里,曾经写过小说;曾经坐过国民党的牢监;曾经写过电影,还当过军管会接管上海电影界的代表;曾经是中国作协的秘书长,也当过《人民文学》的副主编。他之所以要郑重地对我说这句话,也许并不是想要对谁表白什么,而是在认真地对自己的一生进行回顾。

他是让国民党感到头痛的一个剧作家。无论是《升官图》,还是《结婚进行曲》,都表达了他对黑暗与腐败的憎恶和对光明与进步的追求。他始终高举着反封建、反专制的大旗,投身于争取民主解放的洪流,用自己的笔作武器,为中国的新社会、新制度、新秩序而摇旗呐喊。在旧制度面前,他是一个叛逆;在新阵营中,他是一员战将。话剧则是他战斗的武器,也是他人生的舞台。是话剧,始终伴随着他度过了这漫漫的一生。

他跟田汉大师学的是话剧;他一生中,代表他最高成就的,是话剧。在抗战期间,他积极从事的活动是话剧;当他重新恢复了写作的权利,首先动笔的也是话剧。然后,他带起了学生,教的自然是话剧。他每每为每一个新诞生的剧目而向作者鞠躬。只要在话筒面前,他的中心话题就是为话剧呐喊。喊着喊着,连他自己都感到累了。有一次,他突然自嘲地说:"我发现自己变得很滑稽。一天到晚举着拳头,高喊着要振兴话剧的口号。"确实,话剧是他的命。

当初,匡亚明校长请他到南大中文系主持工作的时候,他刚刚摘下了"叛徒"的帽子,恢复了组织生活。他踌躇满志。他要在南大办实验剧团;要办一个戏剧研究所。虽然南大的实验剧团因为种种难处无法实现,但南大由他创办的戏剧研究所却已成为全国规模最大的戏剧研究中心之一。

当我们第一次在考场见到他时,他已年逾古稀。但他是那样满面春风,精神焕发。那时候,他的《大风歌》正在浙江和北京上演。这是他在周恩来逝世之后,写作权利尚未恢复时,每天拉紧窗帘,伏案于灯下的呕心沥血之作。

《大风歌》上演,沉寂多年的陈白尘重整旗鼓策马上阵,成了新时期剧坛的一大盛事,一时间佳评如潮,然而南京的两位青年评论家却就此发表了措词激烈的批评文章。

陈老看了。他约这二位青年来谈一次,但遭到了他们的拒绝。陈老又一遍一遍地看了他们的文章,低声地对我们说:"平心而论,这篇文章写得不错!"

每部作品都是作家自身生命和情感的外延。每个作家,也都无可避免地受到时代的局限。《大风歌》产生的时代背景,自然会影响到作者如何寻找特定的角度来抒发对这一历史时期政治风云的剖析和感受。作者在《大风歌》中通过陈平和吕后这两个历史人物,强烈地表达了自己心中鲜明的爱憎,借历史的酒杯,浇了心中的块垒。《大风歌》的成就,也许并不在于作者对刘邦和吕后作出什么准确的历史评判,而在于作者运用这一特定的历史事件演绎出自身心灵与现实搏杀的痛苦历程。这是他对黑暗与专制发出的又一次呐喊。

当然,《大风歌》的意义还不止于他的剧作内容上,譬如如何解决历史剧的语言问题始终是话剧界长期以来极为关注的问题,我觉得《大风歌》对历史剧的语言,有着自己独到的见解。并提供了一个在语言上既通俗易解,又不失古语风韵;既明白晓畅,又庄重典雅的优秀范本。

继《大风歌》之后,陈老又改编了《阿Q正传》。这是他在完成了电影剧本之后,似乎又从鲁迅的原著中获得了某种灵感,剧本可说是一挥而就。他把剧本的初稿拿给我们看,征求我们学生的意见。我看过之后,感到十分惊讶。陈老不老。是他在崭新的西方戏剧观念中发现有源自东方的戏剧传统的因素,还是从中国戏曲中找到了与西方戏剧相通相融的核质?反正《阿Q正传》在整体构架和处理手法上,是你中有我,我中有你。在我看来,这是陈老将东西方戏剧观念最纯熟最完美的一次结合。繁简得当的剪裁,从容冷峻的叙述,对舞台时空挥洒自如的处理,都已经到了炉火纯青的地步。应该说,它的问世对我国传统戏剧美学理论的建设是有很大贡献的。只不过他没有从理论上来加以阐述,而是以他的创作实践,为现代话剧与中国传统戏剧的融合提供了最好的佐证。不知评论界怎么评价,我觉得,他这一生的最后一个剧作是他话剧创作的巅峰。这并不是任何一个剧作家都能做到的。他做到了。

在我们进行入学考试的时候,有一门必试课就是中国戏剧史。入学后,也仍然为我们设立了这一课程。他始终坚定地认为,话剧固然是一种外来形式,但要在中国落地生根,仍然要经过一段艰苦发展的历程。它必须要在中国本民族戏剧传统中去汲取丰富的营养,才能创造出富有本民族特色的中国话剧。

那是在庆贺陈白尘八十华诞和戏剧生涯六十周年的时候,南京大学学生剧社演出了他的喜剧代表作《升官图》。台下坐着的观众绝大部分是当代的大学生。他们,有百分之八十是第一次欣赏话剧。随着剧情的进展,台下不时地爆发出一阵阵的掌声和笑声。剧场内热烈的气氛是空前的。演出结束后,观众向陈老献上了鲜花,他说:"我多么希望这出戏能永远过时了。但是它在今天受到在座诸位的欢迎,这是我始料未及的。这恐怕不能算是作者的一种幸福吧!"

这还是他的幽默。但我想他的心情是复杂的。世上没有一个作者希望他的作品过时,但他却因为他作品强烈的现实性而深感痛切。喜剧的生命在于嘲讽,而被嘲讽的居然还有生命,这就使得这种幽默充满了悲剧的意味。

那天晚上,我们几个学生为他守灵。在他卧室的小桌上,放置着那张在八十华诞纪念会上的照片。照片上的他,是那样生气勃勃地开怀大笑着。其实那时,他腹部主动脉上就已经生了鸡蛋那么大的血管瘤了。医生们说,这是一颗定时炸弹,你不知它什么时候会爆炸。陈老知道,但他似乎并不在意。

德国作家舒马赫曾经对他说:"我希望你在生命结束的时候,是倒在你的写字桌前,而不是在病床上。"他把这句话当作了自己生命的格言。于是他把他所能利用的时间都放在了写字台前。他不爱锻炼。他不愿把有限的时间花在锻炼上。有一次《人民日报》向他约稿,要他谈谈他是如何对待体育的。他开玩笑地说,"对不起,我认为锻炼会浪费我的时间。我这样写一篇,你会发表吗?"在对待养身之道方面,他的确是表现得"顽固不化"。他总说:留给他的时间不多了。他有许许多多的文章要写,只有写作,才能延长他的生命。但是无可遏制的衰老,已经悄悄地逼近了他。

一天,他焦虑地哭了。他说他那天写了一上午,还没写满一千字。他为这点痛苦了很久很久。终于,从那一天起,他放下了捏了一辈子的笔。他说从现在开始,我是在等死。他一生中最痛苦的阶段,莫过于此时了。

每次我去看他,他总要问一问:"怎么样?你在写什么?最近话剧怎么样?"

我说:"我感觉……话剧是在收缩阵地……"

他说:"不是收缩。是萎缩!"他就是这么对我说。

他仍然没有停止对话剧的关心,他的思维仍然敏捷。只是他不能再写文章,不能再到处呐喊。他只能用思考度过着他一生中最寂寞的时光。而不能表达的思考,又只能加剧着他的痛苦。

渐渐的,他说话变得断断续续。耳朵也听不清别人的说话。常常独自坐在那里,咀嚼着自己的人生。

去年,《剧本》上发表了我的剧本《李大钊》。他看了。他沙哑着喉咙说:"你真幸运。你还能写李大钊。我那个时候才在《鲁迅传》里写了一笔李大钊,就让人给叫去了。不让写。"第一遍说过了我并未在意。可我又去他家的时候,他似乎忘了一样,絮絮叨叨地对我反复说着。一模一样的话,翻来复去地说。他真的老了。但老人絮絮叨叨地说的,也许正是他一辈子耿耿于怀的事。在他的作品中,这一部,始终是他的"未完成交响乐"。

……

他有一部"文革"期间的日记想修订后公诸于世;在《云梦断忆》之后,还想继续写两部这样的散文;在江苏省委的关心下,他的文集已经列入计划,还需要他进行整理……

想干的事情有那么多,但他却只能那么呆着,除了思维,什么也做不了。没有任何设备能把他的思维变成可供人解读的作品。否则也会很精彩。

……

那是一个极其寻常的日子,他摸黑起床走到门边,摇晃了一下,便歪倒在那儿,永远地走了。他既没倒在写字桌前,也没有气绝在床上。书房就在他卧室的对面,也许他正是为了实践他生命的格言而向着他久别的书桌走去的。但还有几步路,他就倒下了。

他特意挑选了这一天。因为这一天在历史上没有发生过任何重大的事情,于是这一天才属于他。他特意挑选了这一时刻。旧的太阳已经落下而新的太阳尚未升起。人们熟睡着。他没向任何人告别,悄悄地走向了另一世界去迎接新的黎明。他曾经为呼唤这个世界竭尽了全力。他曾经为他心中的所爱献出过最大的赤诚。

"我这一辈子……"

他把一切不必属于他的那些当作累赘一般抛下了。他平平静静地走了。只带走了一面党旗,伴着他那洁净的灵魂和至死都不能平静的心。

当他离去的时候,他总希望话剧的兴盛,不会随着他们这一辈人的离去而离去。

他应该无憾。因为他的生命与话剧同兴衰。话剧的光荣,光荣的话剧毕竟属于他们这一辈。

一九九四年六月二十四日
写于北京怀柔宽沟

李龙云

化作春泥更护花
——怀念我的老师陈白尘

（一）

一九八二年除夕,我去于是之家里索要他的墨宝。在为我写字的同时,是之老师给陈老写了一幅立轴:"落红不是无情物,化作春泥更护花"。联下附一小跋,我只记得起首的称谓及联末的签款,其他的大都记不清了。

北京人艺老一辈的艺术家们,一般到南京都要去看看陈老。最后一个看到陈老的,是于是之。一九九四年四月,是之老师携夫人路经南京,曾看望了陈老。陈老仙逝之后,我在陈老家里看到过他们的合影,并在陈老的外孙张弛的《艺术家名言集萃》上看到过于是之的签名和寄语:"没有你外公这一代人,就没有我们。"

"落红"一联,语出龚自珍的诗。

写这幅书联,时年癸亥,于是之五十初度,正当壮年,领导着北京人艺一个极有生气的创作组。当时,以他为核心团结了一批有理想的中青年作家,从而奠定了北京人艺八十年代中期一段真正的繁荣。

我常常怀念八十年代中期的北京人艺,怀念我们那个创作组,怀念在于是之家里一群年青人纵论天下戏剧的情景。——所谓"少年不知愁滋味",如庄子所言"蓬蓬然起于北海,蓬蓬然入于南海"。尽管那时我们还年轻,所发议论多有浅薄幼稚,但在那个气氛中,我所感受到的美好舒畅,以及我所汲取营养之丰富,至今回想起来依旧怦然心动,依旧想到一种温暖……

是之老师送给陈老的对子就是在那种氛围中写就的。落款之前,他擎着笔犹豫了一下,面对周围的书生意气,自言自语道:"大年下的,写点这个,好吗?"

我不知他当时在想些什么。

我将于是之的字寄往了南京。

(二)

一九八三年二月二十日,陈老写来一封复信:"年初一的信收到,我正盼望着它。明知你已身陷'井'中(注:我当时正在修改《小井胡同》),总是不放心的。你爬上黄山,勇则勇矣,但以身试病,窃所不取也……回国一个月,只在前天写成一篇2500字的散文,而且是写了三天!今年我能写出什么?实在悲观。凤子'将'我的'军',说不写现代题材不行。但志大才疏,面对这庞大而复杂的现实,有无从下口之叹,如果再写不出个像样的东西,大概我只能成为于是之所写的'落红'了。"

就在这封信里,陈老第一次流露出作为作家和艺术家不得不告别舞台时的依恋与惆怅:"年初一看了北京人艺老演员组成的'花甲合唱团'在电视屏幕上的演出,我就想写信给于是之(还有反串萧何的侯宝林)。因为在欢笑声中感到几分凄苦惆怅:这一代的好演员都要告别舞台了……但在新年中说这些,大煞风景,容我缓缓再给他写吧。对子收到了,请你先代为致谢……"

陈老的这封信使我想到了于是之写字时的踌躇。也许艺术家的境界是相通的……

如今,陈老已经做古。

春雨蒙蒙,雨后的湿土地上,暗红色的花泥挂满露水,默默无语地沐浴在晚风中,像泪珠在闪烁。花泥铺成一片无垠的沃土……有花吗?

(三)

陈老去世,我有预感。

九四年四月中旬,徐州的及巨涛打来电话,说他刚从南京回来,陈晶托他转告我:陈老这段情况不太好,很想你,你如有机会南下,就来看看老人。但千万不能说是专程来看他,否则他心里会犯嘀咕……

即使没有这个电话,依原计划,我和妻子也要在春天专程去看陈老。农历大年初一在电话里给陈老拜年时,我就跟他说过:"春天!春天我跟新民一定来,您等着我……"

为什么要说一句"你等着我呢"?

当时,我刚刚分到房子,正在筹备搬家,实在不能分身,否则,我一定会扔下手里的一切立刻南下。那些天,我老在心里默念着,搬完家,马上走,这段时间,千万别出事……新民和陈老的感情也极好,总是说,最迟"六一","六一"一定得到南京。那些天,我们心里就像长了草……

四月下旬,苏北的两个女作家来了。其中一位是聂绀弩的外甥女,陈老与聂绀弩私交甚好。两位女作家说他们刚刚见过陈老,看样子精神不错,但陈晶私下里让她们转述给我的话,还是小及电话里那个意思。

四月廿七号,她们飞返南京,我托她们带给陈老一册刚刚出版的我的自选集。书印得很精美,我希望陈老高兴。在书的扉页上,我写了一段话:"陈老、师娘：我对您们的敬重与感激之情，是无法言状的。类似《荒原与人》这样的小书，我将一本接一本地写下去，直至永远。可能这才是对陈老最好的回报。我非常想念您们……弟子龙云。"

两位作家离京的前一天晚上，在府右街的马路上，我对她们讲述了一年多来我心里埋藏着的一个秘密："陈老不会出事。陈老八十六岁高龄，身体那么多病、那么弱，却迟迟不肯离去，他在等我！不见到我，他是不会离去的。"

近两年来，我没去南京，我心里始终怀着的就是这样个念头。我固然很想他，但不见到我，他就不走，所以我不去。我侍奉母亲三年，固然疲惫之至，但下狠心还是能抽得了身的。我跟两位苏北的朋友讲："这是天机。是命中的'前定'。"

但是我忘了，天机不可泄露。

新民还是老念叨那句话："六月初咱们一定得走……"

五月二十八号，陈虹打来了电话，说陈老去世了。

我哭了。

像被预言安排好了似的，六月上旬我和新民的确动身去南京了，但却是去奔丧。在火车上，我跟新民说："陈老不在了，南京这个地方以后我们还来吗？"她没说话……

（四）

我看新民比我难受。一九八二年我离开南京，十二年来，每年春节我们都要精心挑选两张贺年卡，一张邮给陈老，一张邮给师娘。此事一般由新民张罗。每次她都要跑很多地方，反复筛选，然后认真推敲祝词。

我最满意的是一九八九和一九九〇年那两份。八九年的贺卡是两张：一张的画面上是一名很像木偶戏人物的小男孩。他身穿一件牛仔工装裤，圆鼻子，小眼睛，脸上长满雀斑，嘴里吹着口哨，双手插在裤袋里，眼神有点目空一切,既神气又淘气。新民说他长得有点像我,由我送给师娘;另一张则是一个身着古装的小女子。发型像秦香莲身边领着的女孩儿,神色像个胆小的小丫环,一脸受气样儿,她双手合什,正在十分虔诚地祷告。在这张贺卡上,新民写了对陈老的三祝:一祝身体健康;二祝万事如意;三祝招财进宝……八九年这份贺卡充满了那种家庭色彩很浓的、晚辈祝福老人的温馨……

而一九九〇年那两张贺卡的画面是那种带有凸起的类似彩色草编物编成的两个老人,造型上有很强的漫画色彩:老婆儿那张梳着髻儿,一脸与世无争的笑;而老头儿那张则胡子高高向上翘着,眼角流动着轻蔑,嘴角挂着冷笑,一副"被儿子打了之后的老子"的形象。那种神态,像极了《云梦断忆》香港版前所附的一张照片——一九七二年陈老在湖北云梦泽"五七干校"放鸭子时的照片。从照片上看,陈老当时很瘦,上身敞怀披着一件中式小褂,背后背着个草帽,手里像戳着根丈八蛇矛似的握着根放鸭杆,一脸的轻蔑与不服。他立在船头,那股清高与傲气,那股"士可杀不可辱"的较劲架势,配上那身行头与当时的尴尬处境,完全是一付"被儿子打了之后的老子"的派头。风把他的中式对襟小褂吹得向后蓬松开来,像一名十八世纪欧洲的骑士……

看完《云梦断忆》,了解了一大批作家(当然包括陈老)在向阳湖被工宣队们改造得溃不成军、兵败如山倒时的狼狈处境,我曾就那张照片专门给陈老写了封信。我在信中对那张照片推崇备至,并为照片像配剧照说明似的配了一句台词:"妈妈的!不成话!儿子打老子!实在不成话!"

据说陈老接到我这封信时曾笑得喷饭不止。

而陈老在九〇年除夕接到那两张贺年卡时也曾像孩子似的那么高兴,当时打来了长途。事后听江苏的作家们说,那个春节,陈老将那两张贺年卡摆在屋里很显眼的位置,逢人便要展示一番。

可惜,我办的让陈老那么高兴的事太少了。

在我的心目中,陈老没有死!他一定知道有我这样一个弟子这么想念他！而我写的这一切,陈老也都能知道。

世界上,没有什么比想人的滋味更难受的了。

(五)

人是有缘分的。

我与陈老有缘。

一九七九年三月,我的一部多幕话剧《有这样一个小院》在北京公演。当时,我是黑龙江大学中文系二年级的学生。戏公演不久就引起了激烈的争论,《人民戏剧》就此专辟了一个半年之久的专栏。批评《小院》的文章认为作者是在"借灵堂,哭凄惶";"对社会上否定四项基本原则那股逆流起了推波助澜的作用";"为煽动知青返城提供理论根据"……一些谣传在我的邻里亲朋中流传。一家大报驻黑龙江和驻江苏记者站就我这个人、《小院》这个戏发了态度截然相反的两期内参。最后,就因为戏里写了一个人贩子似的劳资处长,我的工资发放单位开始停发我的工资……

那是我一生中处境极困难的当口。就在这个当口,与我素昧平生的白尘老师向我伸出了救援之手。

五月底,我返回哈尔滨。到校当天,我得知当年春季的研究生招生考试初试、复试均已结束。又遗憾地得知:该年的硕士生招生栏目中,南京大学中文系招取戏剧创作与戏剧理论研究生,指导教师就是著名剧作家陈白尘教授。

我很失望,感到错过了良机。

抱着尽管没希望但仍不妨试试看的念头我给陈老写了封短信,随信附去了一份油印的《小院》剧本。我想,此事至此也许已经完结……

半个月后一个礼拜天的清晨,我的一位同班同学跑到我的宿舍,问我:"你是不是给陈白尘寄了个《小院》剧本？老头儿给巴波来信了!"

"你怎么知道?"

"巴波上我那儿调查你去了。"

事后我得知,陈老接到我的剧本不久,就给黑龙江的作家巴波写了封信,请他帮忙:"从侧面了解一下:如果这个作者确实是个很有追求的年轻人,我就破例录取他为研究生;如果是个名利之徒,就算了"。当时的巴波也已年过花甲,但陈老与他在三九年时有过师生之谊,巴波真的找了我的几位同学作了调查,几天之后他给白尘老师回了封电报:"无可非议"。

接着,陈老通过中文系找了校长匡亚明,鉴于研究生报考时间已过,希望请示教育部允许南大破例为我补办招考手续。此事得到了教育部的支持。为了求得黑龙江大学的合作,陈老进一步提出:希望南京大学派人亲自到黑龙江去一趟,公出人员往返的差旅费,由陈白尘自己私人负担。七月上旬,南京大学贾平年老师来到黑大。见面第一天,贾老师向我转述了陈老交待给我的几句话:"万一这次破例录取失败,你不能来南大,我仍愿收你为学生,愿意对你函授……"

盛夏八月一号,我到南大来补考。见面第一天,陈老拉住我的手说:"我们把你弄来,不容易呀!"说着,笑了。

那是我第一次见到陈老。给我的印象,像母亲后来所说的那样:这是个很儒气的老头儿。

那天,陈老穿的是短衫短裤,脚下一双千层底布鞋,手里一把折扇,上下中文系小楼的楼梯时,有人去搀扶,陈老轻轻拂开了。那会儿的陈老,那么健康……

若干年后我在陈老家里碰到过匡亚明校长,我隐约知道,他们好像在二十年代后期有过共同的铁窗生涯;还隐约知道,一九七八年,在陈老的所谓"反共老手"和"叛徒"问题并没得到中组部的甄别平反时,匡亚明就斗胆将陈老聘为南大的教授,类似情况还有海内外知名的大学子程千帆先生。这类事实使我感触颇深。我看到了中国文化界有这样一些人,这些人有这样的质量!而这些深刻的历史渊源也为那家大报用内参揭露"陈白尘诸人在录取(我这个)研究生问题上搞不正之风"提供了依据。

事后我还得知,陈老在通过中文系写给匡亚明的信中谈到初次读我那部稚嫩的《小院》时的感触,老人说他几次落了泪,并说,作品虽有这样那样的稚嫩与不足,但丝毫不能掩饰我成为一个如何如何的作家的希望。并不存门户之见,动情地说,对我稍加雕琢就可以使我成为又一个老舍。尽管他在日后的岁月中多次告诫我:"中国古语讲,不作人间第二手。你不要去作老舍第二、某某人第二。你就是你,就是你自己。要有这种志气!"尽管我从没想过要做什么人的第二;尽管我始终觉得老舍先生不仅仅是那些所谓"京味作家"们无法企及的高峰,在整个中国文坛上也是一块丰碑,多少年来我始终在他身上汲取着营养……

但,陈老对我的偏爱与器重极为真挚,几乎改变了我的后半生。

现在追述这些往事,不知是否有人会认为这是师生之间在互相吹捧? 其实这不是某一个人的私事。在当今的中国,能做到像陈老这样对待后人的有多少?"落红不是无情物,化作春泥更护花。"陈老是坦然的……

(六)

在所有的学生中间,可能我是最让陈老牵肠挂肚的一个。这种牵挂,既源于我的健康,又往往源于我作品的遭际,也包括我所遇到的意外的精神打击和磨难。我的痛苦往往折射到他身上,为他带来不安。年龄大点之后,迟至不惑之年我才懂得,有些事儿不能告诉他了……

一九八〇年秋天,在南京大学读书期间,我写了一部多幕话剧《小井胡同》。

十月中旬我送到陈老那里一份提纲,并向陈老详细地讲了剧中几十个人物的小传。十月十四号,陈老写来了一封长信:"……你走后,我又翻着了提纲。几点想法,再作强调:(一)你所设想的这种结构,很难。纵跨三十年,人物有四五十之众,所有主要人物命运又都贯穿始终,而交给你的时空又仅仅是三个小时,一个舞台……但唯其难,才可能有突破,才有希望成为这一个,你不要动摇。(二)你说你在北大荒写过十来个独幕剧,很好。《小井》结构要求你有独幕剧功底。(三)还是那句话:凡老舍先生用过的手法,建议最好别用。中国古语讲,不作人间第二手……"

一个多月之后,剧本写完了。

一九八〇年十二月九日陈老读完剧本写来了第二封信:

"……人们首先注意到的可能是它的思想倾向,而后才是它的艺术追求。同样,人们首先看到的将是它从《茶馆》那里继承来的东西,然后才会看到它的区别,才会看到你的探索……第一幕英七上场拿的片子似应是大红。剧本读完了,我很兴奋……"

看得出来,陈老很高兴,陈老希望自己的学生勤奋刻苦,希望自己的学生能有进步。《小井胡同》这个戏十五年后回过头来看,尽管存在着稚嫩与不足,但我仍旧异常珍惜。它不仅熔铸着我和我一家的心血,也熔铸着陈老大量的心血。

但《小井》的手稿已不复存在,一九八〇年冬天,我们随陈老来北京参加全国剧本讨论会。会上正在讨论《小井》时,我父亲猝然去世了。手稿随着父亲的遗体火化了。如果说《小院》集中写了我的母亲的话,《小井》则是写了我的一家,尤其是我的父亲。《小井》带有强烈的自传性。

父亲去世太突然。元月五号早晨弟弟截了一辆出租车到西苑饭店来找我,我匆匆奔下,情绪几乎失去了控制。陈老闻讯后穿着一件毛衣追出屋门。我向弟弟问明情况后急忙返回楼里取东西,远远地就见陈老抱着我的大衣站在楼梯顶端。他只穿着件毛衣,眼睛盯着我见我奔上楼,陈老抱住大衣的手突然撒开了,一下子用力抱住了我,他嘴里嘟囔着:"你不能这样!这样会出事的!"

当天下午,陈老命我的两个同学送来了会上的朋友们凑的两提包香烟;凤子老师让郭顺带来了她的那个月工资三百块钱。

父亲火化后的第二天早晨,姚远打来了电话,说:"陈老要去看看你的母亲。"我赶忙拦阻:"这地方不好找,陈老那么大岁数了,身体又不好……"姚远说:"陈老的车子已经出发了!"

我的老师陈白尘,以古稀之年的高龄来看望我的母亲。走进我们南城那条宽不足一米的小胡同时,我问陈老:"陈老,你看这儿像不像《小井》?"陈老眼圈红了,他说:"像。地方像,人也像……"走进我家,陈老把帽子脱下来拿在手里,他问我母亲:"大嫂,龙云他父亲的照片在哪里?"母亲说:"孩子们不让挂,他们怕再看见他……"我不知陈老要干什么,我想,他或许是要给我父亲鞠个躬。我父亲是个普通的工人。读过《小井》的剧本之后,陈老不只一次对我说过:"这次去北京,我要去看看你父亲……"陈老对母亲说:"我早就想来看看他,我真的想见见他……"我在旁边听着他们的对话,心潮起伏……应该说,在这个世界上,最理解《小井》的人,除父亲之外,就是白尘老师了。我会永远记住他。他虽然不在小井人民中间长大,但他是我们小井人民极尊重的作家!他是我们自己的人……

一九八一年的清明节,我是在南京度过的。我买了一瓶北方老酒,到"四方城"下去祭父。依照我们北方人画圈为坟的习俗,我用树枝在地上画了个圆圈,我先是把酒泼在地上,接着跪了下来,朝着故乡的方向磕了几个头,然后取出一封写给父亲的长信诵读了起来,就像平时与父亲促膝长谈一样。我相信,父亲一定能够听到。我跟他说:当《小井》公演那天,我会再来,来告诉您……

我相信那种冥冥之中的力量。我相信我现在对陈老所说的一切,陈老都能听到。

我从我们这个家族,尤其是从父亲身上所看到的那种北方人所特有的"类血缘"关系的师徒关系、师生关系,不能说没对我产生深刻影响。父亲对他的师娘,父亲的徒弟包括师侄们对他和我母亲,在苦难中所表现出来的那种带有悲壮色彩的仗义与忠诚,从儿童时代开始就吸引着我,使我激动与羡慕。那种情谊往往大于亲情。

我庆幸我遇上了陈老这样的老师。他的出现,使我童年所目睹过的那种美好得以验证和延续……

(七)

陈老为人耿直、磊落。一九八二年春节刚过,陈老来北京主持全国剧本评奖工作,辛辛苦苦工作了一个月。那次来京之前,医生已诊断出他有多种疾病,血压与心脏也都不好。全国剧协和陈老家里都委托我对他进行照顾。就此,我有机会与陈老朝夕相处近一个月。他工作极认真,所有送来的剧本全部过目,无一遗漏。起初,评委们住在西苑饭店,待所有的评委都离去之后,陈老这个评委会主任的工作却远未完结,最后会上仅剩下他一个人和陪伴他的我。

为了节省开支,我们搬到张自忠路的中纪委招待所。同样,为了节省会上开支,我们开始在招待所职工食堂用餐。我换了不少的饭票。伙食不好,特别是往往没有陈老这个南方人爱吃的大米饭,只有面食。而且餐具的卫生也没把握,于是我买了两份餐具,像在大学读书时那样请新民用毛巾缝了两个口袋。口袋上用红线绣的"老"、"少"两个字将两人的餐具区别开。一日三餐,开饭之前陈老夹着饭碗站在买稀饭的行列里,我则站在买主食的另一队里。我管账。在那个食堂里,陈老像个很守纪律的学生,面色平和地排在队里,默默不语,跟着队伍往前挪动。我站在另一队里看着他,心里极其感慨。有时我走出自己这个队,给他送去个小凳,他总是坐坐又赶紧跟上队伍,他怕买不上稀饭,更怕饭凉。屈指算来那年陈老已七十二岁高龄。日后想起那幅情景,我总同时想到《云梦断忆》。一九六九年岁尾,陈老完全失去了人身自由,每逢星期日有半天的"假日",他与"二张"——张光年、张天翼——抓住这半日的自由,因"三个人都爱南方口味,所以去东风餐厅的次数独多。……天翼虽然爱吃,但他不会做也不会买,他的任务是占领座位,光年管买酒和拿杯筷,至于点菜、结账等等,自然是非我莫属了。因为我到底是做过秘书长之类工作的……"

在张自忠路,我把陈老点菜、结账的职务继承下来了。我不知我为什么总要把两幅情景联想起来?对陈老来说那两幅情景属于根本不同的两个时代。或许是因为陈老身上那种中国知识分子无处不在的忍让、忍受、正派和聊以解嘲的幽默?我说不太清。那种"夫不争故无以与之争"的心态和意味永远是模糊的,永远是令人咀嚼不尽的。

那段时间,我们谈得很多。早晚饭后散步,一般在张自忠路上来回走走。很多往事是由招待所隔壁那栋被标明为"文物保护单位"的欧阳予倩故居引发的。当年田汉、曹禺、欧阳予倩、陈老几家分住这座院落……很多次,陈老在讲述中都沉溺于十分遥远的往事,直至他的童年。内容几乎无所不包:从他的父亲到早夭的妹妹;从在故乡淮阴"进彩巷"读书到上海的南国艺术学院;从他落魄浙江至重庆的作家生涯;他也讲到了他那早夭的儿子……几乎倾诉了他的全部人生历史。每当这种时候,我从不打断他。一个七十多岁的老人如此坦荡地敞开他的心灵,令我感动不已。

有一天黄昏,又是这种娓娓叙谈之后,陈老平静地问我:"我说了这么多,你能留下点印象吗?"我跟他说:"这段时间,我的日记很详细……"他"哦"了一声,神态变得很轻松。

以后,那些天的谈话内容我在陈老晚年的自传体散文《寂寞的童年》、《少年行》……中陆续看到了一些,但不是全部。那些没来得及诉诸文字或不想诉诸文字的讲述只属于我自己,它们将永远深藏在我的记忆中,成为我汲取人生营养的一个重要源泉……

三月上旬,评委会工作完结。陈老离京返宁。那次陈老是坐火车回去的,记得好像是晚上九、十点的车。陈老的一批朋友和当时剧协的负责人都来送行,我和新民也在。

火车就要开了,人们劝陈老上车,陈老立在站台上,对着他的朋友们突然脱帽在手长揖到地,深深地鞠了一躬。他说他感激朋友们的盛情与信任,并说感激在北京工作期间大家对他的关心与照顾。在场的人猝不及防,纷纷走上前扶住他。那些送行者中间有几位他很知心的朋友,事后我猜想,陈老自感年事已高,身体又不太好,天意难度,可能想得很多……他十分珍惜朋友,珍爱生活。

在软卧车厢里,我和新民帮他收拾好行李,就要下车时,陈老抓住我的手对我们说:"这段时间,龙云照顾我,辛苦了。"说着给我与新民鞠了个躬。搞得我们顿时热泪盈眶,心里十分酸楚。

他这个人哪,极重情感。

他从来不想欠谁什么。

他那种不安,在他走的前一天就有所流露。他一定坚持请我与新民到森隆饭店去吃一顿饭,他说森隆是江苏馆,有他的家乡菜,饭桌上,陈老破例喝了酒,并首先举杯向我们这些晚辈敬起了酒,表达他那点感激之情……

多少年过去了,什么时候回想到这一幕,我心里都十分不好受。

其实,他灵魂最深处的想法还是他热爱生活、热爱人世,珍惜人与人之间的理解与友情。陈老,我们想你……

（八）

陈老并不总是一味平和,他有他的愤怒。

就在那次评奖活动后,陈老离京不久,评委会的评选结果被人做了重大调整,陈老愤而辞职。

一九八二年五月四日陈老在给我的信中详述了他当时的心情:"……其

实,他们知道,我不满的根本原因是对一些做法不能接受。不能总是吃大锅饭,平均主义;不能仍是政治标准第一、艺术标准第二。政治上没问题艺术上的平庸之作可以迁就;反之,艺术上的成功之作而政治上稍有不足便不敢支持……我决不是为了一个《小井》,(他们的)来信把文章专做在(《小井》)身上,把我看得太偏狭。进京之前,我抱定的宗旨就是:评奖工作是为中国推荐出好的剧作家,而不是为了向党和国家报功……"

陈老开导我说:"我相信,你对这次评奖事会淡然处之。一、它不能给你真正的荣誉。获奖者不一定能在戏剧史上占地位,占地位的不一定是获奖作品。二、解放前廿年,我没获过什么奖,解放后十七年几乎没人承认我是剧作家了。三、我自认为《小井》已是客观存在,人们是不会抹煞它的。目前,你应该集中精力把新作品写出来……像我们这样的人,只有在写作中才能置其他一切于不顾……作家有敏锐的神经,也得有广阔的胸怀;有如火的热情,也得有冷静的头脑。你还缺乏后者。你得学习鲁迅韧性的战斗精神。现在,你如果还相信我的话,就摒弃一切杂念,坐下来,写!写!写!不要看那些徒有虚名的东西。有些人表面上名噪天下,而人们掉过头来就嗤之以鼻,这样的人该有多么悲哀?!"

在这封信的结尾,针对我沉溺于对父亲的怀念而不能自拔,陈老动情地说:"……我不忍心说你,因为我知道你热爱你的父亲。你父亲的猝然去世几乎打倒了你的全家。但是,你想过吗?如果老人在冥冥之中知道你为爱他而悲伤到不能写作,他将如何看待你?我要替他向你猛喝一声:'糊涂!'……因为你相信我,我才这样直率地向你说出心里的话。如果你能接受,我将引为无限的安慰……我也是在苦斗中,愁闷的事情也很多,作家的命运就是这样的。孩子,你不会后悔吧?你要为你的母亲,为贤良的新民愉快起来!《中国戏曲通史》上册我有重本,你那里有的如是中册,则我马上把上册寄给你。你再看看,你那儿是上册?中册?爱惜自己吧,孩子!我跟金玲都是这样期望你的……"

在这封信的落款处,陈老在"一九八二年五月四日"后,用楷书写下了"青年节"三个字……

(九)

一九八三年春节,在于是之的扶助下,《小井胡同》列入人艺的排演计划。那段时间,陈老的信比往日多:

> 一九八三年二月二十日
> ……你的《圆明园》还没抽出时间读,但我更关心《小井》的演出。为此我要特别感谢是之、光覃、童超诸位及《小井》剧组的全体成员。待到演出之日,我一定要赶到北京看戏!

> 一九八三年三月二十日
> ……凤子同志带来的信,于成都收到。但因终日奔忙,从未写过一封信,所以你不能深责我。
> 读你信后,颇有悲喜交集之感!你居然已写出了30万字的小说!我为你高兴,但也深深不安。第一,你如此拼命写作,难道是病魔作祟,使你想到人近垂暮之年,索性把蜡烛两头都点燃吗?还是另有原因?第二,外面风传你要离开人艺,这似乎过于孟浪……你的前途发展应在戏剧上,而不一定在小说创作上。抑或是因为小说创作使你获得一种解放感而开始厌恶话剧?最后,尤其令我不安者,你对中国话剧前途抱有悲观之念。这是你写小说的原因还是结果呢?你衡量过没有?一位小说家固然不易得,而一名出色的剧作家更难得啊!

当时,陈老有所不知,我为北京人艺修改《小井》,政治上的种种顾忌与杞

忧,已令我情绪十分厌烦。而陈老的期待仍在继续:

　　　　一九八三年四月二十三日
　　　　……《小井》已经上马,我放心了。演员阵容不错。有的戏是演员捧出来的;有的演员是戏捧出来的。你要争做后者……

　　　　一九八三年七月八日
　　　　……根据你来信以及北京《戏剧电影报》报导的动向推测,此信到达北京之日,应是《小井胡同》上演之时,特向你致以祝贺!
　　　　不管这剧本发表以后如何多灾多难,它终于在北京被搬上舞台,是标志着现实主义的胜利!不管它的上座率如何,评价如何……它的演出将使你和你的朋友们从苦痛和困惑中振奋起来,为中国话剧事业奋斗终身。

在信的结尾,陈老写道:"翘首北京,不禁神驰,专此祝贺,并致敬礼!"看得出来,陈老十分高兴。陈老和我都没预料到这个戏会被禁掉。
七月十一号,我被告知,《小井》只准内部演出三场。我给陈老发了封极短的电报……
七月十六日,陈老信中说:

　　　　……接电报告,极为不安;日夜候信,今晨始得。我估计三天内部公演一定会收到强烈后果,即此一点,便足以安慰作者了。观众才是真正的裁判者。我对《小井》总抱着乐观态度,我盼望着它在不久之后将重新出现在北京舞台之上……我在收到电报时,曾想复你一电,只十个字,但我忍而未发,现在还是写在下面:"文章千古事,得失寸心知!"我和金玲都担心你精神上经受不住这种折磨和打击。有谁知道,《小井》创作熔铸了你和你的一家多少心血？收信后,我们放心了。希望你更加冷静地等待,仔细地观察,将座谈会的结果告诉我。龙云,亲爱的,我拥抱你……

那段时间,陈老对我真是费尽了心血:

一九八三年七月二十七日
……你目前先发表中长篇小说是个良策。我们总要工作,总不能拿着人民的俸禄而无所事事。

一九八三年九月十三日
……你现在写小说,我得完全拥护了。你目前只能如此绕路走。你的系列小说《南城帽》副标题为"小井民俗长卷之一",单凭"小井"二字,有人备不住就草木皆兵,抽你的稿子……

一九八三年十月二十七日
……邮票,你师娘还在为你搜集,大概因你行址不定,未曾寄你。听江苏的作家告诉我,《小井》内部演出最后一场,戏都开演了,你还攥着几张票不肯撒手,翘首南望,期待着江苏的朋友们能突然而至……一九八五年我们总得在北京舞台上看到你的新戏吧?!祝福你!问你母亲和你大姐好!勿忘服药,保重……

一九八五节春节,《小井》正式公演。适逢陈老来京出席全国政协会议。陈老和许多戏剧界的朋友来人艺看戏。演出结束后,剧院请他们走上舞台。我很少看到陈老那么舒心地笑。

假如一个戏的演出,一定要带来那么多的麻烦,牵扯那么多的精力,我一定放弃这种演出。这是我在违心地改动剧本时形成的想法。但我们感激上苍,使《小井》得以演出,因为它毕竟使陈老看到了作品在舞台呈现。《小井》是我写的,但它也是陈老的……

(十)

东坡先生有言:"大儒经济小儒诗。"中国传统思想中,历来将"经世济民"的政治家奉为大儒,而将各类学有专长的专门家视为小儒。

建国十七年,陈老荣任文化部创作室主任;主编过《人民文学》;当过作家协会的秘书长。六十年代中期开始走下坡运,六五年被贬出京师、远离天子;六六年被押回京城;六九年年过花甲被流放到古云梦泽,开始了配军生涯,剥夺人身与政治权力直至一九七九年。

我看陈老不适于做官。

一九八八年,陈老辞去了南京大学中文系主任的职务,再次开始专事写作。

其实,陈老是将写作作为"生命存在方式"的人,是个真正的作家。其他的东西,只能使他厌烦。

陈老的一生活得充实、丰富,活得生动。近年来,人们在追念故人时将"无愧无悔"一词已经用滥。其实,陈老这一生才真的是无愧无悔。他固然是个作家,但尤其是一个活生生的人。

陈老的晚年,时与孤独相伴。家事国事天下事,皆有抑郁惆怅之处。而他又生性耿直。综观陈老一生,我发现,面对苦难、困难、坎坷、孤单甚至疾病……陈老所使用的对抗手段无非有二:一是写作;二是幽默。

陈老幽默的背景是多种多样的,幽默的对象与方式也是多种多样的。我前面提到的那张云梦泽照片,那种"妈妈的!儿子居然打了老子"像拿着根大扎枪似的手持放鸭杆的不服气的神态,是一种高品位的幽默。整个《云梦断忆》通篇流溢着幽默;三位老人——陈老与张天翼、张光年——已然被造反派批斗得如丧家之犬,居然还有心思到东来顺去寻找"溜划水";在向阳湖被人家反复训斥批判之后,居然能在草棚中,认真地切分一听云南火腿,精心计划着"少食多餐",以图"长流水不断线"延续用小叉子将肉送入口中的幸福感;在因为睡觉打鼾而惊忧了"左派"的美梦之后,抹抹被喊醒后的口水:"那么好,请你先睡。你睡熟之后15分钟我再睡",一副"不敢为天下先"的君子风度……这些是常人能有的幽默吗?

《云梦断忆》写于一九八二年美国的爱荷华城,而所有的酝酿与心理活动则都产生在黑暗的古云梦泽,产生在向阳湖流放地。面对大苦难,陈老有大幽默!

生活中的陈老,往往用幽默与调侃来打发"不痛快"——打发自己的不痛快和别人的不痛快。

一九八七年十月,我在写给陈老的一封信中发牢骚"训斥"世风日下——我拿到手的《小井胡同》的演出费三百元人民币在王府井大街被扒手拿去。陈老在此后不久的一封来信中,开门见山,首先向我表示祝福:"首先要祝贺你被扒去三百元钱。那是一种劝告——还是沉下气来写作吧!(别满世界去瞎溜达!)更何况,你这也属'不义之财',我写了两个本子共有八九处上演,分文未取,你陪陪我吧!"

一九八一年春末,母亲来南京看我。陈老请母亲吃饭。陈老用筷子指着桌上的一盘炒鳝丝说:"我们家乡淮阴有两个特产:一是韩信,二是黄鳝。今天只做了黄鳝,来,尝尝!"陈老对韩信这样拜相封侯的"大儒"居然如此不恭。对身上的疾病——那个很大的主动脉血管瘤是否手术,家人众说纷纭,陈老则一言以蔽之曰:"这么多年了,我与它一直相安无事,还是让我们和平共处吧!"

想到这些,陈老的音容笑貌一下子立在我面前。

我太需要他了……

（十一）

我说陈老是以写作为生命存在方式的人，毫不夸张。他几乎能在任何条件下写作！他几乎是在用写作来对抗任何的人生难题。

在国民党的监狱里，陈老写了那么多的小说；在气氛很压抑的情况下陈老写了《宋景诗》和《鲁迅传》；在黑云压城的日子里陈老从不间断日记；失去人身自由，像被关在金丝笼里似的七十年代末期陈老写下了《听梯楼笔记》……一九八二年我从黄山归来之后，住在陈老家里，陈老与师娘远在异国，陈虹大姐曾将那份手稿拿给我看。我几乎看了大半夜，我惊讶的是：在那个年代里陈老居然写下过那么多那么深刻大胆的散文。而《大风歌》则是在根本不允许他写作的气候中写就的。写作时，陈老得像地下党似的，但外人一无所知……

晚年，陈老身体不好，但仍写作不辍：《云梦断忆》、《寂寞的童年》、《少年行》、《飘泊年年》……写作使陈老感受到生活的美好。陈老才是"将蜡烛两头点燃"，用生命照亮人间。

陈老是作家，是个活生生的，真正的作家！

陈老是落红，陈老的作品是这个民族的落红！落红不是无情物，化作春泥更护花……

一九九三年我写了一篇散文《我与我的文学》。在文章的结尾我写道："我说我是幸运的还有另一层意思，马克思在他的《巴黎手稿》中曾经表达过一个思想：一个社会解放的程度，是以人的自由闲暇时间的长短为衡量尺度的。一个用自己的头脑写作的人，一个以写作为生命存在方式的人，他的自由闲暇时间是生命的百分之百……"

陈老是幸福的。

陈老去世之后，陈老的外孙张弛拿着那本"集锦"请我来写几句话。我对他说："就一个作家而言，我是陈老生命的延续。在这个世界上，像我们这样有质量的人不是很多。希望你能成为我们这个生命链环上最年轻的一环……"

一九九五年三月十五日十一时
于北京方庄

赵耀民

在恩师的目光下继续前行

去年春天,我惦念着久病之中的恩师陈老,决定去南京探望他老人家。到了南京,我打电话到陈老家,师母约我下午三点去。时间还早,友人提议先去中山陵踏青。蛰居沪上一隅,常为蝇营狗苟之事所累,我和友人的心情是一样的,渴望着与春天的树林和山间的小径有一次亲近的机会。我俩避开人群,专捡紫金山麓的偏僻荒凉处去,盘桓流连,竟误了与师母约定的时间。等赶到陈老家,已是晚饭后的掌灯时分了。师母告诉我,陈老下午起床后,就一直坐着等我。陈老的病,使他坐久了就会头晕,可那天下午,我竟然失约……因下午坐的时间太长了,陈老体内不支,只和我说了两句话,便要去休息了;而我,纵然有许多的话要跟老师说却又不能说。说轻了,老师听不见;说响了,老师会头晕。就这样,老师和我彼此默默无言地相望了几分钟,最后,老师挥挥手,我便告辞了。屋外,天色漆黑;我心头笼罩着不祥的阴云。我后悔我的失约!

今年五月二十八日清晨,一直在担心的事情终于发生了。长途电话的那头,陈老的女儿陈晶说:"我爸爸今天凌晨走了……"我无言,无泪,脑海和嘴边是一片空白,只觉得心头被压上一块重重的铅一般。我说我马上就来。赶到南京,又是掌灯时分,我见到被沉重的哀伤压得更显瘦弱苍白的师母,我的心猛然抽紧,不顾一切地扑上去抱住师母。师母把我领到老师的床前,亲爱的老师啊,您再也不会睁开眼睛看一看您这个不听话的、调皮的学生了!

在您所有的学生中,我是最幸运的了,我能在您的家中为您送行。灵车开来了,又开走了,我和您的孩子孙辈一起,跪在地上向您磕头。老师,这次我没有失约。您还有什么要对我说的吗?老师,我知道,您对我最大的希望是要我坚持话剧创作,我没有忘记,我不敢懈怠,我一直在坚持。我知道到目前为止我写的作品离您的要求还有很大的差距,但我确实在坚持,并将继续坚持下去。

陈老和我的师生缘始于一九八二年的秋季。那年我从上海戏剧学院毕业,报考南京大学戏剧历史与理论专业研究生,方向是话剧创作与研究。陈老是国内唯一招收这门专业的研究生的导师,作为中国现当代文学史上的经典作家之一和一位名教授,陈老对报考学生有他自己的独特要求,在我之前的第一批研究生李龙云、姚远、郭顺三位在入学之前已有较为深厚的生活积累和一定的创作成果;而我当时基本上是一个从校门到校门、没发表过作品的学生。我曾对陈老坦言;"我和姚远、龙云他们不能比,您会失望的。"陈老热忱地鼓励我:"不要比,你搞喜剧!"此后,陈老多次教诲我,中国太需要真正的喜剧了,喜剧难写,特别是深刻的喜剧。写喜剧不仅要有才华,更要有生活、有爱憎分明的感情和深刻的思想。回想起来,陈老当时降格收我为学生,大概是看出我有创作喜剧的素质;而对我的弱点也一目了然。他一针见血地指出:"你生活底子太薄,思想走在了体验之前。聪明有余,沉思不足。这样下去你成不了作家的!"惜我当时年少气盛、性情浮躁,并不能真正理解陈老的微言大义,还以为陈老只是在吓唬吓唬我。在南大的三年中,陈老以深刻的现实主义创作精神(并不只是写实方法)和他独有的喜剧风格引导我走出一条自己的创作路子。在他的指导下,我创作的中型喜剧《街头小夜曲》和大型喜剧《天才与疯子》先后获得了成功,并以《试论荒诞喜剧》一文通过了硕士学位的答辩。陈老由衷地为我高兴,但他从不当面表扬我。他对我最高的褒奖是这样一句话:"不错。但问题还不少!"从南大毕业已经十年了,十年里我又写了几部戏,每次想起陈老的这句话,总还是让我警醒,我深深明白,直到今天,我还没有写出一部能让陈老真正满意的作品。陈老,您失望了吗?

当陈老的学生,我感到自豪。不仅因为他是一位享誉海内外、彪炳文学史的作家,还因为他是一个秉性刚正、极有骨气的真人。他一生坎坷,前半生为革命理想和文艺事业颠沛流离,历经了种种磨难;后半生又被极"左"路线施以不公正待遇,谪居南京。但他诚如叶子铭教授在挽联中所言"驰骋文坛七十载,历尽坎坷无媚骨",真正保持了贫穷不能移、富贵不能淫、威武不能屈的人格力量。他不畏权势,不媚俗流,不容小人。作品与人品一样犀利、率真、热忱、智慧。他不仅自己如此作文做人,也要求我们学生这样做。在我的一些作品一度遭禁的日子里,他多次来信勉励我顶住压力,告诫我"做人要有骨气",并以他自身丰富的创作经历,开导如何与极"左"思潮和文坛"混蛋"做斗争。他的每一封来信都温暖着我的心,使我放开怀抱,渐渐学会用一种历史的眼光来衡量眼前的得失荣辱,也渐渐明白了自己该做什么和不该做什么。十年光阴如梭,虽然老师晚年被病魔缠身,手不便书,口不便授,师生之间的交流愈来愈少,可我总觉得我的心与老师的心愈来愈靠近了。我自以为我比十年前更有资格当陈老的学生了。

在为陈老守灵的日子里,我又听到了第二个噩耗:黄佐临大师在上海逝世了。我不明白苍天何以如此无情,短短的四天里,就使我失去了两位在中国戏剧界真心爱护我、关怀我的老人。我翻看着记录陈老一生风云的一本本像册,两张陈老与黄老的合影赫然入目。这是两位有着不同性格、不同经历但同样为中国的戏剧事业奋斗了一辈子的战士。在国民党统治时期,陈白尘编剧、黄佐临导演的《升官图》使摇摇欲坠的腐败政权暴跳如雷;上海解放时,他俩又在一起开创新时代的戏剧电影事业,分任上海市军管会文艺处正副处长。余生也晚,历史的际会风云离我太遥远,我无法追溯。我只能从我的亲身经历中,感受到两位老人对我的爱。一九八六年,我的《天才与疯子》公演,黄老看后翌日撰文发表"杂感",陈老见报后,来信嘱我"黄老的文章很珍贵,要好好保存"。一九八七年,我的《原罪》因故停演,我不明真相,竟然在文章中口出狂言,对黄老发泄怨气。陈老知道后,来信批评了我,并对剧本提出了与黄老相似的意见,语重心长地教导我:"不要只顾形式,要注意内容!"而黄老更是大肚能容,以德报怨,对我更加关心。一九九〇年,他把对《闹钟》的意见亲笔写下,贴在我剧本的反面。他这样做,恐怕是担心我再听信什么误传,真令我愧悔不已!第二年,黄老排除种种干扰,把《闹钟》搬上了舞台,成了他生前执导的最后一部戏。呜呼!我有何德,受此厚爱?我有何能,当此殊荣?这是我至今都不能安心的一件事。

我是深信人有灵魂的。我是深信大千世界皆有因果,皆有缘份的。我为陈老守灵,也为黄老守灵,我痴想着这两颗圣洁的灵魂在天国同时向我投下最后的、慈祥的一瞥,继续给我以爱,以智慧,以信心。我明白,从今以后,在我从事话剧事业的道路上,不会再遇上他们那样的目光了。

胡星亮

深深的怀念

陈老仙逝已近一年。去年五月二十八日凌晨,当急促的电话铃声将我惊醒,系总支书记朱家维老师告诉我"陈老走了"的噩耗时,我茫然若失,悲痛万分。头脑里一片空白。骑车赶到陈老家,见着悲痛欲绝的师母,我喉头一哽咽就再也说不出话来,只是默默地跪在陈老床前给他老人家送行。师母拉着我的手,对安详地仰卧在床上的陈老轻轻地呼唤着:"白尘,白尘,你的学生胡星亮看你来了,看你来了……"

我第一次见陈老,是一九八五年二月我刚来南大报到时。董健老师说陈老过两天就要去北京开政协会,走前他要先见见我。我的心立即咚咚地跳个不止。在这以前,我只是在大学图书馆的藏书里,怀着崇敬的心情阅读过陈老那一部部文采横溢的著作;只是在大学中国现当代文学课堂上,听老师分析陈老那溢漾着独特睿智、幽默风采的戏剧作品。而现在真的要去见我仰慕已久的大作家、大教授,我心里确实有些紧张。谈话是从入学考试开始的。陈老风趣地说:你来考我的博士生,我还真的让你的考卷给"考"了一下。要不是我年轻时当过编辑,看过各种笔迹的来稿,我还真的会被你考卷上潦草的字给"考"住哩!陈老那特有的幽默,很快就消释了我的紧张心情。接着,我向陈老汇报了自己来南大前在杭州大学读硕士时的学习与研究情况,谈了攻博期间的学习与研究计划。从此,我就在陈老的指导下,开始了人生和学习的新的历程。

考在陈老门下攻读戏剧学博士学位,是我的三生有幸!陈老从事文学创作长达半个多世纪,奉献给人民数以百万计的优秀作品。从早年那在白骨和鲜花上开放的曼陀罗花式的独具一格的"监狱小说",到那探索小市民心灵和泥腿子反抗的"社会小说";从那以古人之酒杯浇自己之块垒的历史剧,到那对人间黑暗控诉呐喊的悲剧,以辛辣笑声嘲讽妖魔鬼怪的喜剧;从那泼辣犀利的匕首式的杂感,到那从深沉的痛楚中伴着苦笑而流下的晶莹泪珠的《云梦断忆》……陈老以其辛勤的耕耘创造出一个属于他自己的艺术世界。能拜在这样的大作家门下当学徒,上苍厚赐我,我是多么幸运!

陈老是位多才多艺的大作家,在戏剧、小说、散文等文艺领域都有重要的建树。但支撑其艺术大厦并使之有别于旁人而独立于文学史的,就在于陈老始终是以喜剧家的独特眼光去审美感知现实人生,并以其独特的喜剧方式予以鲜明地审美表现。陈老天生就有喜剧家的气质与天才。尽管这喜剧家的幽默与讽刺的才华在他的小说与散文中都弥漫着、渗透着,但在其喜剧创作中却表现得尤为突出。正是在这里,陈老以其独特的喜剧艺术和美学风格,对中国现当代文学的发展做出了独特的贡献,并在世界文坛上产生了相当的影响。也许是因为初次拜见陈老就受到他那特有的幽默、睿智的感染,也许是在拜读陈老著作后因陈老喜剧的艺术魅力而引起我对现代喜剧研究的兴趣,我很快就定下以《中国现代喜剧流派论》作为自己博士论文的选题。在这以后,我就常常以丁西林、陈大悲、熊佛西、宋春舫、王文显、老舍、袁俊、沈浮、吴祖光、李健吾、杨绛以及陈老自己的喜剧创作和喜剧艺术,向陈老请教,聆听喜剧大师评论自己的艺术同行,谈论对喜剧创作和喜剧艺术的精辟见解,分析喜剧在当代中国的遭遇与发展,那真是如沐春风,受益非常深刻。

陈老不仅是大作家,还是一位大教授。早在四十年代,他就受聘于国立戏剧专科学校和四川省立戏剧音乐学校,讲授戏剧理论和戏剧创作,发表、出版了相当数量的戏剧理论论著;一九七八年以后,他先后受聘担任南京大学中文系教授、系主任、戏剧研究室(现为戏剧影视研究所)主任,更是将主要精力放在博士硕士研究生的培养、国家重点社科项目的研究等工作上,培育了大批戏剧创作和戏剧研究人才。翻开陈老的《戏剧创作讲话》、《陈白尘论剧》等理论著作,人们不仅会为陈老精深的理论素养所折服,而且,陈老的戏剧理论因其有亲身的创作实践和惊人的文笔才华,写得见解独到且生动活泼,具有强烈的说服力和感染力。不过,陈老生性谦虚、恭让,不似某些"家",不论什么场合总爱有意无意地表现自己。因此,陈老作为大教授,"露峥嵘"的场合真不多见。晚生有幸,一九八五年十月随老师和师母,去重庆参加庆祝抗战胜利四十周年"雾季艺术节"。在这次盛会上,我目睹了陈老作为戏剧大师,他所受到戏剧界同行的尊敬和爱戴;也看到陈老作为大教授,其平常所不易流露的独特才华与风采。那就是他在大会上作《中国话剧的过去、现在和未来》的专题报告。手里拿着几页提纲,陈老竟洋洋洒洒地讲了三四个小时,从中国话剧过去的历程谈到目前的现状,分析其发展未来,娓娓道来,实事求是,精辟深刻,报告结束后真可谓掌声如潮。我这个做学生的,坐在台下也被那热烈的气氛深深地激动着。陈老的大教授风采在他和董健老师主编的《中国现代戏剧史稿》中也充分地体现出来,使之荣获国家教委优秀教材特等奖、江苏省哲学社会科学优秀成果一等奖等诸多大奖。

作为大教授的陈老,学风严谨,实事求是,撰文必有自己独特的见解,给我留下深刻的印象。我入学南大后即参与陈老和董健老师主编的《中国现代戏剧史稿》的编撰工作,负责十九世纪四十年代的"概述"部分及其他章节。一九八五年随先生和师母去重庆参加"雾季艺术节",很多当年在重庆和大后方生活、工作过的戏剧家,都将参加这次盛会。这是采访抗战戏剧家、收集抗战戏剧资料的极好的机会。陈老后来在重庆渝州宾馆专门带我拜见了曹禺、吴祖光、张颖、刘郁民、刘沧浪等人，还介绍我去采访了其他戏剧家。然而在临去重庆前，陈老却特地告诉我：不可"尽信书"。他说最近文坛风气不正，很多人写回忆文章或谈话，都爱抬高自己。你要实事求是，要有自己的眼光和分析。"要实事求是，要有自己的眼光和分析"，这在后来指导我编撰《中国现代戏剧史稿》和博士论文的写作中，陈老也是这样要求我的。当我在丁西林、王文显、李健吾、杨绛等幽默喜剧流派研究中能够显示出自己独特看法时，他就热情地鼓励我；而当我在有些戏剧家的评论中有盲从流行观点的偏向时，他也毫不留情地尖锐指出，令我汗颜。陈老自己写文章也是这样。他给田汉、熊佛西、李杰、李龙云剧作集写序，都包含着他对这些作家作品的独特认识，和对中国戏剧发展的真知灼见。最为感人的，是他和董健老师主编《中国现代戏剧史稿》。那时他已年届八旬，且健康状况不佳，但他仍然极其认真地看稿，审稿。那时我已留校任教兼做陈老的助手，经常为他查找有关资料给他送去。病中的陈老写作、治学的那种认真、执着的精神，将永远铭记在我心中！

当然，陈老也有苦恼。新中国成立后，喜剧大师其独特的喜剧才华没能得到充分发挥，他苦恼；进入老年，各种疾病折磨着他，这对信奉作家不写东西活着就没意义的陈老来说，更是苦恼。近些年我每次去看陈老，陈老都感叹自己老了没有用了，那痛苦的神情真令人心酸。陈老心中还有好多好多东西要写啊！然而，苦恼中的陈老却时时关注着弟子们的成长。我每次去看陈老，他总是关心地问起我的教学、研究情况。我的博士论文交中国戏剧出版社出版，陈老在病中为我作序，颤抖的手一字一字地写下他对中国现当代喜剧发展的看法，对我的热切希望；我参与副主编的《中国现代比较戏剧史》（田本相教授主编）出版后，我敬呈陈老一本，他翻翻内容，闻闻书香，那兴奋的神态令我非常感动。前年，我承担了国家社科项目《二十世纪中国戏剧思潮》，每次去他总要问起，鼓励我要尽快尽好地完成，使我不敢懒惰。而今，项目已经完成并交付江苏文艺出版社出版,而陈老却仙逝远去,怎不令我悲痛、感伤!

　　说实话,当前商品经济大潮冲击下学术的贬值,常使我陷入困境而有懒惰之念。然而每当此时,我总会想起陈老那慈祥的目光、谆谆的教诲,及其因不能写作而苦恼的感叹。那就似无形的鞭在催我奋进。陈老,弟子不才,但我有志沿着您的足迹,为中国戏剧理论研究事业贡献出自己的力量。

　　陈老,敬爱的恩师,您安息吧!

一九九五年二月

陆　炜

暮年的光辉
——怀念白尘师

说不清因为什么,我总是以一种审美的态度来看待自己的老师,因此怀念白尘先生时,追念师恩,痛其仙逝自不待言,最强烈的却是对其暮年的光辉的赞美之情。

我是一九八六年考入南大,成为白尘先生的戏剧史论博士生的。这时候,先生始进入暮年。暮年,是关于人达高寿以后,人生最后阶段的笼统说法,一个人何时进入暮年则是难以判定的。但有的时候还是可以判定。粉碎"四人帮"时,白尘老师已年届七十,然而却大放异彩,接连地写出了震动剧坛的话剧《大风歌》和《阿Q正传》,还有在美国爱荷华大学写就的炉火纯青的散文集《云梦断忆》。他接连带了几届戏剧创作研究生,培养了一批青年剧作家。他大量撰文,南北奔走,呼吁话剧的振兴。这是多么强劲的活力和创造力呀！但一九八六年是个转折。我入学时,先生刚刚一场大病后出院,疾病是不饶人的,从此以后先生基本不再出门参加什么活动,写作计划也限于写回忆录。外出活动并非不想,但畏乎其难,不要说看看香港的愿望了,连去上海,甚至无锡一游的打算也终于未能实行。所以从八六年起,先生确是步入暮年了。

不过在当时,我是意识不到这一点的。不仅是我,就是先生自己和周围的人们,谁又愿意去意识和确认什么暮年呢!我是觉得光荣而兴奋的,因为对陈白尘从来仰之弥高,现在可以经常当面聆听教诲了,而且先生是那样直率、宽厚的一位长者,态度又亲切,语言又幽默。入学不久,我的博士论文题目就确定了,是"田汉剧作论"。白尘先生年青时曾师从田汉,是田汉领导的南国社的干将,他久有推进田汉研究的愿望,所以当我提出这一选题的想法后,立即就得到鼓励而定了下来。先生安排我去参加田汉研究的学术会议,写信荐我去拜访老辈的戏剧家,并自己向我讲述田汉的为人和当年南国社的生活。我有过多次听先生话当年的机会,听着风趣的讲述和评论,印证着我接触的史料,田汉,以及先生本人当年的情景都活了起来。那些小客厅里的谈话是最令我神往的时光。在愉悦中,我只是领略先生的神采,哪里去注意先生的身体呢。只有当师母示意谈话时间已太长,不应让先生劳累时,我才意识到先生已是高龄的老人了。

一九八八年,南大中文系为白尘先生庆贺八十华诞,南大学生剧社排演了先生的名剧《升官图》,我也在其中扮演了省长一角。演出大获成功,在南大演了八场,又赴南京其他高校演了七场,仍觉不能罢休,遂又在儿童影剧院对社会公演了两场,也是一样的成功。这个成功,固然由于剧社全体的热情和努力,但主要的毫无疑问是由于剧本,由于这出中国现代讽刺喜剧代表作的魅力。当剧社成员们一起去看望陈老,向他报告剧场中那种从头至尾的热烈反应时,先生并不是和大家一样兴奋和自得,而是说:"我很遗憾,没想到这出戏到了现在还有这样的效果。"这句话后来让大家好议论了一阵子,我们人人都体会到了先生忧国忧民的心怀,从而更生尊敬之情。当此之时,先生来看首场演出,因体力不支未能坚持到终场的事则已被忘记了。

先生的病患,一九八六年发现是危险的动脉瘤。此后数年,情况是稳定的。大约从一九八八年起,则明显地为脑动脉硬化引起的晕眩症所困扰,经常性的头晕头痛,尤不能多用脑,写作、看书稍久,以至和客人多谈一会,皆会使症状加剧。说到此,我便想起有件对不起先生的事,就是催他看我的草稿。那是一九八九年,我到了毕业的时候,按规定须在六月份举行博士论文答辩。可就在我赶写论文的最后阶段,那场政治风波已渐渐地如火如荼了,外面的口号声一阵阵地直送进窗子里来,我对此无法漠不关心,但论文又不能不完成,这样到了写完时已是五月底。论文有二十五万字,用稿纸誊一遍就要二十天出头,誊罢要给先生审阅,之后不可能没有修改,改好还要付印,印好后要分寄外校专家写评语,评语寄回来了才好答辩,这样六月份答辩是无论如何来不及了。我急得如热锅上的蚂蚁。情急之下,我便斗胆从先生头上来省时间了。我断然省去了誊写的步骤,又抽去了不准备提交答辩的一章,给先生送去了二十万字的草稿。我还要求先生五天看完,甚至说希望两三天后我先来取看过的一部分稿子,以便早动手修改而不必等着全部看完。此做法的不妥我在当时就是自知而惴惴不安的。交文章给老师要用稿纸誊清,这虽非规定却是惯例,一来便于阅读,二来也是对老师的尊重,不这样做,先生完全可以板起脸来退回,更考究学生的思想和学风的,更何况文章是博士论文,先生是德高望重的先生呢!而我不仅交草稿,还明知先生体弱又在时间上催逼,这就不止是不敬而且是行为恶劣了!然而当时先生没有任何不快的表示,只是体谅我的情况,答应一定尽快地看。五天后,论文看完了,而先生也累得发起烧来了。六月底,我终于通过了答辩,但这件事使我对先生抱着歉疚之情。

　　此事以后,我一直揣摩先生的心情。不是关心先生对我有何看法,这方面的问题是不存在的,我揣摩的是先生自己的心境。因为通过看稿累着了先生这件事,我才真正意识到了暮年这一事实。而由先生在此事上待我的体谅、宽容、沉静的态度,我不禁想到,像先生这样一生驰骋文坛的名人、大家,他在暮年是什么心境呢?

我不敢说能勘透先生的心境。但我毕业后留南大工作,一直能时常去看先生,这就使我能去体味先生暮年的意味。这意味,一是不息的战斗,一是真实地对待人生。

中国古来就有安享晚年之说,在西方社会以及整个现代社会,则有享受人生之说,指一个人在立定了社会地位、经济的根基也攀过了一生事业顶峰以后,就休闲下来,养生、游乐、做自己喜做的事。而先生头脑里是没有这些观念的。他和许多既是老革命家又是老知识分子的人一样,似乎本能地遵循"春蚕到死丝方尽"的模式来度其暮年。当他觉无力写剧之后,便写回忆录,接连出版了《寂寞的童年》、《少年行》、《漂泊年年》三本小书。当写回忆录也无力继续时,便把希望寄托在学生身上。学生有什么新作,是最使他高兴的事。记得初从先生学习,见面的谈话总是从先生漫评最近的国家大事、文艺戏剧动态开始的,而到后来几年,一见面先生总是首先问起:"你最近在写什么?"这种殷切期望总是叫我惶恐,因为我只给先生送过一本与人合作的《中国古典戏剧理论史》,我的博士论文由于出版拖延直到先生去世仍未见书,更谈不上时有新作呈献了。我每拜访,先生必起立相迎,告辞时,则必勉力送至门口,从八六年至九四年一直如此,这也是使我惶惑不解的一件事。初识当然不论,但我是一弟子,且后来已随便在先生家蹭饭了,何须还要如此呢?我很长时间都只理解为先生的素养和客气,后来渐渐悟到,它实在对我的尊重中寄予期望之意。

暮年的生活看起来是平缓、宁静的,一切人生搏斗似乎都已是久远的历史。但其实此时有着也许最具人生意味的心灵搏斗。例如当先生因病困居家中后,门前比以前冷落了,后来又办了离休手续了,这些事对当事者是有深刻冲击的。先生以其对人生的通达,当然是一笑置之。但那种沉静并非所谓宠辱不惊可形容的。这沉静主要的不是勘破世情的超然,而是坦然接受现实的真实态度。先生写回忆录之停笔最是显明之例。当时先生正写完其青年的探索和漂泊,接下去要写的正是他成为剧作家而光耀文坛剧界的经历,但他此时晕眩症愈甚,回忆往事常有不确处,文字也觉不易保持老辣、诙谐的风格了。周围的人们劝他采取口述,别人整理,再由本人加工之类的方式,但先生绝不考虑,他必得要自己在稿纸上一格一格写出的好文章,于是毅然停笔了。但先生又是以写作为生命的,因此陷于痛苦之中。大约一年之后,他平静下来,他接受了不再能写作这一事实。这便是一种真实的态度。先生不是超脱而是直面暮年的人生考验,并且以喜剧家的自嘲方式来谈论自己的生活。

暮年的先生自有其风采和光辉。暮年的光辉是多种成分组成的。有"余热"的成分,即勉力工作不息;有壮志的成分,即所谓"烈士暮年,壮心不已"的精神;还有光环的成分,像先生这样名留青史的人,其健在本身就是一个鼓舞人的光环。但这些都不是主要的。对先生这样一个真实对待人生的人来说,当他进入暮年,自知道余热有限,壮志只能期望于后人,光环更不值得炫耀。所以暮年的光辉主要来自人格的魅力。先生对待老、病、死的镇定,从容,那坚强和慈爱的心灵,对后辈殷殷期望和对世事人情宽厚通达又带讥讽的幽默态度,这一切不凭借平生成就的显赫而纯粹作为人的光辉,从沉静安详中透露出来,使一个人的垂暮之年犹如缓缓西沉的落日那样体现着它的庄严。

先生最后一批弟子张健、黄爱华二人在毕业将分赴北京、杭州前,专赴先生家中留影,我这才想起自己从未和先生一起照过相,遂一同前往。听到我们的要求,先生笑道:"好,好,这点作用我还是能发挥的。"先生稍为梳整,移步出廊前坐下,面容沉静而若含笑意,一头银丝辉耀在晨光中。这个形象在我心中是永存不磨的。

一九九五年三月

范　用

一个小学生的怀念
——白尘师周年祭

白尘老师！您离开我们就要一年了。在这期间，怀着悲痛的心情，我又读了您的文集、剧作集和尚未结集的回忆录，您给我的二三十封书信（您的信，哪怕一封短简，都写得端端正正，一笔不苟）。这些，都使我回忆起许多往事，无尽的思念。

跟您在一起的时候，十分开心，您讲话总是那么风趣，跟您的文章一样。您的剧本，尤其是喜剧、讽刺剧的台词，每每引起观众大笑，或者会心的微笑，笑和泪混和在一起。在这方面，您也称得上是语言大师。

在您跟前，我感到十分亲切温暖。一九三六年我十四岁那年，头一回见到您，就跟我开玩笑："唷！小把戏，像个小姑娘。"本来嘛，小孩子在陌生的大人面前，免不了有点腼腆。不过这一来，我的敬畏心理就消失了。加上您说话带点苏北口音，我这个镇江人听起来，格外亲切。

那时候，我还不懂得什么是"作家"，只晓得您是位有学问的先生。听说您坐过牢，我好奇，从未见过"共党嫌疑犯"，想看看是什么样子。

当然,我不好意思问您什么,您倒盘问起我:喜欢玩吗?打不打架?爱看书吗?看些什么书?还问:喜不喜欢看戏(文明戏)?看电影、唱歌?就像老熟人,一点没有大人的架子。

我一五一十照说。我说,读过你的剧本和小说(后来编在《小魏的江山》、《曼陀罗集》和《茶叶棒子》里)。还说:"你是南国社的,叫陈征鸿。"您大为惊奇,睁大了眼睛。其实我是听一位小学老师说的,他有一本《南国月刊》,我看了。

那时,我对文明戏已经不感兴趣,演员的夸张动作,"言论正生"长篇开讲,有点受不了。南京国立剧专到镇江演出话剧《狄四娘》、《视察专员》(果戈理《钦差大臣》改编的),使我大开眼界,尤其是舞台布景,从未见过。到台上演演戏的想法,在我的头脑里萌生,您大概看出了这一点。

您还看出我爱看闲书,杂七杂八的书,爱看小说,爱读剧本,送给我一部《复活》,是耿济之翻译、商务印书馆出版的,封面上印有"共学社"几个字。这部小说震撼了我幼小的心灵,托尔斯泰的人道主义思想感染了我,十分同情被侮辱被损害的玛丝洛娃,为她流了不少眼泪,我憎恨那个虚伪的贵族地主少爷聂赫留道夫。一九三七年冬天,我逃难都带着老师送我的这部小说,后来一位同事借去,弄丢了,还着实难过了好些日子。

您回到上海,订了一份《作家》月刊给我看,还寄来鲁迅先生办的刊物《海燕》。有一本《小说家》月刊,也是您寄给我的,上面有小说家座谈纪录,提倡新人创作。这一下我来了劲,不管三七二十一,不管行不行,大胆地写了起来。

我写了一篇题为《教室风波》的短篇小说(准确点说是篇速写)寄给您。不久,在一本刊物上登了出来。如今想不起刊物的名字,是本跟救亡运动有关系的半公开刊物。

那时,政府不准讲抗日,我写小学生拒用东洋货的铅笔,闹出一场风波。我把校长写成反面人物,其实我的小学校长并不是那种人,是虚构的。我怕校长看到不高兴，产生误会，没有投寄当地日报副刊。当然，校长不会像现在，动不动要告你，请你吃官司。

老师！就这样，您不断鼓励我、引导我练习写作，给我打气，可我不是这块料，又不肯下功夫，辜负了您的期望。

演戏我倒蛮有兴趣，大概是觉得好玩吧。我和同学们组织了一个"镇江儿童剧社"，也得到您的鼓励与支持。我们演了三个话剧：《父归》、《洋白糖》（洪深、凌鹤等集体创作），以及您用墨沙笔名发表在《文学》月刊上的《父子兄弟》，演出地点在伯先公园讲演厅。

前年，读您的回忆文章《漂泊年年》，知道早在一九二九年，您和左明、赵铭彝在镇江组织"民众剧社"，也演过《父归》，而且也是在伯先公园讲演厅。更早，在上海，南国社演出《父归》，您演二哥，即菊池宽原作中的新二郎，而我在儿童剧社，演的也是新二郎。都是巧事。

一九八三年，随阳翰老到四川访问，旅途中我跟您谈起《父子兄弟》，您告诉我，您那个剧本实际上是田汉写的，当时他被捕，刊物不能用田汉的名字发表，才由"墨沙"顶替。怪不得，您的剧作集里没有《父子兄弟》，查《田汉文集》，也不见，没有人知道这件事了。

田汉先生在"文革"中被残酷迫害致死，至今已经二十几年，尸骨无存，骨灰匣里并没有骨灰。他和您都是中国话剧运动的先驱者，以笔为武器，以舞台为阵地，冲锋陷阵，并肩作战。您同"田老大"的"黑帮"关系，够您交代的。人民不会忘记你们，历史是最公正的，我相信。

您写信告诉儿童剧社：不要光演大人的戏，小孩子应当演儿童剧。您寄来了许幸之的两个儿童剧《古庙钟声》和《最后一课》，还特地写了《一个孩子的梦》独幕剧。印成书时，前面有一篇长长的《代序——给我的读者》，开头是这样的：

亲爱的读者：你今年十几岁？几年级？——我们谈谈好么？——

唷！别绷着脸，我们做个朋友吧！告诉你：别当我跟你们老师一样，是个又高又大的大人；来比比看，我跟你一样高哩！今年，我小学还没毕业呐！来，这儿是我的手，我们握着。

好了，谈吧——你想读这本《一个孩子的梦》么？

慢着，先让我们谈谈。

于是，您就谈心讲故事那样，跟小朋友谈了许多许多，真有味。末了，您要小朋友：

请你写封信来，我们永远做个朋友。另外，我还预备一件礼物送给你。——我的通信处是：上海，静安寺路，斜桥弄，读书生活出版社转陈白尘收。

我们收到这三个剧本，高兴得跳起来，马上排练，准备暑假演出。没等到这一天，卢沟桥炮声响了，神圣的抗战开始了，儿童剧社改为街头宣传演活报剧，演了《扫射》，好像也是您赶写出来的，是讲日本侵略军在上海屠杀中国老百姓的。

在《一个孩子的梦》这个戏里，剧中的小学生高喊出："打倒日本帝国主义！"（书上印的只能是"打倒××帝国主义！"）排练的时候，我们一遍又一遍高呼口号，说不出的痛快，到现在我还想得起来同学们激动的样子。现在年青人、小朋友难以想像，在"救国有罪"的年代，在公开场合喊这个口号多不容易，"七君子"不就因为这个吃官司，关进监牢的吗？！

当年，为什么小娃娃演戏，有人愿意掏钱买票看？现在回想起来，可能出于爱国心。儿童剧社公演的收入，全部捐给了傅作义二十九军，支援绥远抗战。在民族存亡之际，同仇敌忾，老百姓不甘心做亡国奴，拥护救亡运动，何况又是小孩子们的爱国行为。除此，老师之所以给予我们鼓励，可能还有一个原因,希望小演员将来成为大演员,参加到演剧行列中来。

有意思的是,下一年,一九三八年,我在汉口找到饭碗,就是出版《一个孩子的梦》的出版社——读书生活出版社,也就是后来的三联书店,您说巧不巧?吃这碗饭,有顺心的时候,也有倒霉的时候;有开心的时候,也有苦恼的时候;还有"莫名其'沙'"(我们孩子的用语,您懂得)始终弄不明白"什么是什么"的时候。"曾经深爱过,曾经无奈过。谁能告诉我?"老师,真想跟您谈谈这几十年!

您有了第一个孩子陈晴,从上海寄给我一张他满月照片,说是我的弟弟,是的,是我的弟弟,尽管始终未见过一面。不幸的是,五十年代他在留苏学习期间早逝,如果还在,现在也有六十岁了。他的照片我保存至今。

"八一三"以后,您组织影人剧团到重庆成都演出。您写了一个又一个剧本,演出轰动了大后方。到抗战胜利前后,您的剧本创作,包括电影剧本,达到了顶峰,给中国话剧运动史增添了光辉的一页。在复杂的社会、政治环境中,您主持剧社,显示了您卓越的组织才能。我既读剧本,又看演出,得到极大的满足。

我告诉同事:陈白尘先生是我的老师,甚为得意,而您也认可了。后来,一九八三年,在成都的一个座谈会上,您当众用四川话说了一句:"范用是我的学生。"阳翰笙、葛一虹、戈宝权、罗荪、凤子先生在座,他们一定奇怪:白尘怎么会有一个干出版工作的学生?我只得说:"学文不成,学戏又不成,我这个学生愧对老师。只能说在做人方面没有丢老师的脸。"今天我要再说一遍,以告慰老师在天之灵。

抗战八年,胜利前后,您在党的领导下,办剧社、编报纸,还有文艺界协会工作,团结了许多作家和剧人影人。在反对独裁争取民主的斗争中,您成为国民党特务的眼中钉,可又不敢拿您怎样,他们造谣,说您是"中共江苏省委书记",要组织暴动。江青这个混账把您说成"黑线"上的,污蔑您是叛徒,进行疯狂的迫害,还搞了个"中央专案组"审查,要置您于死地,还不是因为您知道她的老底的缘故。国民党反动派没能做的,披着共产党外衣的"四人帮"做到了。

一九四七年在上海,因《文萃》一案,我被"中统"抓去,关押在亚尔培路二号,与陈子涛同志同一囚室。子涛跟您,还有黎澍先生在成都办《华西晚报》,特务捣毁报社,子涛奋不顾身抵抗,保护排字房,遭到特务毒打。他逃到重庆,我们相识。这次被捕,屡次受刑,英勇不屈,终遭杀害,与骆何民、吴承德同为"文萃三烈士"。如今雨花台有他们的墓,只是空的,据说子涛是装在麻袋里投入大江的。

子涛嘱咐我于获释后向您汇报《文萃》被敌人破坏的经过,我到狄思威路您家中详细谈了。又按照子涛说的,买了两条香烟托看守送进去,他就知道已经见到您。此时已是黎明之前,漫漫黑夜快到尽头,白色恐怖达到极点,风声日紧,您工作很紧张,处境危险,我十分担心您的安全。

解放以后,您到北京工作,彼此都忙,难得见上几面,每次见到您,您还是用鼓励的、企盼的眼光看我,仿佛我还是当年的"小把戏"。虽然已经风风雨雨,运动一个接着一个,可都还想多做一点工作。我在出版方面,有了为老师效劳的机会,如您所说:"《宋景诗历史调查记》是你我合作的第一本书。"

我期待您写的电影《鲁迅传》与观众见面,几年下来,没有下文,内中原因不得而知,是否被"枪毙"了?担心得很。去年读陈虹的《父亲的故事》一文,才明白那时您已陷于窘境,写作"如履薄冰","不寒而栗,战战兢兢地过日子",以"但求工作上无过,不求创作上有功"为自己的座右铭,可悲也夫!

"文革"期间,我们都失掉了自由,成了"黑人",进了"牛棚"(北京叫"黑洞")。前不久,金玲师母来北京,给我读了您冒着危险,偷偷写下的《牛棚日记》,才知道您所受到的非人待遇,我欲哭无泪!

在这种情况下,你还是那么泰然,那么冷静。您在日记中一再写道"我作为一个共产党员……",真是"死不改悔"。可是光有信念不行,人毕竟是血肉之躯,实在受不了的时候,难免会有一了百了的念头。幸好,您挺过来了。我那时也是这么想的:绝不能轻易地做殉葬品,无论如何要活下去,一定要亲眼看到黑暗势力的灭亡!

愿世人都读一读您的《牛棚日记》。否定不等于忘却。巴金先生倡议建立"文革博物馆"不能实现,那么先建立在人们的心上吧。《牛棚日记》将成为"文革"丑恶历史的见证,长留人间。

在那黑暗的日子里,我有幸见到老师一面。有一天,"造反派"恩准我取东西,我溜到东总布胡同口小酒店打酒,正排着队,感到有人在轻轻地捅我的腰,回头一看,原来是老师也来打酒。您示意不要交谈,一不小心,会有人揭发(有一回我打酒,就被同院的人告密过),被安上"反革命串联"的罪名,真是恐怖世界!我看到老师身子还好,心头为之一宽。这一天,闷头酒我多喝了一盅,默祷老师平安!

一九六九年九月,我们被驱赶到咸宁"五七干校",成了"同学",别人是"五七战士",我们是"监督劳动"。在"战天斗地"的日子里,能够活下来就算大幸,还有什么盼头?前途茫茫,谁也不知道命运如何。我在汀泗镇烧石灰,您在"向阳湖"当"鸭司令",仍然见不上面,仍然不敢来往。后来您写了一本《云梦断忆》,详细记下了这一段苦难的日子。有家归不得,"向阳湖"成了"望乡湖"!

七九年第四次文代会,才又重见老师。《读书》杂志编辑部请上海、南京部分代表跟李一氓、夏衍先生在一起吃了顿饭,那次会开得很成功,因而这顿饭吃得很愉快,我又见到老师谈笑风生,人们真的以为文艺的春天来临。第二天,氓老派人送给我一个条幅:"文酒足风流,杯倾松鹤楼;何时摇画舫,一夜到苏州。(甲子冬夜沪宁旧友聚饮松鹤楼系以小诗)"。转眼十几年,氓老、夏公、您先后都走了,不胜怆然!

后来,收到您寄来话剧《大风歌》稿本,我为老师重又执笔而欣喜。三联书店出版作家回忆录,希望文学前辈都给后人留下一本,白尘先生当然也在其列。您接受了我的请求，八四年九月二十日来信告诉我：

> 我有个秘密计划，如果《童年》可读，则拟续写《少年行》，写初中到一九二八年离开学校止，再后写青年、中年以及老年时代，亦即三年流浪、三年狱中生活、上海亭子间、抗战前后、解放后十七年等生活，以后接上《断忆》、《听梯楼》，共七八册，形成系列的生活的回忆(但我避免叫"回忆录"这一名称)性的散文，算作对人世的告别。(话剧我是没精力写了！)但这秘密从未告诉别人，因为是否写得成，是否能出版(如写十七年等)，均不可知也，现在从远处写起，是避难就易之策。

可见老师的写作情绪很好。这样，陆续印出了《云梦断忆》、《寂寞的童年》、《少年行》几本，等到《漂泊年年》写成，我退休了，此事遂告搁浅。但我认为这一项工作必须完成，要紧的是抓紧时间写出来，出版总归有办法，并非所有的人都光盯着钱，都是浅识之辈。为此，我一再写信催促，车辐兄去南京，还拜托他向老师进言是否找一个助手，如爱徒李天济。

九一年二月，收到老师的来信：

> 我那本回忆录你还耿耿于怀，大可不必的。我自己从两年前生病，即已心灰意冷，搁下笔来了，自问非名人，没有人等着看它，何必自作多情？再说卧病以来，头脑日昏沉，除少数朋友通信外，几不能执笔矣！写信也只能每日一封，多则头脑发昏不已。盖两年来耳聋眼花，腿硬如木，垂垂老矣！
>
> 令外孙女的作文，其妙无比。她每一句话都是真实的。"你说他怪不怪？"我说你也真怪，退休了，该享清福了，偏要找事做，何苦呢？新的出版社也未见得能扭转乾坤的。
>
> 但我内心里还是感激你的，而我只能是请你原谅了。

读信,我的鼻子酸了,几乎落泪。"垂垂老矣!""几不能执笔矣!"病中作书,笔迹依然那么清逸,那么工整。

老师! 不是我找事做,只是想做完该做的、未了的工作,求得心安,老师以为我"处境不佳",反而劝慰我。

这部回忆录终于未能写完,成为憾事。可以告慰老师的是,陈虹在整理父亲的遗著,包括这部"告别人世"的回忆录。我向她建议,把已经写成的,已发表和未发表的,以及《牛棚日记》、《听梯楼随笔》集为一卷,如夏公《懒寻旧梦录》那样的一本,交付出版。

"等闲白了少年头",如今,我也老了! 可是在您的面前,我永远是小学生,一个不及格的学生。您的深情厚爱,学生会永久铭记在心!

魂兮归来,白尘老师!

抗战胜利五十周年,乙亥清明。

赵 寰

戏剧更需要战士
——悼陈白尘老师

陈白尘老师仙逝了。

立刻,在我的大脑屏幕上映现出他在一九八五年给我们战士话剧团题写的十三个大字:"战士需要戏剧,戏剧更需要战士。"

战士没有引号。它既是祝贺"战士"话剧团成立三十周年纪念的寄语,又是泛指战士与戏剧的共谐依存的关系。而"戏剧战士"又恰恰是白尘老师一生当之无愧的称号。

我在年青时拜读过他的"太平天国三部曲",排演过他的《结婚进行曲》,观赏过他的《升官图》……我之走上戏剧工作的道路,又莫不是吮吸他那一代中国话剧先驱的乳汁而"长大成人"的。

我和白尘老师正式见面还在一九八五年的春天。广东省作家协会戏剧文学组邀请他来广州讲学。那时,他在《人民日报》上刚刚发表了中国戏剧界的《盛世危言》,呼吁戏剧的复兴,吹奏拨乱反正的号角。我一直有幸聆听白尘老师在羊城杏坛上的慷慨陈词,强烈地感受到他那种戏剧老战士胸怀的炽烈。他那种强烈的爱爱仇仇的言词,感动了羊城的戏剧晚辈,鼓舞了我们为戏剧事业献身的战斗意志。

那时节,我们战士话剧团排练了一出小剧场话剧《人生不等式》——女作家张莉莉的处女作。看戏后,白尘老师祝贺年青女作家新作的诞生,他幽默地说了一句:"你很勇敢,敢向婚姻法挑战!"他的鼓励和观众的支持,使得一个年青的女作者捧着她的处女作,踏进了中国话剧的圣殿。褒贬之间,判定了一只嫩芽的生死;毁誉之中,决断了一位新秀的存亡。白尘老师不仅是嫉恶如仇的勇士,而且是护花惜草的园丁!

羊城一别,只是在北京第四次全国剧代会上匆匆见过一面。此后,我只是结识了白尘老师在南京大学培养的两位得意门生——姚远(《商鞅》、《李大钊》的作者)和蒋晓勤。由于他俩是老师的私淑弟子,我们很快成为忘年之交。从他们的作品和人品,我看到了白尘老师的锋芒和影子。有其师必有其徒,他们也正是戏剧所需要的战士,没有辜负培养他们的伯乐和园丁。

园丁不朽,战士永存!

周 明

心　祭

陈白尘同志去了！在炎夏的五月二十八日凌晨,虽然他以八十六岁高龄离去,但却是文坛的极大损失！简直令人难以置信,一位永远朝气蓬勃、富有乐观精神的人,怎么会离我们而去呢?！然而当日报纸上赫然醒目的黑体字讣告却使我不能不清醒地面对这一残酷的现实,顿时我泪湿衣襟,不胜痛惜之至。

陈白尘同志是中国现当代文学史上的经典作家之一,同时又是一位著名教授。我有幸曾在他的直接领导和亲切关怀下工作过七八年;后来,也就是"文革"中,又有三四年和他同在湖北咸宁文化部"五七干校"劳动锻炼过。前面所说的那七八年,即一九五七年十二月——一九六五年六月,在他担任全国性的大型文学刊物《人民文学》编委和副主编期间。当时我是一个刚刚走出校门的助理编辑,一个开始连编辑怎么当都不甚懂的年轻人。可那时陈白尘已是饮誉海内外的知名剧作家。他同老作家、主编张天翼一起,对编辑部的我们这伙年青人既是严格要求,又是亲切指导,他们既从大的方面把握刊物的方针、方向，同时也亲自组稿、改稿，提出选题。

印象中，那时陈白尘同志思想就很开放，极富探索和开拓精神，工作也很有魄力和干劲，是一名实干家。他和主编张天翼，多次在编辑部的工作人员会议上强调，要把《人民文学》办成一个高品位、高质量、高水平的刊物。要雅俗共赏、老少咸宜，争取更多的读者喜欢买、喜欢看。他们还指出，《人民文学》，顾名思义，是给人民大众办的一本文学刊物，所以刊物的内容要宽广，形式要多样，要团结和发表各种风格、流派的作家和作品。作为剧作家的陈白尘还一再提出《人民文学》不要忽视了剧本创作，要争取将剧作家最好的剧本发表在《人民文学》上。他还和张天翼强调指出，人民大众喜闻乐见的曲艺作品，也应该承认它的文学地位，要在《人民文学》给相声以一席之地。

当时陈白尘就派了编辑去约相声大师侯宝林写稿，侯宝林感到十分意外！他说做梦也没有想过相声能上《人民文学》！能登大雅之堂。结果，侯宝林等人创作的相声《关公战秦琼》在《人民文学》发表后，引起轰动，侯宝林深为感动和感激。

在张天翼和陈白尘的主持下，《人民文学》自一九五八年以来，组织发表了一批在读者中引起良好社会效果及在社会上产生较大影响的名篇佳作。其中，小说方面，如周立波的《山那面人家》、王汶石的《新结识的伙伴》、冰心的《回国以前》、巴金的《军长的心》、李准的《李双双小传》、王愿坚的《七根火柴》、赵树理的《"锻炼锻炼"》、茹志鹃的《百合花》、欧阳山的《在软席卧铺里》、浩然的《彩霞》、汪曾祺的《羊舍一夕》、陆文夫的《介绍》等。还有古代历史题材的开拓及对于革命历史更富于人情味抒写的佳作，如陈翔鹤的《陶渊明写〈挽歌〉》、冯至的《白发生黑丝》、刘真的《长长的流水》、菡子的《万妞》等。这期间，也是由于陈白尘和张天翼的极力主张，《人民文学》出现了讽刺小说，即以马识途的《最有办法的人》为代表。

回顾在张天翼和陈白尘同志主持《人民文学》的为时不算短的近十年期间，正是《人民文学》最为活跃的十年，发现和培养了一批新人；组织和发表了一大批优秀作品；活跃了创作，活跃了文坛；繁荣和发展了文学事业，应该说功德无量。

熟悉创作情况的读者一定还会记得，诗人李季的长诗《当红军的哥哥回来了》，郭小川的《望星空》，贺敬之的《桂林山水歌》；剧作家郭沫若的《武则天》，老舍的《宝船》，曹禺等人的《胆剑篇》，陈白尘等人的《鲁迅传》；散文家秦牧的《年霄花市》，方纪的《挥手之间》，冰心的《海恋》，沈从文的《过节和观灯》，徐迟的报告文学《祁连山下》等；都是为读者称道的名篇。这些，也正是在张天翼和陈白尘主持刊物期间，得到他们的首肯和支持，发表在《人民文学》上的。

我之所以一再将陈白尘和张天翼连结在一起，是因为这些作品的出世或组织发表，确实大都是由于他们两位联手而作。他们的合作既和谐又默契，编辑思想也比较一致，可以说是刊物主编间团结的楷模，当然我也要客观地说，这其中编辑部的许多日常工作，包括对一些重要稿件的组织、审定和签发，陈白尘同志是付出了大量心血和承担了重要责任的。这点，大家都知道，由于天翼同志身体不好，长期养病，不能坚持和承担更多日常工作，而重担自然便落到了身强力壮而又肯干、实干、能干的陈白尘的肩上了。他实际主持编辑部的常务工作。

大概正是由于此，突如其来的"文化大革命"，陈白尘首当其冲。那时由于受到极"左"路线施以不公正待遇，他已离开《人民文学》，和原也在《人民文学》担任编辑的夫人金玲同志回到了故乡南京。但却仍然不能幸免，被造反派揪回北京，关进中国作协的"牛棚"，狠批狠斗。直至一九六九年九月，陈白尘同冰心等一大批"牛鬼蛇神"及作协"革命群众"统统被赶出北京城，下放到湖北咸宁文化部"五七干校"，先是下田干活，后又强行分配他放鸭子。

记得是在一九七〇年夏天的一日，突然干校当权者通知召开全体"五七战士"会议，"牛鬼蛇神"和其他所有反革命分子（那时一个连队百十来人就有几十名反革命分子）一律旁听参加。场地里密密麻麻坐满了人。主持会议的人这时才宣布：今天批判反共历史剧的作者、反共作家陈白尘，大家踊跃发言！

从此，陈白尘沉默了。然而心情更加沉重了。

至今，留给我深深的印象是，在整个罪恶的"文革"中，陈白尘的态度确实是"不老实"的。许多批斗他的场合，他都施以智慧的小技"滑"过去，"避重就轻"，"蒙混过关"。自然也有被红卫兵小将和造反派识破的时候，也吃了不少苦头。他在那急风暴雨、残酷斗争的年代里，很不容易地保持了自己的人格。应该说，他的人品与文品是一致的：他的杰出的作品有着强烈的艺术力量，他的历尽坎坷无媚骨的人品有着感人的人格力量。这正是我们这些曾经受到过他的关心、培养和扶持的晚辈们一直感念他、敬重他的缘由。

如今，陈白尘同志离我们而去了。但我认为他和他留给我们的那些具有时代的和强烈现实意义的丰富而优秀的作品将会永远激励着读者，启示着读者，有益于读者。

我将用心永远祭悼您。

袁韵宜

文如其人　画如其人

——记陈白尘和庞薰琹

接讣告,薰琹挚友、著名剧作家陈白尘先生病逝了!这消息使我心情沉重而又缅怀不已的是,他和薰琹在白色恐怖时期,曾因为革命工作,结下"相知日深"的情谊。他们之间,没有文人相轻,只有心心相印,它,延续到全国解放,延续到"四人帮"倒台,还延续到薰琹病故后的岁岁年年……

一九四三年,白尘先生随中华剧艺社去成都,庞薰琹正执教于四川艺专,因为他们都向往光明,反对黑暗,都参加了全国文协成都分会的进步活动,从此相识了。白尘凝重,薰琹寡语,他们却以紧握双手,表达相识恨晚。

同年冬,成都地下党领导的《华西晚报》的副刊由陈白尘主编,庞薰琹以鼓轩为笔名(他家乡常熟旧宅有小书房名铜鼓轩)发表过近百篇短小精悍的小文章。白尘先生说:"那些匕首一样的针砭时事的小品文,成为最受欢迎的'花边文学','文如其人',我从这些小品文中认识了薰琹。"连夏衍也注意过那些小文并打听鼓轩是什么人。

一九八五年三月十八日,薰琹不幸患癌症病故。五月在南京,由中央工艺美院、全国美协和江苏美术馆为薰琹举办遗作画展。白尘穿着浅灰色西服,认真而又详和地边看展品,边询问初次看到的作品产生年月,他在《新华日报》上发表的《忠于人民的艺术家——为〈庞薰琹教授遗作展作〉》,进一步阐叙了他们在成都时相认、相交的旧事。他说:"我们常说'文如其人',就是说文章的品格和人格是一致的。我想,画家也是一样,应该说'画如其人'。我结交画家朋友,首先是从对他们为人品格的认识开始的。"

一九四八年秋,庞薰琹因拒画戡乱画被迫离职,由广州艺专返回上海,住蒲园路8号。这时陈白尘住虹口,一天,俩人在路上相遇,据庞说:"陈轻声问,为迎接上海解放做点工作好不?"从此,蒲园8号成了庞薰琹和刘开渠、郑野夫、陈秋草等美术家密会、联络的一个"点"。庞买了白布、纸张、颜色等藏在迈尔西路一家粮食店后面的阁楼上,标语、口号则用极小的字抄在小纸条上卷成细卷藏在电灯开关里面。因为陈白尘再三叮嘱:"要警惕。特务四处抓人,杀人。""黎明前的夜特别黑暗","只要见《申报》登出寻人启事(吴玉璋寻人)立刻转移"。

白尘在为薰琹的回忆录写的序言中说得更确切:"他住蒲园8号,相见时少,但相知日深,在政治上却互相信赖。为迎接上海解放,他和刘开渠、郑野夫等同志在美术界做了大量工作,薰琹出力尤多。"

一九四九年五月二十七日上海解放的当天一早,在国际饭店的高层,悬挂出的大型毛主席画像,及欢庆上海解放的大幅标语,这正是在蒲园8号等地他们连夜奋战的成果。它像彩虹一样十分醒目、闪耀,引人重视而产生巨大力量。在庆祝会上,白尘、薰琹从人群中挤到一起互相对视、握手,都洋溢着无限的欢乐。

第一届文代会,庞薰琹、陈白尘乘车来北京参加盛会,同在怀仁堂接受毛泽东主席和周总理的接见、接待。他们感到胜利的幸福而再一次无言地握手。

按白尘先生说法:"奇怪的是,在解放后,朋友们见面却很困难,这不仅是工作忙,还有个彼此心照不宣的原因,少点麻烦。""其间,一个追求真理,追求进步而且追随党二三十年如一日的艺术家,在他五十一岁那一年,一夜之间突然被宣布为反党的'右派分子'。"谁又能料到,为其写证明、鸣不平的陈白尘先生在"十年浩劫"中,也去了湖北云梦泽,做了好几年的牧鸭老倌?

直到"四人帮"倒台后的第四届文代会上,陈、庞二老又相遇了,二人互道"所幸都活过来了","所不幸的是都老了"!因为经过这十年,白尘两鬓白霜,而薰琹早已白了头!之后,陈白尘的大作《大风歌》出台了,庞薰琹的《中国历代装饰画》出版了。白尘先生说得好"救活庞的政治生命和艺术生命的是我们伟大的党!因为没有党的十一届三中全会,他的冤案就不可能平反";而对陈白尘先生来说,能从"四人帮"魔爪下活过来,从云梦泽沼泽里站出来,也在于十一届三中全会的政策落实,使他们有机会继续勉励自己,对社会、对人类有新的贡献。

人要讲点精神,讲点道义和信念。如今陈老也去了!我在想,他会不会和庞再次握手互道:好歹没有辜负人们的期望。他们拼搏了几十年,扛住了风风雨雨,留下了佳作,留下了真挚的友情和人品。就如庞老在《华西晚报》上写的,"一九二五年在法国巴黎,有位画家,蓄小胡,梳留海戴大耳环,奇形怪状,而在当时却颇负盛名。现在已不复存在于人们的记忆中矣!可见,一时的盛名,决非仅仅以吹拍招摇所得之者"。人们纪念庞老,怀念陈老,因为他们是"文如其人"、"画如其人"……

石　曼

悼陈白尘
——并追念他在重庆的几件往事

一代喜剧大师、敬爱的陈白尘同志逝世了。在悲痛中，他那嫉恶如仇、宁折不弯的音容笑貌又浮现在我的眼前。

他在七十载戏剧生涯中，创作话剧和电影剧本五十多部，其中堪为代表作的讽刺喜剧《魔窟》、《未婚夫妻》、《禁止小便》、《结婚进行曲》、《升官图》等，都是在重庆写成或首演的。还在一九八三年，他就直言不讳地说："抗战八年的重庆是中国话剧的黄金时代，也是我创作最旺盛的时期。我出生在江苏，抗战爆发就来重庆、成都，干戏八九年，我算半个四川人了，对重庆尤其有感情。"

一九三七年九月，陈白尘率上海影人剧团的白杨、吴茵、谢添、田琛等来渝，是最早到四川宣传抗日救亡的戏剧家。他们一到重庆就遇到恶势力挡道，市长李宏坤只欢迎一个人——白杨，拿名片来请吃饭、跳舞。在宴会上，陈白尘怒形于色地对市长大人说："头可断，舞不可跳。"

一九四二年，陈白尘的新作《结婚进行曲》在重庆国泰大戏院首演。剧中女青年黄瑛不愿作为官者的花瓶而生活无着,妇女们边看边哭,愤恨世道对女人不公。国民党审查官要陈白尘照他们修改的本子演出,陈白尘大怒说:"审查官有删削剧本的,现在又出来个代写剧本的。"宁愿停演也不改。于是,戏院门口贴出一张启事:"尊重中央图书审查委员会、剧作者陈白尘先生意见,《结婚进行曲》停演"。

陈白尘面对黑暗势力宁折不弯的品格,传为中国话剧史上的佳话。

一九八七年,我为编选《中国抗日战争时期大后方文学书系》戏剧篇,征询陈白尘的意见,告诉他,有些人借多样化为名,主张把给特务、汉奸涂脂抹粉的剧本《野玫瑰》编选进去。他刚直一如当年地说:"要选《野玫瑰》,就不要选我的剧本。"

一九八五年,他来重庆参加"首届雾季艺术节",他对重庆为南方局领导下的抗战文艺扬眉吐气而赞赏不已。他希望重庆的艺术事业和工业建设同步前进,提出恢复国泰大戏院和抗建堂在抗战戏剧中的地位。如今,"国泰"之名已恢复,重庆正在前进中,白尘老对重庆文化事业的愿望将逐步实现。

田 稼

挽陈白尘同志

传来噩耗巨星落,
馨欬风华永忆翁。
遗我书札和玉照,
于今拭泪念斯文。

一九九四年六月二十九日

李　晓

深切悼念陈白尘老师

　　一九九四年五月二十八日接南京电话,我们敬爱的陈白尘老师于凌晨0:15病逝,听话时我已木讷,找不出话来说,心间一阵痛楚。陈老心脏安了起搏器,仅两年时间,怎么就离我们去了？

　　陈老是我国戏剧电影界的前辈,一生以文艺为武器,追求民主、进步和人类的解放,他创作了许多小说、散文、电影、戏剧作品,而以戏剧的高成就、大影响彪炳史册,深受后人的敬仰。陈老以一颗炽烈的心爱人民,性格鲜明,感情深厚,爱憎分明,从不含糊自己的观点,对文艺和文学青年又常怀一颗深沉的爱心。陈老高尚的人品将和其作品永存人民的心间。

　　两年前,陈老在病中编就了"全集",又主编完成了《中国现代戏剧史稿》皇皇大著。陈老做完了最后两件大事,他的病情却日甚一日,我们很为他老人家担忧,常默默祈祷着,愿老人家心静如水,安度晚年,每年能接受我们的祝愿。我找出陈老在九四年春节寄来的贺年片,望着颤抖的字迹,我的心也抽搐着颤抖起来。

我们敬爱陈老,陈老也爱我们。十五年前,我怀着崇敬的心情初见陈老。陈老主持着南京大学中文系戏剧研究室,我在那里读研究生,我的导师是吴白匋教授,但我也深受着陈老的教诲,陈老指导着我的人生和戏剧的道路,这是我一生忘怀不了的。我的入学口试和毕业论文答辩,都由陈老主考。陈老温和敦厚的教导,我至今记忆犹新。他说我们青年走上戏剧的道路,要有充分的思想准备,戏剧是要讲真话的,讲真话难免会有曲折的遭遇。戏剧讲真话,为人民讲真话,人民是会理解的,戏剧好比人生,"真"是很重要的。他又说,你研究古代戏曲,也应该研究中国话剧,你一定要走中国话剧民族化的道路。你研究的理论一定要是民族化的,否则,我是不会同意的。陈老的话,我一直没有忘记,我常在陈老家中谈论陈老戏剧的民族化特点,我也很关注话剧舞台的演出。但是,我有愧,十多年过去了,我对话剧的研究甚少,还没有把课题转到话剧上来,陈老已离我们而去,我拿什么来告慰老人家呢?我只能说,我没有忘记。

陈老对任何事都很严肃。他对学生既严格,又存宽厚之心,尤在我们的学习和写作上。因为我不在陈老名下当研究生,我得到的宽厚又比他名下的学生多得多。我与陈老谈话求学时,我的心情松驰,求教的问题常会得到厚报。我百思难解的话剧创作的症结,常被陈老一句轻松的话点破,我会失态地大笑。陈老不会怪我,因为陈老也喜欢笑。但在严肃的场合,陈老不会轻易笑,而会像写话剧那样,一字一句说出很有份量的话。陈老后期的话剧煌煌如炉火纯青,《阿Q正传》和《大风歌》集中地体现了戏剧深刻性的两种表达方式。这两出戏剧对我震动很大,陈老民族化的理论是用他的作品来阐发的。陈老对我也是这样说的。

我在南京大学初学创作,后学理论,陈老一再说,招生的初衷是培养有理论的剧作家,不要为了学位钻理论而放了创作,研究室的研究生一定要会写剧本。我的几位同学都有创作的经历,剧本写得很好,而我写剧本却是初学,又偏偏是学写昆剧。我在吴白匋教授指导下,啃曲律写昆剧,总算写出了昆剧《长生殿》。但在戏剧的结构、人物、思想方面,我也曾得到陈老的许多指导,他向我提了许多精辟的意见。这戏后来与上昆合作,改编演出成功,陈老还写信望我继续修改,因为一个戏的成功并不是件容易的事。

十五年倏忽而过,陈老给我们的很多很多,而且还非常关心我们的生活和人生道路,做人和做剧一样,颇多辛苦,颇多慰藉,但我们给老师的却太少太少,片言只语,偶尔探望,怎么能报答尽无限的师恩呢?想到此,我只能默默地告慰,你名下的学生已做出了杰出的成绩,而我绝不忘你的教诲,矢志戏剧,踏实地工作,让你老人家安息!

顾文勋

哀思绵绵悼陈老

陈老和我们永别了！

一九九四年五月二十八日凌晨一时许，我接到那令人怆然失神的电话，便急忙奔到陈老家里。陈老静静地躺在床上，已经永远阖上那双睿智的眼睛……我的心一阵抽搐，泪水潸然落下。我久久谛视着老人家慈祥的面容，心里默默地念着：陈老，陈老……

陈老是引导我走上戏剧研究之路的导师。一九七八年二月，我进入南大中文系学习，时隔七个月，陈老便来我系担任教授兼系主任。陈老是闻名遐迩的剧作家，我们都为有了这样的师长而感到幸运、自豪。正是在这种心理的驱使下，我阅读了陈老的《结婚进行曲》、《岁寒图》、《升官图》等一部又一部剧作。它们都深深打动了我，使我不仅对陈老更加景仰，并且对戏剧文学发生了浓厚的兴趣。翌年六月中旬，陈老给我们作了长达两个多小时的谈戏剧创作问题的讲座，这是陈老最后一次在南大教室里授课，而于我来说，则是关于戏剧理论知识的启蒙课，我从而萌发了探索戏剧艺术奥秘的欲望。同年夏季,我在《南大学报》上发表了戏剧论文处女作,该文在修改过程中曾得到陈老两次诚挚的指导,第一次是我面聆他的教诲,第二次则是他给我写了一封七百余言的亲笔信,这对我无疑是莫大的鼓舞,由此我产生了选择戏剧学这一专业的意愿。

一九八二年一月我大学毕业,被分配在陈老领导的戏剧研究室工作;不久,组织上又安排我做陈老的助手,从此我与陈老的接触就相当频繁了。这使我不但能经常聆听陈老的教诲,于学问上长沐教泽,更能在密切的相处中,如坐春风,感受陈老宏大的人格力量的熏染。

我有幸与陈老结下师生缘的时候,陈老已年逾古稀,并患有冠心病、高血压、老年性白内障等疾病,但他勤奋刻苦的工作精神却是连身体壮实的青年人都极少具有的。他说:"'四人帮'没把我整死,我算是'有福之人'了。……不豁出命来干,即使多活几年,这生命有什么意义?一个作家应该像鲁迅那样,明知蜡烛将烬,干脆将它两头点燃!"我做他助手的四五年内,每次到他家里去,几乎都看到他坐在写字台前,或奋笔疾书,或握管沉思。一九八三年盛暑的一天,我见他腿患丹毒还在闷热的房间里挥汗写作,便劝他休息,他却说埋头于写作能使他忘掉病痛。他兴奋地告诉我:"我在写杂文呢!经常在《新民晚报》上发表杂文的有位高手,笔名'林放',我就署名'石收'。"陈老身卧病榻,也不肯放下手中的笔。一九八六年,他因心脏病住省人民医院,在病房里仍坚持撰写回忆录《少年行》。当时任省委组织部长的顾浩同志因治眼病与陈老住同一病房,陈老的勤奋精神,给他也留下了极其深刻的印象。在得知陈老逝世的噩耗后,他说他至今还记得陈老抱病写作的情景,并叮嘱我务必不要忘了替他在陈老的灵前献上一只花圈。近两年来,陈老重病缠身,又由于帕金森氏病,提笔手就颤抖,已无法笔耕,他为此痛苦不堪。我们的陈老就是这样一位伟大的作家,他是用生命在写作,他视写作为生命!

陈老一方面呕心沥血地为人民创造精神食粮,一方面尽心尽力地为国家培养文学人才。得到过陈老悉心指导和热情扶持的,远不止于那些毕业于南大戏剧学专业的硕士生、博士生,也远不止于那些与他过从甚密或他所认识的中青年作家。陈老经常会收到慕名求教者的来信或稿件,有些业余作者甚至带着厚厚的一叠文稿登门请教,陈老与他们中的大多数人素不相识,但他不惜花费大量的时间和精力给他们看稿、复信。我做陈老助手期间,每年协助他回复此类信函总不下数十件。一九八七年秋,广西有位农村青年在十多天里竟连续寄来三封信,先是诉说高考落榜的苦闷,请陈老帮助他"解忧";继而说准备参加自学考试,请陈老为他"指点迷津";后来又讲打算学习创作,提的问题相当幼稚。我本以为把来信的内容告知陈老就行了,不料他竟嘱咐我给这位农村青年认真回信,说对这些青年要热情帮助、鼓励他们自学成才。一副热心肠,设身处地为别人着想,千方百计帮助他人,本是陈老个性的一大特点,也是大家爱戴他的原因之一,但我以为,陈老悉心栽培人才,热情奖掖后学,真挚地关心、爱护、培育青年作家和文学爱好者,还不仅是由于他富有助人为乐的优秀品德,而且是出自强烈的事业心和历史责任感。他宁愿把自己的生命化作滋补文学新人的营养,让接班者茁壮成长,这是何其阔大、深邃的胸襟和眼光啊!

陈老不仅是一位著作等身、饮誉海内外的作家和久负盛名、桃李满天下的教授,而且是一位劳苦功高、德高望重的革命前辈,但他从不以名人自居,丝毫没有尊者长上的架子。哪怕是给系里的信,他在信封上也要写个"呈"字。一九八八年春,南大和江苏省文艺界准备联合举办庆贺陈老从事文学和戏剧活动六十周年暨八十华诞活动,陈老再三表示"愧无以当",再三叮嘱"尽量节约,不可铺张"。一九九一年左右,陈老的特约门诊医疗证丢失了,他十分焦虑。我对他说:别人捡了这张证毫无用处,凭您在社会上特别是知识界的名望,还愁不能在"特约门诊"就医?我并告诉他,我每次替他去医院取药,医生们一看病历表上的姓名,都很热情。但我的这番劝慰并没有使陈老宽心,他不认为自己有这么高的名望,也从未想到要利用自己的声望。陈老待人平易,谦恭有礼。他每次用车后总要对司机道谢;即使是年轻学生登门拜访,陈老只要能起床,便总是起身迎送;他每部新著问世以后,都要赠我一本,并亲笔题签,写上"文勋同志正"几个字,令我愧不敢当。诚如师母所言,陈老是把我视若他的孩子的。我想,陈老对我尚且如此谦虚,对我的学兄、师长们则更不必说了。

人们每每提起陈老,都要赞扬他嫉恶如仇、刚正不阿。的确,陈老具有这种高尚的秉性;但他同时也是一个充满爱心的人。他很重友情。我开始做他助手时,他就叮咛我,凡有给他的讣告寄到系里,则请我千万不要耽搁,立即送给他。而当他捧读这些讣告时,常常黯然泪下,长时间不说一句话,沉浸在对亡友深深的缅怀之中。陈老担任我系领导的时间并不长,但对系里老教师、老同志,他不仅记得他们的姓名,还常常关切地向我询问他们最近的身体状况。陈老对弟子们的舐犊情深,感人肺腑。他告诉我龙云的《小井胡同》又公演了;他告诉我耀民的《天才与疯子》演出满百场了;他告诉我姚远的《李大钊》获奖了,中央电视台还播放了演出实况……每谈及这些,他比自己又出版了一本新书还要兴奋。陈老对我的慈爱和关怀,更是我终生铭感的。一九八九年,我在分发陈老和董健老师主编的《中国现代戏剧史稿》的稿费(给这本书的外地作者邮寄稿费)时,不慎遭窃。两位主编得知此事后,竟分别从他们自己的稿费中拿出一部分,给我"补偿损失"。我对陈老说,这件事完全是我的责任,是我不小心造成的。陈老却不容分说,一定要我收下这笔钱。师母在一旁对我说:陈老的脾气你是知道的,你不收下钱,他会不高兴、不安心的。无奈,我只得把钱接到手里。我所接受的仅仅是钞票吗?不,这是主编的血汗,是师长的拳拳爱心啊!陈老还一直关心我的住房改善问题。我校家属宿舍十分紧张,一九九二年我分到了两间住房,陈老听到这个消息,即委托他女儿陈晶送来一件工艺品,祝贺我家住房有所改善。当时,我感激得说不出话来,家母更是激动得热泪盈眶。一九九四年五月二十一日我去看望陈老时,他还又一次关切地问起我那即将考中学的儿子的学习情况……想不到,想不到才过了几天,他老人家竟溘然而逝!

陈老走了,留给我说不尽的思念!这十五六年中的许多往事,哪怕是琐细的小事,因为和陈老相关而活生生地记录在我的脑幕上。我坚信它们永远不会被时光抹去。因为,陈老是永恒的!

严欣久

"女儿"的怀念
——悼念陈白尘伯伯

五月二十九日,我突然收到一个从南京打来的长途电话。是陈虹,陈白尘伯伯的大女儿打来的。她泣不成声,声音有些沙哑:"爸爸走了,一句话也没有留下就走了……我赶到他身边时,他已经去了。爸爸一直把你当自己的女儿,你每次给我的信,我都拿给他看,他一直想见你一面,你却没有来……"

我的声音也哽咽了,眼泪扑簌簌地滚落下来。我无言以对,找不出安慰陈虹的话。因为这是父亲走了,谁安慰谁呢?

第一次到陈伯伯家大约是一九五五年。那年,我要上小学了,总算结束了长期住幼儿园的生活。那时我们两家都住在北京的"大酱坊",作家协会宿舍。"大酱坊"房子很多,共有三个院子,我家住前院,陈家住后院。一天,我跑到后院玩,见院子里站着一个和我年龄相仿、大眼睛的小姑娘,就主动找她玩儿。我和陈虹就这样认识了,并成了她家的常客。

陈伯伯人最随和、幽默。他人很胖,两条腿却出奇的细,嘴角总不经意地叼着一支烟。每次去找陈虹,只要他在家,总要跟我们逗几句。一次,他让我唱歌。那会儿正流行《马路天使》的插曲。我这个二三年级的小学生便唱了一首《天涯歌女》，他赶紧找出两支筷子，一支当弦，一支当琴，有板有眼地做拉胡琴伴奏状。当我唱完最后一句"郎啊，咱们俩是一条心"时，他问："你跟谁是一条心啊？"满屋子人哄堂大笑，我这才明白自己唱了首儿童不宜。

我第一次知道他是剧作家，是在看了电影《宋景诗》后。陈虹告诉我那好看的电影是她爸爸写的，我才知道她爸爸叫陈白尘，专写话剧、电影剧本。五十年代后期，陈伯伯写了几个政治讽刺剧。他写的独幕剧《哎呀呀，美国小月亮》和多幕剧《纸老虎现形记》首场公演时，他都把我带上去看了。只是那会儿，我对政治剧不感兴趣，所以对这两部剧留下的印象不深。我感兴趣的是走到演员近处看黑头发、矮鼻子的中国人，怎么变成了黄头发、大鼻子的外国人。后来，中央实验话剧院把他四二年的剧作《结婚进行曲》重新搬上了舞台，看后感到挺开心，才开始注意他在写什么。

我印象最深的是六十年代初，他执笔写电影文学剧本《鲁迅传》。他写得很苦，三易其稿。那会儿，去他家玩儿，总见他伏案写字，不怎么顾得上跟我们说话。陈鲤庭、赵丹等人也常来"大酱坊"找陈伯伯。

陈伯伯喜欢种花，他家的花品种多，调理得好，我知道"昙花一现"这个成语就是因为在他家看到了难得一见的昙花。也许，他嫌在房屋里美的生命太有限，就把它们大大地扩充到院子里。那时，"大酱坊"前院、中院的花都是公家种的，唯有后院的花是陈伯伯一个人操持的。他也不种名贵的花，满院子撒上"死不了"（又称"太阳花"）的种子，花期一到，嫣红姹紫，甚是好看。女孩子爱花，却摘也摘不完那花叶子，我们用来剁了给洋娃娃包饺子。种花人给我们带来了多大的快乐啊！

后来，"大酱坊"又要有人搬进来，房子不够了就把中、后院隔断，盖上了几间房子。我再到陈伯伯家就得绕顶银胡同了。可我懒，不愿多跑路，每次去他家就敲敲他家的后窗。金玲阿姨和陈虹听见了就会打开窗户让我爬进去。可他家的保姆不买账，她最烦我们这些无法无天的孩子。一次，我又去敲窗户,她装没看见。这个把我气坏了,一连几天没去他家。但我不能总怄气,只好多走几步从正门进去。陈伯伯一见我就问,怎么好几天没来了。我大大地告了保姆一状,把被拒之窗外的事诉说了一遍。保姆也毫不示弱,说:"那么大的姑娘还跳人家窗子,不害臊。"我顶她:"又没找你,管着吗?"其实是我不对,可那会儿,我就是那么不懂事。陈伯伯听了摆摆手,"学生的时间宝贵。以后别人来让他们走正门,欣久来可以走'后门'。她是我的干女儿"。我听了又是得意又是感动,从此,我记住了他也是我的父亲。

六四年,我上高中后住了校,去陈伯伯家的次数也少了。那年月,阶级斗争愈演愈烈,每次去他家,他仍跟我们说说话,可从他的眉宇间,我能感到他从内心的一种忧郁。不久,陈虹告诉我,他们全家要搬到南京去了。事隔十几年我才知道,陈伯伯那会儿已开始受到不公正待遇。

"文革"一开始,陈伯伯只身一人被揪回北京,仍住在"大酱坊",是不见阳光的过道。我经常远远地看见他(包括我自己的父亲)及"黑帮"作家们在劳动。

一天早上,妈妈让我到对面的饭铺去买早点。一推门,我一眼瞥见陈伯伯正在那里排队,我慌忙退了出来,急忙跑回家。妈妈问我怎么了。我说看见陈伯伯了。妈妈说:"那就至于这个样子?"我说,我不知道该不该叫他。妈妈叹了口气,再也没言声。陈伯伯那会儿顶了一顶最沉重的帽子——"叛徒"。而头脑尚简单的我,不知应相信他是亲人还是敌人,但我内心很痛苦,我觉得自己很没良心。他的罪名万一是真的自己立场不是又有了问题吗?

一九六八年我下了乡,以后长期在内蒙古工作,陈伯伯去了湖北咸宁"五七干校",又回到南京。我再也没见到他。直到前年,我终于和陈虹取得了联系,从此经常书信来往。我在信中说,不知道陈伯伯还记不记得我这个干女儿。陈虹来信说,爸爸说你就是他的女儿。

去年夏天,我爱人出差路过南京,陈虹请他捎话给我,陈伯伯身体不好,自觉将不久于人世,希望临终前能与我见一面。我那时刚刚调到报社,工作极忙,始终未能找到出差的机会。我总是宽慰自己,老天不会这么残忍,总会让我们见上一面的。谁知父亲竟一人悄悄地独自去了,连他的亲生女儿也未赶得上去送他。

我是从陈伯伯写的书和陈虹写的"一部尘封的书稿"中得知陈伯伯在"文革"中遭受的磨难的。我还知道即使在无望的情况下,他仍没丢弃自己的笔,那是信念使然。在我真的走上文学这条路时,对他的散文、剧作也才有了更深层的理解。有人说他的主要成就是奠定了讽刺喜剧在话剧舞台上的位置,我则认为他是位语言大师,他的成就是他的历史剧,恢宏与深邃。

父亲走了,我未能去送行,这遗憾嵌在我心灵深处,我只能默默地乞求您的原谅。父亲,安息!

吴　非

陈白尘公二三事

陈白尘公数日前鹤驾西去，这几日往事萦怀。我所说的"往"，在高寿的陈公看应是"近"的，因为匆匆不过才二十来年。

那时他教我读书。有一次我问他有没有《贼情汇纂》，他说有，吃过晚饭找出来；吃过饭，又谈；到了九点多，他就开始搬纸箱找。因为住房被收去一大半，藏书就只好装箱堆积，这样的书箱大约有十来个，都很沉，而他刚结束放逐归来，并不很熟记每箱的内容，结果连翻三箱都没找到，累得出汗了。我见状忙说不需要了，陈公说，还是该读一读的。陈夫人也帮忙，终于在第四箱内找到了。那以后我一听说书在书箱里，就不借了。他还几次把我需要的书寄到乡下。我记不得从他那儿借过多少书了，但除了看破过一本焦菊隐的《六君子传》（那本书已黄脆得如干煎饼，实在应算作文物的），全都完璧归赵。

一九七四年初，我被县里某部借调写一篇扯淡文章，他们派我到南京改稿，并指定一"秀才"到省报走路子，携封缸酒半箱、"大前门"四条——这种水平在今天想腐蚀一个农民都嫌寒伧，但我在当时是颇为吃惊的。每晚到招待所来取酒烟的,总和"秀才"有点交易(这里不便细说,因为不少人都是还健在的南京名流)。我向陈公说及此事,他用烟嘴敲着桌子,惊异地说:"投稿的倒要到报馆送礼?竟有此事?岂有此理!"那时他每天要抽五十支烟,常抽不用烟票的"春城"、"金沙江",味道很差。我那时烟瘾也很大,但却不肯抽那"贿烟"。陈公说:"就怕以后烟上的文章要多起来。"我想起这件旧事,也是想说明,腐败风气与"有偿新闻"之类,早有萌芽,是不能怪罪改革开放的。

陈公一生从事戏剧工作,"文革"的那些年,却只有当观众的资格。很多没学过一天戏剧的人在生活中反倒总像个演员,那些"造反派老爷"、"革命少爷"在他面前摆足了威风,然而他们却不知道这个人的骨头有多硬。敢在黑暗年代写出《升官图》那样的作品来的人,除了不爱钱,还得不怕死,这是"十年动乱"中文恬武嬉的新贵们根本想不到的。有人在走过他的窗口时故意出言不逊;有人例行公事来他家,为避免与之"授受相亲",便特意反剪双手……这些人也都算是知识分子,而且年纪不小,地位不低,不知为了什么要摆出那种嘴脸。陈公说到这些,压抑着愤怒说:"人心不古。即使哪一天历史颠倒过来,他们还是要像油花一样拼命浮到上面去的,你信不信?"抽完一支烟,话题又转了:"我给你说个笑话。三十年代的德国人,据说一共只有三种属性——聪明、勇敢、国社党,但是每个人都只具备其中的两种……"于是相与抚掌大笑,小人的骚扰便灰飞烟灭。

二十年倏尔而过,斯人已逝,然音容宛在。陈公耿正不阿,嫉恶如仇,他留给人间的,远远不止是他的剧作。

王晓燕

忆白尘伯伯

　　天还没亮,虹姐在电话里泣不成声地说:"我爸爸……我爸爸……走……走了!"我使劲地掐着手臂,证实自己确实不在梦中:怎么会呢?春节前后,陈伯伯身体好转,饮食有增。在得知省里决定拨专款编纂《陈白尘文集》时,他喜不自胜,准备老当益壮冲刺一番。谁料时隔数月,他竟离开了人世。
　　十几年前,第一次走进陈伯伯家,我只是大学一年级虹姐的同学,怀着好奇心,我跟在虹姐身后敛声屏息地进了院子。我忐忑不安,想着这个大戏剧家是否会理我,他的时间贵如黄金,又怕这位大学者问这问那,我这个"文革"期间的中学生,到他面前岂不洋相百出?然而陈伯伯和金玲伯母慈祥、随和,像所有的家长对待子女的同学那样,热情地招待我,并且一定邀我留下吃午饭。那年二十一岁的我,还从未接触过这么大的名人。饭菜端上桌后,我听见陈伯伯说:"虹虹,给我盛碗咸泡饭。"我愣住了。是的,陈伯伯吃的是咸泡饭,就是我外婆常吃的那种剩饭剩菜加水煮的"节约饭"。哦,一种亲切感油然而生,原来陈伯伯也是一个普普通通、实实在在的人。那顿饭什么滋味已全然忘却，但陈伯伯那碗咸泡饭给我带来的纯朴亲切之感至今还难以忘怀。

有一次，陈伯伯指着一群捡垃圾的孩子说："谁说那里面不会有高尔基、华罗庚呢？"陈伯伯的一生究竟资助过多少贫苦青年，提携过多少有志者走上文学之路，连伯母也说不清。"文革"后期伯伯曾与一位在浴室工作的返城知青结下忘年之交，一老一小研读史籍，谈古论今，使那段苦难的日子里有了一些快慰。在陈伯伯的鼓励下，这位青年考上了大学，并已成为颇有名气的语文教师和专栏杂文作者。

陈伯伯在文坛驰骋六十余年，道路坎坷，荆棘丛生，却始终没有放下手中的笔。毕生都在追求光明，抨击黑暗。陈伯伯为世人留下了五十多部话剧、电影剧本以及大量优秀的散文，在国民党黑暗统治的一九四五年，他创作了著名话剧《升官图》，无情鞭笞了国民党的反动统治，让觉醒了的人民喊出了"我们，要审判你们"的响亮口号；当他得知"四人帮"垮台的消息时，煮了三公一母四只大螃蟹，沽酒打醋，阖家同庆，也许，正是在举怀痛饮时，他触发了创作《大风歌》的灵感。如果没有博大的胸怀，如果不是对党和人民命运的极度关切，怎能写出"大风起兮云飞扬，安得猛士兮守四方"如此气势磅礴的大型史剧？他的长篇回忆录《云梦断忆》，没有怨艾，没有诅咒，却用幽默和智慧表达出对荒唐年代的深刻反思和对世事沧桑的领悟。

陈伯伯晚年常常流露出力不从心的沮丧和不安。一九八六年他住院时就常常自语："我不能写东西，住在这儿干什么？"一九九二年他肺部感染，发着高烧在死亡线上挣扎了好几个日夜，退烧后的他反反复复地对虹姐说："我成了废人、废人。"但谁会相信，去年，八十五岁高龄的他竟又拿起了笔，一口气写下一千几百字的纪念文章，还拟就了《陈白尘文集》的目录。

陈伯伯走了，走得如此突然，又如此安然。他是在朋友、弟子和景仰他的人们的鲜花簇拥中上路的，他用心血写就的文字，犹如曲曲乐章永远回响在读者心中。他，永远不会寂寞。

江东流

乡心正无限
——怀念陈白尘教授

惊闻陈白尘教授逝世,不胜悲痛。

陈白尘是我国文坛享有盛名的淮阴作家。他一九〇八年生于清江浦,原名陈征鸿。幼时,在东大街的进彩巷姜藩卿先生办的私塾里读书,后经举荐,考入成志中学。十八岁,他离开家乡,在上海走上文学道路。两年后,用"陈白尘"的名字发表文章。四十年代,他的剧本《升官图》风靡大后方。上海解放前夕,他又以电影《乌鸦与麻雀》迎接解放。建国后,他的剧作《宋景诗》、《鲁迅传》、《阿Q正传》、《大风歌》等,脍炙人口,文坛影响甚大。逝前,他还担任着中国戏剧家协会副主席、南京大学教授。

一九八三年《淮海报》复刊以后,我因采访和组稿,有幸和陈老有过一些交往;一九八七年五月他回淮阴参加李更生故居修复落成典礼,我又曾陪同活动两日,陈老给我留下深刻的印象。

首先我感到陈老乡情浓郁感人肺腑。我和他接触的几次,一提起家乡——家乡的土地、家乡的河流、家乡的故友亲人,都常常引发出他一番回忆和关怀。他能一口气报出淮阴城东西南北城门的旧名;他能从几经沧桑的巷间院墙认出他童年读书的地方;当他认出当年他游玩过的路家花园旧迹时,他雀跃起来:"人在画中行,我也行一行!"他在《我的故乡》一文中深情地写道:"每个人都有自己的故乡,正如每个人都有自己的母亲。人,爱自己的母亲,也都爱自己的故乡……爱故乡正是热爱祖国的具体表现。"他告诫我们:"不负故土养育之恩。"他认为,淮阴出了个淮阴侯韩信和词赋大家枚乘,这一文一武,当引为骄傲。尤其使他感奋的是淮阴曾经是周总理童年生活过的地方,书房还在,腊梅在开,都"足以为我的故乡夸耀"。在一次座谈会上,他寄语淮阴文艺界:"淮阴是 900 万人口的大地方,放在国外,也算个中等国家了吧!应该出作品,出人才,要站在全省的前列,我这个淮阴人当引为骄傲!"

陈老是个大作家,却丝毫没有睥睨家乡的"小"报。我去组稿,他基本上有求必应。有些稿子他原准备发给别的刊物,我去了,他说,你们先发吧,以后再让他们汇集。那几年,他在《淮阴报》上发表的长文就有《我的故乡》、《风筝之恋》、《路家花园》、《别矣,进彩巷》、《李更生校长》等。

陈老年届古稀,却写了专文来回忆他儿时启蒙老师姜藩卿和李更生。仅是因为他父亲让他满塾后去当学徒,而姜藩卿先生力主继续升学,才使陈白尘进入成志中学,也正是李更生的器重,陈白尘才能完成学业。这点,他视作生活歧途上的指路明灯。在他撰写的《李更生校长》中,他几乎是哽咽着呼喊:"恩师!"

"乡心正无限"(赵嘏诗句),今天,我们缅怀陈白尘先生文学成就的同时,也敬仰他对故老乡亲的情愫,学习他的爱乡尊师精神!

卓晓宁

白尘教授，故乡晚辈怀念您

突闻我国戏剧泰斗陈白尘教授不幸逝世，我怎么也不敢相信。今年四月他的身体还十分健康，我还向他带去故乡后辈最真诚的祝福。我立刻拨通陈教授家的电话，陈教授的女儿陈虹悲痛地告诉我："五月二十八日凌晨，爸爸由于突发性主动脉破裂，抢救无效，十几分钟后就与世长辞了。走时没有痛苦，面色安详，就像入睡一样……"

陈教授一九〇八年出生于淮阴市，二十年代开始从事文艺创作及戏剧教育工作，创作了大量的优秀戏剧、电影、小说、散文，对我国的讽刺喜剧和历史剧有独特的贡献。上中学时，我对陈教授的作品就很崇拜，讽刺国民党反动派腐朽没落的电影《乌鸦与麻雀》我整整看了七遍。在大学中文系读书时，又和陈教授的女儿陈虹是同班同学。机遇使我以故乡后辈的身份，常常就戏剧创作等课题登门向陈教授请教。陈教授对故乡后辈的我十分开恩，无论何时，只要找到他，都热情、仔细地解答。记得一年夏天晚上的九点多，我为赶写一篇论文去傅厚岗陈教授家。当时陈教授正患感冒，第二天又要到北京开会,已经上床休息了。听说我来了,他立刻起身帮我解答疑难,并对我论文中的部分段落进行一一修正。夜深人静,陈教授还一直送我出大门,边走边幽默地说:"亲不亲故乡人嘛,欢迎常来。"

最让我难忘的是,陈教授教我如何做人。我大学毕业分配到淮阴工作,陈教授和我进行了一次长谈。陈教授说:"人的一生极为短暂,但志向要坚定,要始终如一。我作人的宗旨是正直、坦诚、耕耘!"陈教授投身革命,以笔为矛七十多年,创作了大量的优秀作品,尤其是《升官图》确定了政治讽刺喜剧在中国戏剧史上的重要地位,开了一代先河。他的经历也沟沟坎坎,尤其"文革"中被打成"四条汉子"的同党,被押遣南京,但他仍不坠青云之志,辛勤耕耘,粉碎"四人帮"不久就创作出不朽之作《大风歌》,改编了鲁迅先生的《阿Q正传》。《大风歌》在历史真实、艺术真实、现实倾向性的统一上达到了很高水平,获国家创作一等奖。陈教授激动地指着墙上郑板桥的《竹子》画说:"人要宁折不弯,文要文如其人。人要像鲁迅先生那样,吃的是草,挤的是奶。几十年文学生涯,我是把心作笔,用血当墨,去创作一篇篇作品!"陈教授兴奋地站起来,健步走到《竹子》画边高声地对我说:"故乡晚辈,以《竹子》画为背景给照一张照片,作个纪念!"顿时一股暖流涌入我的心田,我用颤抖的手为陈教授拍下以竹明志的珍贵照片……

金　玲

祭白尘

亲爱的白尘——五十多年共患共难、朝夕相依的伴侣,我的亲人!你离开我快一年了。人生最大的悲伤,莫过于死别生离。一九九四年五月二十八日凌晨,在那悲痛的时刻,你走了,走得匆忙,来不及给我留下一句话,我茫然若失,痛不欲生,从此形单影只,整天以泪洗面,默默地生活在往事回忆之中。在你一周年的忌日,我献上祭文一篇,祭奠你在天之灵,聊以表达我对你的哀悼和思念之情于万一!

我俩相识在一九三九年,你到歌乐山养病,那时我年青单纯,而你是一名作家,我尊你为师,你经常给我上课,除了谈些文学艺术、人生哲学之外,也谈到你自己,你说,你只有通过作品,才能表白自己。你又说,只有写作,才有生活。我感动万分,在内心立下誓言,今后将竭尽全力为你安排一个良好的创作环境,让你坚强地活下去,让你安心写作。从此你视我为知己,我们两颗心紧密地结合在一起,再也不能分离。

在抗日战争八年的日子里,我们很穷,只能靠你写文章的微薄稿费收入来维持生活,而我们从未提过一个穷字,我们感到精神的富有。从重庆到成都,是你创作生命力最兴旺的时期,你完成了十多个剧本和若干篇散文。每当写作顺心满意时,你会对着坐在身边的我,抱以会心的微笑,或紧握着我的手,表达内心的欣慰和喜悦,让我分享你的快乐和幸福。每每这时,我为你泡上一杯新茶,递上一包香烟,你喝上一口茶,点燃一支烟,又埋头写下去。你写作中也有艰苦困难的时候,我印象最深的是,你在重庆写《大渡河》,要想重新塑造一个知识分子石达开参加革命的矛盾性格和形象,我眼看你撕毁了多少张稿纸,整夜失眠,清晨,床头枕边,落下的头发不计其数。我偷偷地买来两个鸡蛋,用漱口杯煮熟,送到你的桌前,你一面吃鸡蛋,接受我这一份小小的慰藉,一面又批评我是浪费,我默然。只要你身体健康,精神饱满,作品顺利完成,我愿承当一切!我要做到,你的每篇作品中,都浸透着我精神上无形的支持!你常常在构思一个作品、拟写提纲时,如同备课似的先对着我讲述一遍人物、性格和故事情节,我成了你每个作品、每篇文章的第一个读者,也是第一个批评者。

抗战胜利后,由于国民党特务的盯梢,你躲进了成都觉庐楼上,就在那"准囚室"中,赶写《升官图》,为了交给《华西晚报》连载,每天得写出三千字付印。当时买不起钢笔,我买了一支毛笔和一块小砚台,你写,我抄。每天下午报社排字工人来取稿,准时交出三千字的稿纸。这时,你点燃一支烟,又坐下来,埋头继续写第二天的三千字。我俩足不出户,忘了辛劳,只是默默相视而分享创作成功后的欢乐……

我忘不了我在成都染上了肺结核,当你第一次听见大夫宣告这一结论时,你哭了。你说我们的生活已是无比的穷苦和万般艰难,哪里能有条件为我治病?当时既没有链霉素,又没有雷密封,养病只靠增加营养和绝对休息。你克勤克俭,从生活费中节省一点钱,每天亲自炖蕃茄排骨汤,守着我吃,这廉价的补品,真比特效药更有效,我感到身体逐渐地好了起来。在我养病期中,你一方面护理我,同时你认识了几位知识分子,他们都是在黑暗的国统区里坚持抗战,有如松柏般傲雪凌霜,你和这些大夫结成友好,此后,你写出了《岁寒图》。当我读完初稿时,我情绪振奋,精神焕发,从内心感激你的这份深情,我的病,竟奇迹般地不药而自愈了。

白尘,五十多年来,我们同甘苦、共命运,最难忘的是你在"文革"中,被揪去干校,关进"牛棚",从此我们天各一方。在离别的七年中,我们只有每天通信,若有一日接不到信,你我都会焦虑万分,你每封来信中,不仅告我你所受的遭遇和迫害,更重要的是在这人世间你有一个能够诉述灵魂深处苦闷和烦恼的知己。七年中,我俩的"家书",加起来该有一千多封。然而,遗憾的是,当时为了怕抄家,怕引起不必要的麻烦,每封信末都写上"看后即焚"四字,竟是一封未能留下。但我记得你在向阳湖畔曾写过一首长诗,用的是一张普通稿纸,你尽情地向我倾吐你的烦愁和愤懑。你说你死要死得其所,你要等盼天明!你独自站在湖边沼泽地里,你呼天,天不应!你叫地,地不灵!你呼唤我这个人世间唯一的亲人,而我却无法来到你的身边。我从诗中感到你的坚韧和力量,我一遍遍地读,一遍遍地流泪,泪水淋湿了稿纸,但我要永久保存它,我用针线缝在内衣的口袋里,日夜背诵。后来有一位好心的友人坚决劝我毁掉。怕的是遇有万一,将会给你我带来更大的灾难。我流着泪,在无可奈何的心情下,眼看着这首极富有深情的长诗,被火焰吞噬,我的心,同时也被痛苦吞噬。亲爱的白尘,你这一辈子只写过不多的几首诗,而你寄给我的这首长诗,该是你诗中的精华!是你用血泪写成的唯一诗篇!从此只能永远地珍藏在我的心底!我为之懊悔一生!

难忘的是一九九二年三月一日你八十四岁生日这天,你在病中,我陪你谈心,你深情地对我说,我俩不能同年同月同日生,但愿同年同月同日死。你含着泪水,激动地写下"柔情似水,意志如铁,共患共难,同枕同穴"十六个字,嘱我保存。我当时感动得如痴如醉,紧抱着你,心情久久不能平静。白尘,自你走后,我将它裱好配上镜框,挂在床头墙上,默默地对它凝视,让它日夜陪伴着我。这是你留给我最宝贵的墨宝,为了让它千年万载和我们在一起,我把你的亲笔字体刻在我们的墓盖上,天长地久!与世长存!

你性格乐观,在"文革"中,你处在最痛苦、最艰难的时刻,你想到的是怎样生活下去,在多少封来信中,你总是用这种精神和力量来鼓舞我,安慰我,使我耐心地守着这个家,带着三个孩子,等待你的归来!有一次,你来信说,由于连日不断地挨批斗,写检讨,写交代,精神疲乏,彻夜失眠,要我寄两瓶安眠药,争取夜间能睡个好觉。我赶去药房,抢购到两瓶"导眠能",用木箱装好寄往侄女处转交,然而寄出后却石沉大海,没有回音。事隔数年之后,这位好心的侄女,才告以实情,并当你面批评我说,四叔当时处在那样极难熬的时刻,你寄去安眠药,难道是让他自杀不成?我听后,难于声辩,你却抚慰我说,别怪她,这世间,知我者,唯玲耳。

"文革"前,你身体强健,从不生病,自干校回来后,我陪你去医院检查,大夫给你戴上高血压心脏病的帽子,而你从不把它放在心上。从一九七七年至一九八五年,是你创作生命力再次旺盛的时期,从剧本到散文,你足足写了近百万字,稿纸堆有一尺多高。你写作严谨,光是一本《大风歌》话剧本,七易其稿,我不仅为这作品的成功而感到欣慰,同时每次看到书橱内一尺多高的手稿,我也感到无比的骄傲!

白尘,你来到人间,你走过多少坎坷的道路,你遭受过多少非人的迫害,你坚强,你乐观,这一切,你都能抵挡过来,而人生的自然规律——年老、体衰、疾病以至死亡,你却无法抗拒。一九八五年秋,你突患眩晕症,几乎摔倒。大夫诊断你是脑血管硬化,服了几年药,仍旧每日头昏,但你不愿停下笔来,抱病继续写作。你常对我说,今后有生之年不多,应该努力多做点工作,多写点作品,以"余生"自惕。你先写剧本,然后写散文,最后写回忆录。在家中写,在病房写,在疗养院也写。大夫经常批评你,而你手中的笔,就是不肯放下来。就这样,你一直写到一九八八年底,每年我为你抄写长长的著作目录时,心头默默涌上欣慰之情。

一九八八年,你改写完最后一部回忆录《剧影生涯》,你感到很不满意,没有才华,不愿发表。当时你患头昏症、高血压、心绞痛、咳嗽、失眠等,各种老年性的疾病向你侵来,你自感衰老,放下笔来,眼中含着泪水,对着我说:"难道我真是'江郎才尽'?写作生涯就此结束了么?一个作家到了不能执笔,是比死还要痛苦!"我了解你当时思想上的苦闷,但我不能在你面前流泪,我紧紧握着你的双手,只会用最幼稚最愚蠢的语言来安慰你:"别着急,来日方长,待身体好些时再写!"你盯视我良久,才点了点头。白尘,五十多年来,我第一次看见你心情如此消极,我的心比刀割还难受,我真想代替你生病,代替你受苦,而让你重新恢复你的写作生命!

八十岁过后,你身体逐渐衰老,我劝你耐心保养。你只要精神稍好点,就想提笔,多少次拿起笔来,极想写作但又畏惧写作,稿纸撕了再撕,未能开笔;伏案苦思,但终难成一字。多么痛苦的心情啊!我为此焦虑不安!一九九一年二月,你给范用同志回信说,回忆录因病不能续写。你从此沉默下来!

到了晚年,你听觉不灵,视力也逐渐衰退,连电视也听不清、看不明,为了保护你的眼睛,不让你看报,我每天给你读几条重要新闻,给你解闷。这期间,你既不能写作,对外又谢绝一切社会活动,久病故人疏,来家的客人也日渐减少。白天里,孩子们上班、上学,在这所四号楼大院中,只剩下你我二人厮守。为了排遣这寂寞的生活,我们就回忆往事。你爱讲你童年上私塾时如何逃学;你能背出淮阴成志中学同班同学几十个人的姓名,和他们的性格以及特征;你谈起在上海南国社每次演戏的经过,详详细细……但你忘了,这些故事,早在五十多年前,你就给我讲过了。如今你又一遍再一遍地重复,我就一遍再一遍地倾听,就这样以回忆往事为乐趣,来度过我们单调、枯燥的晚年。

你往后的身体,一年不如一年,头昏、腹胀、心绞痛、失眠等,多种疾病恶性循环,不断地苦恼你,折磨你,我终日守在你的身边,寸步不离。你两腿萎缩无力,行走要我搀扶,我后来也因腰疼,步行不便,因此,总是你扶着我,我搀着你,二人齐步同行,你经常笑着风趣地说,我们四条腿走路,总比两条腿安全。我俩就是这样相依为命,共度晚年。

到一九九二年秋天,你心脏病频频复发,夜间心跳过缓,胸部气闷,我坐在床边,为你按脉,给你服救心丸。后来心脏科大夫亲自登门动员你住院安装心脏起搏器。手术后,你患肺部混合性感染,高烧十多日不退,可恼的是,这时我一人在家患肠胃炎和病毒性咽喉炎,也是高烧不退,不能去医院看你。人隔两地,每天早晚就靠两个女儿来回向我汇报你的病情,她们怕我焦急,多是报喜不报忧,我一人卧病在家,心情又怎能得到平静?我俩互相牵挂,每天只有通过电话,来表达惦念之情。待我病稍愈后,立即赶去医院,看到你面容消瘦,但精神尚好,你紧握住我的双手,第一句话就说你在病中时刻在想念我,我打断你的话题,以控制自己将要落下的泪水。

自你装上起搏器后,大夫说你心脏没有问题,这时,你又写了几篇短文,还几次题字,你提笔时,虽然手抖,但我感觉到你的心情兴奋,我内心默祷,希望你能康复,再多写几篇文章,好满足你的畅想。

谁能知,过去你曾认为能与你和平共处的腹主动脉瘤,这时日渐膨胀,一九九四年四月做B超,诊断这个"定时炸弹"已扩大到热水袋大的体积。它压迫你的腹部,夜不能眠,整夜我陪你坐在床边,等待天明。令我心疼的是:你在极大的痛苦中,从不叫苦,也很少折磨亲人,在最后几天的日子里,你也只是说,让我哼哼,心里或许好受点,而你那呻吟声又是多么低微,你是怕影响我和孩子们。

五月二十七日这天,你说是腰疼,我们为你电疗、熏艾条、拔火罐、做气功等,你说没用。我们也都以为腰疼,是老年人常有的毛病,没有看得太重。晚上九点钟,你又说腰疼,从床上坐起,这时由于疼痛,血压升高,导致主动脉瘤破裂。时钟快到十二时了,你最后又说了一句,"腹部疼痛得好厉害啊!"女儿晶晶劝你说,腹疼最好去医院看内科,你点了点头,我忙着给医院打电话,叫救护车。十二时十五分,电话还未接通,忽听晶晶高叫一声:"快来,爸爸停止呼吸了!"我放下电话,奔到你的身边,你眼睛看着前方,头部却倒在晶晶的手臂上……

白尘，你走了，从此辞别亲人，辞别你舍不得的这个家，辞别人间！我心如刀割，全身麻木，跪在床边，紧握着你微温的手不放，我对着你的耳边呼喊，我的亲人，你不能离开我啊！我哭得肝肠寸断，两眼昏花，天地倒转，泪水流干！

亲爱的白尘，你到晚年，经常谈起你如果先我而逝，你最放心不下的是我。白尘，我可告慰于你的，是你走后，不仅两个女儿对我孝顺、体贴，人世间更有许多好人，他们都是你生前的亲朋好友和学生，他们仍旧对我热情、关怀和同情，这些情谊，令我感动万分！

白尘，你身后的几件大事，我们都遵照你的遗嘱和遗言，一一在办。你这一生，在风风雨雨中过来几十年，坎坷踏尘世，执笔到白头。你写下了几百万字的文章，留给后人，两个女儿日夜辛勤地在编《文集》，你的《文集》，将要留存人间，永垂青史！

白尘，在你一周年忌日，感谢南京大学和江苏省文联编撰《陈白尘纪念集》来纪念你。在这本纪念集中，有你廿年代老友们的回忆，也有你八十年代学生们的追思，更有许多朋友和同志，他们都是怀着真挚的感情，向你献上悼念和哀思。这一片片真情，堪可告慰你于九泉之下！

白尘，这五十多年来，你从未让我写过文章发表，如今你离我而去，天人之隔，将近一年，这篇祭文，不管文笔如何枯涩，但是我的肺腑之言，我要借此向你哭诉我内心对你的悼念，一字一泪，临书心碎，泣不成章，你在九泉之下有知，务祈谅我！务祈谅我！

呜呼哀哉！尚飨！

一九九五年五月
祭奠于陈白尘夫君灵右

陈　虹

父亲的故事

父亲极其平凡,他一生只知道默默地耕耘,在一沓沓的稿纸上。就连他的去世也是那么静谧,在一个初夏的深夜,没有惊动任何人。然而阿甲先生送来的挽联,却让我细细地品出了父亲的不平凡——"坎坷踏尘世,执笔到白头"。这是父亲一生的写照,也是父亲一生的追求。然而我却始终搞不清,到底是尘世间的坎坷导致了父亲去选择执笔到白头的人生道路呢?还是执笔到白头的选择给父亲带来了他这一生的万般坎坷?我总觉得父亲这一辈子活得太苦、写得太累了,尽管他从来无悔。他似乎是从创作中获得了他人所无法理解的乐趣与力量,他是真正地得到了属于自己的欣慰与满足。

1

父亲能成为知名的作家,这颇有些令人意外。论遗传,他的父母,也就是我的爷爷奶奶,均是平民百姓,其文化水准也仅止是"脱盲"而已,绝对没有任何"基因"可谈。论故乡,那就更谈不上什么"钟灵毓秀"了,苏北平原是既无名山,又无大川,在幼年的父亲眼中,满目都是黄河改道后遗留下来的一片灰黄,实在是难以孕育出诗人与艺术家的。至于说后天的"启蒙",则更为可怜,其家贫难以读书姑且不谈,仅家乡的闭塞,竟使他十八岁以前根本不知鲁迅是何人《新青年》为何物,以致当他第一次看到《易卜生集》时,还以为是一本卜卦的书呢。父亲曾戏称自己说,在成才的路上,他是彻底的"先天不足,后天不良"。

我是在父亲四十岁上才来到人间的,而且是他与母亲的头生女。为此我知道了在其之前不仅父亲自己穷,而且他的祖上也穷。因为他说过,之所以一九四八年才让我投胎人世,完全是因为这一年父亲进了上海昆仑影业公司,有生以来第一次领到了固定工资。父亲年轻时何尝不想读大学,不想出国深造,但家境的贫寒使他只能"另辟蹊径"——一九二六年,十八岁的他怀揣着依靠奖学金才勉强获得的初中毕业证书,只身来到上海,投考了一家"野鸡大学",只因它不追究学历。父亲终于半工半读地上了两年大专,其间又因屡屡停办而连续换了三个学校,直到终了也没能拿到一张正式的文凭。晚年时,父亲每每叹惜自己的命运:此生既无像曹禺那样的接受正规化高等教育的机遇,也无像吴祖光那样的被公认为"神童"的天赋。他将自己以前写下的一句话印在了《陈白尘论剧》一书的封面上,"像我这样一个自学式的写剧人,只好在黑暗中摸索……"我的确很同情父亲,听母亲讲,抗战期间父亲写《大渡河》时,头发整把整把地掉,一夜之间竟能将枕头都盖黑了。父亲称自己是在一条布满了荆棘的路上吃力地探索,此时他才三十四岁。

但是父亲最终还是选择了文学,而且用今天的话来说,竟也自学成了才。这是因为当年的私塾老师姜藩卿先生慧眼识珠,每每在他那与众不同的作文上画满红圈,以至引起了他写作的兴趣呢?还是因为初中的校长李更生先生教育有方,让他首次学习到了白话文,并接触到了文明戏?再或是因为南国艺术学院的院长田汉先生偏爱有功,屡屡让其粉墨登场扮演剧中角色,终于被"潜移默化"了呢？父亲十六岁那年即开始投稿了，而且他的"处女作"《另一世界》竟然在上海商务印书馆出版的《小说世界》杂志上获得了征文比赛第十一名。这颇有些令他这个小县城里的初中生惊喜若狂了，因为在他的名次之后，还有好几位大学生呢！十九岁时父亲又胆大妄为地邀了几位同学，编辑出版了铅印的"个人杂志"——《萍》，并且拿到当时红极一时的新月书店门市部去销售，这该是父亲在文学道路上迈出的第二步。

但不管是姜藩卿也好，李更生也好，以及后来的田汉也好，均没有一个人教他写过戏，教他怎样当作家。他们更多地教他的是如何做人，如何奋斗，如何与命运抗争。父亲由衷地感激他们，他始终称他们为自己的"恩师"。

2

如果说父亲当初选择了文学，还仅仅是凭兴趣的话，那么他成为革命作家则完全是命运的安排了。一九八五年湖南人民出版社在出版作家回忆录《我的第一本书》时，曾向父亲约稿。父亲在文中的回答是："我的第一本书为一九三六年出版的《曼陀罗集》。"也就是说，父亲认为他从此时起才真正算得上是一名作家。

其实在此之前，父亲已出版过好几部小说了，但他竟采取了"不承认主义"。不为尊者讳，不为长者讳，我也确实感到在他以前的那些作品中多少有些"无病呻吟"的味道，其主题也均未超出男女之爱的范畴。那是他在南国艺术学院关闭以后，为糊口而生编出来的文字，他称呼那时的自己是一个不折不扣的"文丐"。一九三二年父亲回到家乡参加革命，同年秋即遭逮捕，次年又解送镇江，由江苏省军法会审处判处了五年徒刑。这漫长的岁月如何度过？父亲不由得苦闷起来。这时南国艺术学院的老同学赵铭彝来信批评了他："你的笔难道生锈了么？"父亲有如迷途之中见到了航灯，他说他至此才明白手中的笔原来还具有战斗的作用。

父亲去世以后，他当年的同窗难友施亚夫伯伯前来吊唁，老人无限深情地对我说："可惜我不是画家，否则我一定要画出一幅你爸爸在狱中的写作图！"——就在五号囚笼那阴暗的光线之下，就在赌犯与烟犯们的喧嚷声中，父亲坐在自己尺许宽的铺位上，背后倚着一根爬满了臭虫的木柱，膝前则用被子叠成了一个方形的"写字台"……在施伯伯的描述中，我仿佛看见了当年有如老僧入定般进行写作的父亲，看见了那个戴着镣铐的独特的"监狱作家"。从一九三三年到一九三四年，父亲一共写下五十多万字的作品，取材大多为黑牢中的残酷现实。其中小说占了三分之二，剧本为三分之一。父亲以两块大洋买通了看守，稿件便秘密地寄往狱外，在赵铭彝伯伯的帮助下，它们得以陆续不断地在受到左联领导或影响下的刊物上发表。《曼陀罗集》中所收集的作品，便是父亲在狱中写下的若干短篇，由于受到了巴金先生的喜爱，待父亲出狱后，便由他亲自出版，收在了该年的《文学丛刊》中。

父亲在《关于"我的第一本书"》中说，他之所以特别钟爱这个小册子，且视它为"长子"，并不是因为它写得有多么好，而是总也忘不了那段生活所给予他的教育，以及巴金先生对他这个初出茅庐的年轻人的热情培养。可以这样说，自一九三三年以后，父亲才真正懂得了写作的意义，他的作品也才真正地辉煌起来。当时曾有一位化名为瞿史公的撰文写道："诗人与革命家都是疯子，白尘终于被人送进了'医院'，强迫他躺下来要给他医治脑袋。白尘在'医院'里，没有喝下自己有脑病的医生所开的药方，他一面留心'生活'，一面研究文艺，同时便努力写作，等他出'医院'时，社会虽还没有变动，但他却已成为文坛上的一员新将了。"这应该说是文学史家对父亲正式步入左翼文坛的最客观的评述。

父亲去世以后，南京师范大学美术系的一位年轻教师曾叩响我家的门，他自言愿义务为父亲雕塑一座半身像。我们与他素昧平生，不能不问起他的缘由。"只因我崇拜陈老他们这一辈人，"小伙子的眼里放着光，"他们的业绩岂止是像人们所说的应该载入史册，不，中国现代文学的辉煌历史恰恰是由他们这些人亲自写成！"我震惊了，心中翻滚起一阵阵热浪。数天前，我曾去一家门市部复印父亲的遗作与遗墨。一位年逾半百的老人仔细地看了标题后，坚决不肯收复印费。他喃喃地对我说："是位好人啊！"我捏着他退还的几元钱，难以抑制内心的情感，走出大门后，我号啕大哭了，我这才第一次真正感受到了父亲在人们心中的位置！

是的，父亲他们这一辈人确实以自己作品的辉煌创造出了中国现代文坛的辉煌。尤其是抗战八年，他们以自己的顽强与不屈占领了大后方的舞台，使中国的现代话剧在他们的手中进入了灿烂的"黄金时期"。父亲晚年时经常爱给我们讲述他的坎坷，不知怎的，我却感到这些坎坷恰恰应该是他的骄傲！——他的剧本被禁演得越多，越说明他写得尖锐；敌人对他的谩骂与攻击越烈，越说明他写得深刻。父亲曾经给我们讲过这样一个笑话：国民党当局在万般无奈之际，竟开动了造谣机器，他们四处散布说，陈白尘是中共江苏省委书记，现已遭到逮捕……就连阳翰笙同志都沉不住气了，他由重庆向成都发来了电报，焦急地询问母亲"确否"。其实父亲这时连共产党员都不是。

为此我总是遗憾自己没能早生十年，没能亲眼见到父亲当年驰骋大后方文坛的英姿与风采。据说他为了抗议国民党"图审会"删改他的《结婚进行曲》，竟于剧场门口贴出广告，宁愿剧团停演；又据说为了抗议特务捣毁他于其中担任副刊主编的《华西晚报》，竟跳上了青年会的露天舞台，厉声斥责国民党的卑鄙伎俩……

3

前年我动笔写《陈白尘评传》，当写到解放后十七年时，我踌躇万端难以下笔了——整整十七个年头，父亲的全部创作竟抵不上抗战中的一年！我想将其归结为事务工作的繁忙——他先后担任过中国作协的秘书长及外委会的副主任，整日陷于送往迎来及大小会议之中。但这不须说，肯定是自欺欺人了。父亲在写作上是快手,当年写《升官图》时,二十天就完了稿,这是众人皆知的。我不想回避解放后的那段历史,也不想回避父亲当时的心情,我考虑再三,这样开了头:"天亮了,解放了!陈白尘忿詈诅咒的社会终于推翻;企足而盼的时代终于来临。他期待自由地写作,渴望放声地歌唱。然而这毕竟是一场天翻地覆的巨变,要想适应它必得付出昂贵的代价;这更是一场前所未有的革命,要想接受它更得付出巨大的牺牲。整整十七年,他兢兢业业,不敢懈怠;勤勤恳恳,不敢落伍。但是在数不胜数的'运动'之后,他终于找到了自己的座右铭:'但求工作上无过,不求创作上有功。'这究竟是可喜之得,还是可悲之叹?作为一名作家他是歉收了!他赧颜,他惭愧;他更痛苦,更无奈。他只能苦涩地称呼自己:终于成了一名'空头文学家'。"父亲看完我的书稿没有吭声,似乎是极其悲戚而又无奈地接受了这段文字。

这是否又是一场人为的坎坷?它终于使父亲浪费了他一生中最宝贵的年华——全国解放时,他刚年届四十。然而在当时,我却因年幼不能理解父亲的苦闷心情。记得上小学时,有一次我颇为不满地责问父亲:"院子里别的孩子的爸爸都为我们小朋友写过书,就是你……"父亲苦笑着摸摸我的头,没过多久,竟然也写出了一本儿童读物《黑旗宋景诗》,很是让我在同学面前自豪了一阵。然而七八岁的我又哪里会懂得,住在这个作协大院中的众多人的爸爸早在三四十年代就是蜚声海内外的知名作家了,他们或以小说,或以散文,或以诗歌,在现代文学史上留下了灿烂的篇章。如今他们和父亲一样,被困囿于只能描写工农兵、只能歌颂新人新事的狭窄范围里,更何况还有无数的"思想改造"与无数的"文艺整风"在等待着他们,于是乎便不得不纷纷"改行"了。不少人竟选择了儿童文学作为自己的归宿,变成了小朋友们的朋友,这不知是喜,还是悲。父亲的心情又何尝不是如此。他最擅长的武器是讽刺喜剧,但是新出现的"人民内部矛盾"岂能允许他再继续使用?他钟情于太平天国的历史,但是"忠王不忠"的最高指示,又断了他写作的后路。父亲不得不苦恼地形容自己,他是真正的"进退无据"了。

其实十七年中间父亲也写过几个剧本,比如电影剧本《宋景诗》和《鲁迅传》、舞台剧《第二个回合》等,但是它们都只能算作"奉命文学",绝非出于作者本人的自愿。可是话又说回来,像父亲这样连一点点工农兵生活都没有的人,不去"奉命"又能写些什么呢?"大跃进"中他也曾不甘寂寞,和美帝开了开"玩笑",写了几个时事讽刺剧,但这毕竟不是"正路"。为了不作"空头文学家",他去"奉命"了,但"奉命"的结果,却几乎是百分之百的被"枪毙"。

《宋景诗》的剧本完全是为了配合批判《武训传》的政治运动而由中宣部直接下令创作的。父亲在查阅史料时即已发现,这位农民起义的领袖曾经在受围之后投降过清廷。他不敢贸然动笔,郑重地请示了上级。颇有头面的人物接待了他,回答曰"不妨",并且令人惊愕地用了国共合作的例子启发他:"如果当年的抗日战争没有取得胜利,那后人不也要说我们共产党投降了国民党吗?"有如领取了"尚方宝剑",他终于一鼓作气地将剧本创作完毕。一九五六年公映的广告已经挂上了北京的街头,一场"十二级的台风"竟然平地而起,将他刮晕了头。父亲事后回忆道:"当时先是'中华人民共和国不在乎这七十个亿(指制作成本,为旧人民币)'之说统治了整个会场,再后来则发展到大有勒令影片停映、编导人员停职检查之势。"这毕竟是解放初年,还没有经历过"反右"与"文革"的"洗礼",憨直的父亲舍不得自己的创作成果,他书生气十足,整日抱着一摞摞的史书,在中宣部那一次次令人望而生畏的会上为《宋景诗》作着无力的辩护。《宋景诗》后来总算是"起死回生"了,据说是周扬领取到了"最高指示"。然而父亲却不寒而栗,这样的写作真可谓"如履薄冰"。

《鲁迅传》的上马则是上海市委的直接点名,那年正是鲁迅先生诞辰八十周年。父亲一生以写作为最大乐趣,然而对于这次的前后三年、反复六稿的"奉命创作",他却形容为"味同嚼蜡"。由于被塑造的人物是"中国文化革命的主将",是"伟大的文学家"、"伟大的思想家"与"伟大的革命家",因此把关者除上海市委外,更有中宣部的诸位领导。父亲的手被众人牵制着,他不敢去描写鲁迅的常人情感与凡人生活,也不敢按照写戏的规律,赋予他一定的性格。一层层的审查,一遍遍的修改,父亲已没有了自己的思想,写到最后,鲁迅到底是人还是神,连他自己都搞糊涂了。一九六四年影片终于准备开拍,又哪知一道旨令,据说是主要演员在"生活作风"上有了什么问题,摄制组便被莫名其妙地解散了,数年的心血只得任其东流! 悲夫,哀哉! 父亲经过了这一次的折腾,对于"奉命之作"真可谓"一朝被蛇咬,十年怕井绳"了。

《第二个回合》写于一九六四年,虽说并没有奉什么具体的旨令,但那可是一个"千万不要忘记阶级斗争"的年代。更何况父亲已经二度参加了"四清",能不紧跟党中央,向人民汇报自己的"收获"吗? 于是乎就凭着几个月的"生活",父亲硬是编出了一个与暗藏的地主分子作斗争的故事。他写得好苦,且不得不频频地向长于农村题材的高手如沙汀等人请教。本子总算是写出来了,但是他连自己都说服不了自己:能这样去欺骗观众吗? 父亲终于没有交出去。然而"文革"一起,这个油印的本子竟也没能逃脱批判的厄运:"你把地主分子写得那么狡猾,是妄想变天吗?"父亲真叫有口难言,也更加后悔不迭了。

4

"文革"之中所有的作家都搁了笔,父亲当然也被打入了十八层地狱。这次的磨难应该算是他"咎由自取"了——一生的创作终于成为他全部的"罪行"。我曾经问过父亲:"你对自己的人生选择后悔过吗?"他没有正面回答我,而是讲起了他在干校期间的牧鸭生活。他说他每天都要出入没膝深的沼泽地,屡屡看到被溺死在其中的牛的骨架。一日他不慎陷进泥淖,且四周空寂呼唤无应。父亲说他当时很恐惧,脑中的念头只有一个:"不能死!——这样死,死得不是'其所'!"父亲的"其所"又在哪里呢? 上个月广州的黄秋耘叔叔寄来了他写的悼念父亲的文章,他无限深情地回忆起当年他俩同关一间

"牛棚"时的苦难经历。他说父亲总是那么乐观、那么自信,一再劝慰他应该振作,应该达观,还说他不相信全国的监狱能关得下这么多的"牛鬼蛇神"。这岂不正是父亲在暗示他的朋友要争取自己的"其所"吗?

就在造反派严密监视的空当里,在一次次接受批斗的喘息之中,父亲竟以各种他人无法认识的符号记下了整整五大本日记。他说他并没有想到是为了"翻案",也没有想到是为了"变天",他当时的这一做法,仅仅是习惯使然——这可真是"本性难移"了!一九七三年父亲因冠心病频发而被"恩准"回南京治病,闲暇中"翻译"整理出五本日记的全文。这无疑是一部中国作协七年间的"文革简史",当然更不乏父亲的"负隅顽抗"与"老奸巨猾"了。造反派在田头召开他的批判会,他竟大开"小差",拾起一根竹棍专心致志地剔除起鞋底的泥巴。为此他又被冠以"伺机反扑"的帽子,连续接受了三天的批斗。父亲不无幽默地写道:"这下可要命了,我实在是找不到回答他们的话了!"干校举办"文革成绩展览",其中一幅漫画讽刺了父亲的"拒不认罪",他看后揶揄道:"我真想给那位从未谋过面的画家去一封信,告知他画中有三点不符:一、陈某人不曾秃过顶,虽然头发早已斑白;二、陈某人不敢再以胖子自居,干校数年来的'成绩'早已令我摘此帽子矣;三、手中所持之'反共剧本'非曰《石达开之死》,其正确的书名为《石达开的末路》也……"

人们都知道,父亲于"浩劫"之后曾写有一部回忆体的长篇散文《云梦断忆》,发表在一九八三年的《收获》上。他于嬉笑之中痛斥丑恶,于诙谐之下鞭挞罪孽。一位读者评价说:"这才叫'潇洒'呢!——是对'文革'生活的真正'潇洒'!"然而这毕竟是事后的回忆了,如果要寻找父亲当时的真实思想,这数本"牛棚日记"才是真正的记录!——它记下了他所苦苦追求的"其所"。

父亲是写喜剧的,是否喜剧作家观察人生的角度与一般人不同?否则他又怎能凌驾于一切苦难之上,傲然面对人生?又怎能于笑声之中将一切丑陋与荒唐剥露殆尽,以唤起人们生活的勇气?鲁迅先生说过:"人们谁高兴做'文字狱'中的主角呢?但倘不死绝,肚子里总还有半口闷气,要借着笑的幌子,哈哈的吐它出来。"这大概就是指像父亲这种性格的人,于"笑"中所采取的"迂回出击"吧? 今年年初我将父亲这上百万字的"牛棚日记"摘抄出来以期发表,凡是牵涉到的人和事大都删去,以减少不必要的麻烦;实要保留者,仅以 XX 替代之。病中的父亲亲笔为它写下了前言,他希望后世的人们不要忘记这段痛苦的历史。孰知稿件寄出后竟石沉大海,父亲于去世的前一天还在问我,编辑部为什么没有回音。他无论如何也不相信,这部当年靠着一定胆量与信念而写下的东西,今天会给改革开放带来什么不良的影响。父亲匆匆地走了,既是遗憾,也是有幸——他没有看到编辑部的退稿信,当然也没有听到《牛棚日记》的最终下场。

一九七五年的夏天奇热难当,父亲回宁治病已是第二个年头,此时外边频频传来了某某已解放、某某已分配等等扰人不宁的消息。本是一"棚"之"牛",均无出头之日时,心中亦死水一潭,无半点涟漪;然而一旦春风吹及"牛棚",诸多之"牛"纷纷变为了"人",那对仍被冠以"牛"之称呼者来说,无疑是一种精神上的熬煎。父亲在苦苦地等盼,等盼着为他平反昭雪的结论,然而谁又能料到,被他最终等来的竟是如此的一张"判决":"以敌我矛盾论处,永远开除出党!"父亲沉默了,他连申诉的权利都被剥夺。那是一个挥汗如雨的季节,满腔的愤怒使他又重新坐到了写字台边,有似在当年的牢房中,又有似在昔日的"牛棚"里,父亲再次开始了他非法的"地下创作"! 他悲愤地记载下"四人帮"如何残害革命干部,记载下深挖"五一六"如何打击无辜,还有国家与社会的岌岌可危,以及"救救孩子"那撕心裂肺的呐喊……父亲将这部笔记体的书稿取名为《听梯楼随笔》,他在"代序"中写道:"我国古代尚且还有稗官,我这个'无所事事'的人何不去充当一名'义务稗官'呢? 有朝一日当敬爱的周总理离开了病榻,前来民间了解'闾巷风俗'时,我将捧出这本书稿作为我的芹献!"哪知就在他书稿写成后的第十二天,他最崇敬的人竟与世长辞了。父亲流着眼泪又连续地写下了若干"续篇"——《总理之丧侧记》、《批邓奇谈录》、《大树歌》……这是一部在当时足以将人判下死刑的书稿,它当然只能永久地尘封在那个历史的黑洞里了!

《牛棚日记》与《听梯楼随笔》是父亲这一生中唯一没有发表过的两部作品,然而我却由衷地喜爱它们。我爱它们的超然无畏,爱它们的藐视尘寰;从它们的字里行间中我仿佛能听到父亲的心跳,能触到父亲的鼻息。说实在的,我真正为父亲自豪的是这两部从未见过天日的书稿,它甚至超过《升官图》!——写《升官图》时,我毕竟还没出世,还体会不到它当时那种足以令万众欢腾的威力。

5

我曾经问过父亲:"你这个满清的'遗民',可是经历了数朝数代,究竟哪个时期你生活得最愉快呢?"他不假思索地答道:"当然是粉碎'四人帮'以后!"我明白,他的标准无疑是将能否自由创作放在了第一位。"文革"结束时,父亲已近古稀,然而在他身上所焕发出来的青春,实令人不敢相信。我粗粗地为他排列出一个年表——一九七八年,应匡亚明校长之聘,出任南京大学中文系主任,并完成大型历史剧《大风歌》的舞台本与电影本,是年父亲七十岁;次年,七十一岁,开始招收戏剧创作硕士研究生;一九八〇年,七十二岁,改编电影剧本与舞台剧本《阿Q正传》;一九八三年,七十五岁,主编《中国现代戏剧史稿》;一九八五年,七十七岁,招收首届戏剧历史及理论博士研究生;一九八七年,七十九岁,完成长篇回忆录的第四部《漂泊年年》……在此期间,他更写有上百万字的各类文论及散文,那竟是在旅美途中、讲学路上、会议之余,甚至是医院的病房里。有一次父亲因冠心病于省人民医院住院治疗,一日他跑到住院医生的值班室里,"抗议"病房内过于吵闹。"是影响您休息了吗?"医生颇为抱歉地问。"不是,是吵得我不能写作!"医生惊愕了,望着眼前的这个病人不知说什么是好。父亲没有豪言壮语,当《人民日报》的记者前来采访他时,他告诉记者的是:"我只怕时不我待!"

这确实是父亲最为惧怕的事情。人为的坎坷他一一走过来了,而自然的规律他却无法抗拒。父亲于八十岁以后终于感到了自己身体上的无奈——先是头晕,继是手抖,再后来心脏是必须依靠起搏器相助了。他给上海的范泉先生写信:"一个作家到了不能执笔,是比死还痛苦的!"他答应凤子同志,却没能把那部反映现代题材的剧本写出来;他答应过范用先生,也没能把已经写到抗战初年的回忆录续写下去……父亲对自己的病体烦躁不安,对自己的"江郎才尽"更痛苦不堪。有人建议他口述而由他人帮助整理,他不允,说是别人写不出他的风格——他是一个极其认真的人,他自始至终要对他的读者负责。

父亲的执拗是令人难以劝解的,我多少次地感受到了他那"比死还痛苦"的折磨。学生来向他祝寿,他却苦笑作答:"长寿就是活受!"朋友来看望他,他告知曰:"无所事事,不知何以终日!"他自一九八八年停笔以后,就几乎是在这样的一种心境下度过的。我们曾经试着培养他其他方面的兴趣,竟一无所获,就连"抽乌龟"他都抽不过才上小学的外孙。一日他摸着我右手中指上因握笔而磨出的老茧,不无感慨地说道:"以前我也有,要比你的硬!"是的,别人的茧子都是圆圆的隆起,而父亲的茧子却是尖尖的凸出,有似一根斜生的骨芽,雄赳赳地挺立着。这是他六十余年来辛勤笔耕的结果,这是他笔下数百万字作品的见证,这更是父亲的骄傲、父亲的自豪!然而如今它渐渐地消逝了,消逝得让父亲心中失去了平衡,失去了支撑。

父亲开始在回忆中度日。他一遍又一遍地讲述当年怎样在日本飞机的轰炸下写《秋收》;怎样在特务的追踪下写《升官图》;还有怎样为逃脱敌人的搜索,将《乌鸦与麻雀》的剧本藏在了摄影棚的棚顶上;又怎样为避开造反派的监视将日记本的封面写上"学习笔记"……只有这时,父亲才又重新漾起往日的欢乐;只有这时,父亲才又再次沉浸在遐想的幸福中。一日他突然对我说:"我死后墓碑上不要别的称呼,仅'教授'二字即可。"不知是戏言,还是遗嘱,我当时竟没有留心。今天当父亲真的走了,当我抚摸着他书房中遗留下来的一切时,我才真正地懂得了他的用意。他一定是认为:只有身为教师者,才能够使心中的理想之火久久延续,代代相传——他是多么割舍不下他毕生的事业与毕生的追求啊!

父亲是五月二十八日凌晨走的,二十五日我去看他,他还在对我说:"我还有一段'庐山遇险'至今没有写出呢……"那是抗战胜利以后,父亲在庐山的岳父家小住。为了给下一个剧本搜集有关袁世凯的资料,父亲竟误入"白虎堂"——闯进了三青团中央会议的会场。此时蒋介石与马歇尔也都在庐山,周恩来同志得知后立即托人带信给他:"赶快下山!这不是你呆的地方!"父亲曾一遍又一遍地讲述过这个故事,他终生难忘总理这恩重如山的关怀。我鼓励他:"爸爸,你的身体一定会好起来,到时由你亲自执笔,又是一篇绝妙无比的文章!"父亲笑了,笑得很甜,还一个劲儿地问:"我真的还能写吗?"不知怎的,这个笑容竟如定格一般久久地留在我的脑海里,拂之不去。我多么希望二十八日的凌晨父亲就是带着这样的美好愿望上路的。我相信,在另一世界里,他一定会圆了他这个能够再继续写作的梦……

一九九四年十一月二十八日
——父亲六周月忌日

陈　晶

思
——怀念亲爱的爸爸

爸爸走了,在五月二十七日那个阒寂静谧的晚上。

妈妈和姐姐都说,我是最幸运的,因为最后那一刻,爸爸是倒在我手臂中走的! 从爸爸剧烈的腹痛开始,直到停止呼吸,我始终抱着他,为他输氧,为他喷药,为他点穴,为他按摩……因此,我始终感觉到他的体息,他的脉动,直至今天,他仿佛仍然活着! 那稀疏而柔软的白发,那清瘦而慈祥的面容……历历在目,宛如眼前!

但只有我心里明白,我是最痛苦的,因为最后那一刻,爸爸是倒在我手臂中走的! 他在昏厥前曾吃力地问过:"我怎么这样疼?"我无法回答,只能任凭他慢慢地阖上那双睿智的眼睛,任凭他那强劲有力的心跳逐渐停息,任凭他微张着嘴巴不再言语,对我一声连一声的呼唤再也没有回应……那一幅情景在我心中永远地定格了!

爸爸走了,再也没有病痛缠扰他,再也不会因为那个巨大的、热水袋似的腹主动脉瘤压迫着五脏六腑而坐不宁、卧不安;再也没有失眠侵扰他,再也不会因彻夜数着钟摆声等待天明而郁郁然、苦不堪。

爸爸走了,给亲人留下的是无限的遗憾和永久的思念!

我是爸爸最小的女儿,出生于他四十八岁那年。从懂事起,我就记住了他在书桌前弓身俯案的背影,还有写字台上那个硕大的海螺烟缸。后来我知道了,爸爸是个别人都睡下了他才开始写作的作家,次日清晨,那个大烟缸便记载下了他一夜的创作成果;我也知道了,爸爸是个受到许多人尊敬和爱戴的作家,是个一生坎坷、屡遭磨难却终不改刚烈的作家,他一辈子视写作为生命,不愿停下手中的笔,到一九八六年患病后,还陆续写就了数万字的文章。

对于爸爸一生的创作,前辈们、师长们自有评说,作为女儿,我只想说,爸爸是个最最可敬可亲的长者,我尊他为慈父,敬他如严师。他给社会、给后人留下了数百万字的著作,而给我留下的,则是一把如何做人的钥匙。从他身上,我懂得了什么叫做鞠躬尽瘁,什么叫做真实不虚。

三十八年来,我从未离开过与父母共同生活的温馨的家。可是那场史无前例的"文化大革命",却残酷地剥夺了爸爸在这个家里生活的权利,长达六年之久!

一九六六年的九月十一日,被全家人视为黑色的十一日。在那个没有星月的晚上,一辆黑色轿车载着爸爸,消失在夜幕中。两员大汉将他押解回京,一去便是六年没回返!临行前,爸爸和全家人一一告别。当他用手抚摩着我的头顶时,我分明感到他在颤抖,眼中闪着泪花。他一字一句地嘱咐道:"孩子们,要坚强,照顾好妈妈!"说完,转身走向车门。那一瞬间,在当时只有十岁的我的脑海中,深深刻下了"大义凛然"四个字,二十多年无法抹去!

此后若干年,由于对爸爸的批判逐步升级,家人受到株连。我十三岁时,就被作为"现行反革命嫌疑犯"隔离审查,共青团更是拒我于门外,原因很简单——那个年代里,"老子反动儿浑蛋"。但是,在莫大的冤屈面前,我从没有对着外人流过眼泪,因为我心中始终竖着爸爸那刚正不阿的高大形象。

一九七二年,爸爸第一次被获准回家探亲,前后总共十天。第七天,爸爸郑重其事地要和我进行一次谈话,可刚刚说了一句"爸爸对不起你,让你小小年纪就背'黑锅'",便已是老泪纵横,父女俩抱头痛哭。那是我六年来第一次在亲人面前痛痛快快地哭!哭出了心中积聚太久的哀怨,哭出了在那无情的世界中被亲人理解后的悲戚!

爸爸回到了亲人身边,我得到了人间最珍贵的、隔不断的骨肉亲情!记得是一九八〇年,我因眩晕症突然休克,爸爸焦急地打电话要车,送我上医院,并亲自抬着担架送我上下楼进行检查,而此时的爸爸,已是七十二岁高龄的老人了!

一九八六年,他因病住院,其间查出腹主动脉上的那个血瘤。可爸爸却仍是一副乐观豁达的样子,不失风趣地说:"既然它在我身上已经好几年了,那就让我们相安无事和平共处吧。"他不以为然的态度,抚慰了焦虑不安的家人,但也正是从此时开始,我分明地感到,爸爸越来越看重夫妻间、父女间、祖孙间的亲情,他不愿住医院,是割舍不下这个家!他担心着妈妈的身体,惦念着女儿的工作,还记挂着外孙的学习。

一九九二年,他因心脏病不得不住院安装起搏器,不料手术后肺部感染引起高烧不退,家人二十四小时轮流陪护着他,一连半个多月。此间,我因工作之需,要去北京出差,但又不忍离开,便将出差的消息一直瞒到临上火车前。那天,我强颜欢笑地与爸爸辞别,只见他那布满皱纹的眼角间两行泪水悄然落下⋯⋯我真是个不孝的女儿!在爸爸最需要我的时候,我却将他留在医院而不顾!爸爸,女儿的这份愧疚,此生再也无法弥补了!

我曾想,我再也不出差了,永远永远守护陪伴着爸爸!我愿意听他跟我讲述幼年的趣事、青年的追求、中年的坎坷,愿意听他用五音不全的歌喉哼那些别人听不懂的家乡小调,愿意用轮椅推着他走遍南京的大街小巷,再推上他去看上海的新外滩,看北京的老朋友,看家乡的洪泽湖⋯⋯

可就在五月初,我又一次离开他去无锡开会,爸爸依依不舍地为我送行,嘱咐我带足衣物,一字一顿地说:"你去吧,这也算是我对文化事业的一点点支持。"当我从会议驻地打电话回家问候他时,从话筒中听到了他那沙哑苍老的声音:"丫头,早点回来,要不就看不到爸爸了!"当时,我竟顾不上周围同事的惊诧,泣不成声!

我是最痛苦的,但也是最幸运的,因为最后那一刻,我始终陪护着爸爸,为他换上远行的衣装,为他穿上我刚买的新布鞋,为他梳理好蓬乱的白发,为他上好一柱香祈祷他一路平安……

多少愧疚,多少悔憾,如今,都只能化为永久的思念!

亲爱的爸爸,无数的鲜花簇拥着您远行!我悲痛欲绝,却又怕哭声惊扰了您。您太累太乏了,您安详地休息吧,我们再也不愿惊扰您多年来好不容易才得到的安宁!

爸爸,您永在,在女儿的心中!

一九九四年六月十二日
父亲逝世后第十五天

张　弛

永远的引路人
——悼念亲爱的外公陈白尘

我茫然若失……

我在寻觅。寻觅外公的身影,寻觅外公的话音。在这儿的沙发上,他总是亲切地期待着我的到来,期待着我给他带来成长的喜悦;在那儿的书桌旁,他一定会用苍老而绵软的手紧紧拉住我,意兴盎然地与我沟通隔代人的世界。

可是那张空无一人的沙发告诉我,那支静静地放在书桌上的钢笔告诉我:外公走了,离我远去了……

六年前,我小学刚毕业,竟也壮着胆子在一个暑假里写下了数万字的"科幻小说"。就在这张书桌旁,外公戴上老花镜,认真地阅读起我的涂鸦之作。在那年八月的他的一篇日记中,有读完了我的小说的记载:"不错,文笔流畅,富有想象,只是还不懂得刻画人物。"似乎就是外公的这么几句评语,定下了我终生的追求。

五年过去,高二文理分科时,我毫不犹豫地报了文科。就在这张沙发上,外公拉我坐在他身旁,问:"考虑成熟了吗?"我点了点头。"不后悔?当作家是很清贫的……""没关系,我看重的不是钱和权。"外公激动得老泪纵横:"我有接班人了!"外公那晚的情绪特别好,又向我讲起他年轻时求学的许多经历。他讲他小时候家中怎么穷,只得揣着初中文凭去上海考"野鸡大学";入学后又只得半工半读,艰难地维持着学业;而学校不久又关闭了,至今连个正式的毕业证书都没有……我逐渐理解了外公的心情,理解了他对我说过的那句话:"我是在黑暗中摸索着自学的。现在你终于可以在光明中学习了!"

我开始投稿了。在外公的那间卧室里,我们祖孙二人切磋起了写作。今年一月,我的微型小说得了全国比赛一等奖,外公高兴得搂着我,连连说:"怎么长这么高了,我都够不着了!"面对沉浸在喜悦之中的外公,我已明显地感到他的手更加苍老无力,他的喘息更加厉害。我在心里为外公的健康祈祷,祈祷他能看着我走进大学。

复习迎考夺去了我与外公见面的时间。频频的电话中,外公总忘不了问一句:"最近写了什么文章?""天天考试,没有时间写……""噢……"电话那边没有了声音。我知道外公在伤心,忙说:"外公,等高考一完我就去看您,写文章。快了,离高考没有几天了……"

可是外公再也没有时间了。五月二十八日凌晨,他悄悄地走了,永远地离开了我;带着未了的心愿。他没等到看见我的录取通知书,他再也想不到,我高考以后的第一篇文章,竟是献在他灵前的悼文!

外公,您为何走得这样匆忙?您桃李满天下,我却永远也无法成为您的学生了;您满腹经纶,我却永远也听不到您的谆谆教诲了。现在,当我手捧大学的录取通知书时,我仿佛听见了,听见了您的声音,您要我用自己的双脚走路,像您当年一样。

亲爱的外公,我相信我脚下的路是正确的,因为您永远在我的前方领路。过去是这样,现在是这样,将来也是这样,您与我血脉相连,您永远是我的引路人!

唁电　唁函

惊悉陈白尘同志逝世,谨致深切哀悼。陈白尘同志是我国现当代著名戏剧家、作家。在近七十年的文艺创作中始终贴近现实生活,成绩卓著,在他的作品中充分贯彻着为人民崇高理想而奋斗的精神。陈白尘的英名与他的优秀作品将长留千万读者心中。请转达对陈白尘同志亲属的慰问。

中国文联

杰出的剧作家、文学家白尘同志病逝是文学事业的一大损失。噩耗传来,十分悲痛。中国作协全体同志表示沉痛哀悼,并向亲属致以亲切慰问,望多多保重,节哀顺变。

中国作家协会

惊悉陈白尘同志不幸逝世,万分悲痛。陈白尘同志是我会一位德高望重的副主席,是在我国现代戏剧史上占有重要地位、在国内外有重要影响的戏剧作家和戏剧教育家。他的具有强烈时代性和战斗性的革命现实主义的作品鼓舞和教育了几代人,他为我国戏剧事业培养了一批优秀的人才。他一生为我国戏剧事业鞠躬尽瘁,贡献卓著。他的逝世是我国文化戏剧事业的重大损失,他的业绩将永远地彪炳于史册并活在我们的心里。

我们谨代表剧协全体工作人员并以全国戏剧工作者的名义,对陈白尘同志的逝世表示深切的哀悼,对陈白尘同志的家属表示诚挚的慰问,务望节哀珍重。

中国戏剧家协会

陈白尘同志治丧办公室:

惊悉博士生指导教师陈白尘同志因病逝世,深感悲痛。陈白尘同志献身于教育事业,为学位工作和研究生教育的发展做出了重要贡献。

我们对陈白尘同志的逝世表示深切哀悼,请转达对陈白尘同志家属的慰问。

陈白尘同志千古!

国务院学位委员会

惊悉陈白尘同志逝世,沉痛哀悼,请代向家属表示慰问并节哀。

全国政协办公厅

惊悉著名剧作家陈白尘同志逝世,不胜哀痛,请代向其家属表示问候。

民盟中央办公厅

惊悉陈白尘同志逝世,不胜悲痛。陈白尘同志是我国杰出的剧作家,他的逝世是我国戏剧事业的巨大损失。谨致唁电,深表哀悼。

中国艺术研究院

惊闻白尘先生去世,甚为悲痛。白尘先生生前是中国现代文学馆事业的热情支持者,曾给过我们许多帮助。请接受我们的敬意和悼念。

中国现代文学馆

惊闻噩耗,深为痛惜,白尘同志不仅是一位优秀的文学家、戏剧家,而且还出色地主持过《人民文学》编务,他作为编辑的功劳业绩将永存于人民文学史册。请代我们献上悼念的花圈,并向他的家属致以慰问。

《人民文学》全体同仁

惊悉白尘老师逝世,在京全体国立剧专校友均感震惊,并表示深深的哀悼!

白尘老师是我国著名的剧作家、小说家、戏剧教育家及戏剧史家。他创作的剧本从《结婚进行曲》、《升官图》、《阿Q正传》到《大风歌》,在戏剧界都有深远的影响,其中一些剧目,国外也有评介及演出。他的小说和散文在文学史上也留下了凝重的脚印。

他在国立剧专执教期间,我们很多同学都曾亲聆他的教诲,并终身受益。

白尘老师一生追求进步,反帝、反封建、反蒋的战斗精神,和简朴平易、待人以诚的思想作风,更是我们学习的典范!

他把一生都无私地奉献给了祖国的文学、戏剧事业,他虽然离开了我们,但他所创造的精神财富,仍将是我们学习的宝贵遗产。白尘老师可以无憾地安息了。

中央戏剧学院校友会剧专分会

惊悉陈白尘先生不幸辞世,白尘先生不仅对中国戏剧运动有着卓越贡献,且当年直接领导原剧专师生参加迎接上海解放的斗争和新中国成立后的学校建设,在政治上、艺术上循循诱人,使师生及学校均受益良多。缅怀往事，学院同仁无不痛感哀悼，除将派人趋灵致祭外，谨先电唁并祈节哀。

上海戏剧学院

白尘师灵右，兰馨即摧，玉瑱则折，维我夫子，坚芳明洁，天丧斯文，失我良师，缅怀教诲，弥增哀思。并祈师母节哀保重。

四川省立戏剧音乐学校校友会

惊悉我国老一辈著名剧作家戏剧教育家陈白尘同志不幸逝世，我们深感悲痛。白尘同志的辞世是戏剧界的重大损失，同时使我们失去了一位德高望重的好师友。谨向他的亲属致以诚挚的慰问。

北京人民艺术剧院

惊悉著名剧作家陈白尘病逝，谨表沉痛哀悼。我们将永远铭记陈白尘同志对我国文艺创作及戏剧教育事业所做出的重大贡献，并请家属节哀。

中央实验话剧院全体同志

惊悉陈白尘先生逝世，沉痛悼念。
艺苑宗师，早年成名，狂墨描"岁寒"，犀笔讽"升官"，长翰留人间；
剧坛先驱，老骥伏枥，豪情颂"大风"，冷语戏"阿Q"，文采荡宇寰。

总政话剧团

惊悉陈白尘同志逝世，为我国失去一位杰出的戏剧家而悲痛。他的喜剧为中国戏剧事业做出的卓越贡献将永驻人们心中。千里迢迢，不能前去吊唁。谨以唁电表示我们深切的哀悼。并请代向家属致以慰问。

中国艺术研究院话剧研究所
中国话剧文学研究会

沉痛哀悼著名戏剧家、我会顾问陈白尘先生。陈老为戏剧事业奋斗一生,我们永远敬仰。

中国话剧艺术研究会

惊闻陈白尘同志去世,万分悲痛!中国剧作家失去了一位亲近的长者和导师。我们永远敬仰和怀念他!请代慰问家属。

中国戏剧文学学会

白尘先生逝世,万分痛悼!我们永远铭记他对我会我刊的贡献!

中国文艺理论学会

陈白尘同志逝世噩耗传来,故乡淮阴人民为之震悼。谨以至诚电唁,并望其亲属节哀保重。

中共淮阴市委、市人大、市人民政府、市政协

一代剧作大师陈白尘先生仙逝的噩耗传来,深感震惊。陈白老的一生是辉煌的一生。他对文学殿堂的建树为世人瞩目,对家乡经济建设、文学新闻事业倾注的感情,家乡人民永远不会忘记。淮阴人民为有陈白尘这样的英才而感到骄傲,也为他的谢世而深深痛惜。

淮阴　淮海晚报社

痛悼陈白尘先生！

冰心

惊悉老友白尘去世痛何如之，这是中国戏剧界的莫大损失。谨电致哀并向金玲同志及家属慰问。

夏衍

沉痛哀悼白尘先生！

巴金

病中惊闻白尘逝世，十分悲痛，深表哀悼，请节哀。

曹禺

痛悼白尘先生！

黄佐临

痛失斯人，长怀不已，深深悼念白尘同志，并慰问家属。

于伶

惊闻尘兄噩耗，巨星陨落，挚友丧失，不胜悲痛！特电致唁，并望节哀。

陈鲤庭

惊悉老友白尘同志逝世，不胜痛惜。白尘同志是我国杰出的剧作家，对社会主义文学事业做出了很大贡献，文艺界常记心头。盼家属节哀。

张光年

惊闻白尘同志去世不胜悲悼,他为人正直,著作等身,一生为人民革命事业,为文学艺术做了巨大贡献,他是不朽的。谨电慰问,还望节哀。

夏衍　周巍峙　凤子　张颖　葛一虹

惊闻陈白尘同志逝世不甚哀悼。白尘同志数十年来创作了许多优秀的戏剧和电影剧本,为新文艺运动做出了重要贡献,这是我们应该永远纪念的。并请向家属表示深切的慰问。

陈荒煤

惊闻陈白尘同志逝世,极为悲痛。陈白尘同志是著名剧作家,对戏剧做出了卓越的贡献。他的逝世是我国文艺界极大的损失。特电吊唁,望其亲属节哀。

欧阳山

惊悉白尘同志逝世哀痛不已。文坛失去一位宿将,我失去一位好友。望节哀珍重。

臧克家　郑曼

惊悉白尘同志不幸逝世,深为哀痛。白尘同志为中国文学事业所做的巨大贡献将永垂后世。望节哀保重。

葛琴率子女唁

惊悉白尘同志逝世不胜震悼。白尘著作等身,遗范永存,幸祈节哀珍重。

柯灵

惊悉白尘兄逝世,悲痛至深,不能亲往告别,望嫂夫人及家属节哀。

张庚

白尘同志病世万分悲痛！他毕生为我国戏剧事业做出杰出的贡献，人民将永远纪念他。望家属节哀。

郭汉城

惊闻白尘兄仙逝，悲哀莫名。特电致唁，请多多保重。

冯亦代　黄宗英

惊闻白尘师不幸逝世，无限悲痛。谨致深切哀悼。白尘师为中国话剧与电影事业英勇奋斗一生，呕心沥血，鞠躬尽瘁，功勋卓著，深受人们崇敬与爱戴。我们远在异国他乡不能亲来为恩师送行，来尽弟子之礼，深为遗憾，敬请谅解。希望师母节哀珍重。

刘厚生　傅惠珍

惊闻白尘同志病逝，不胜悲痛。他的道德文章中外推崇。他的逝世是我国文艺界的巨大损失。况他是慧中恩师、少波挚友，五年前南京欢聚竟成永诀。谨致哀悼并向夫人金玲同志致慰。请节哀保重。

马少波　李慧中

惊悉著名剧作家陈白尘病逝，谨表沉痛哀悼。我们将永远铭记陈白尘同志对我国文艺创作及戏剧教育事业所做出的重大贡献，并望家属节哀。

中央实验话剧院
舒强　兰光　赵有亮　杨宗镜

惊闻白尘同志逝世，万分悲痛。我们永远怀念他，怀念他为中国剧坛做出的卓越贡献。切望金玲节哀保重。

白杨

怀着深深的敬意遥向我们的前辈师长朋友白尘同志深深地鞠躬!您在我国文学艺术史上留下发光的足迹,您是不虚此生的。望金玲同志节哀。

张瑞芳　严励

惊悉白尘同志不幸逝世,悲痛万分!望节哀保重。

秦怡

惊闻白尘逝世,深感悲痛。数十年来他对祖国的文艺事业做出了卓越的贡献,他创作的作品得到了党和人民的充分肯定,他的逝世是我国文艺事业的重大损失。我以挚友之情深致哀悼,再向家属致以亲切慰问。

马识途

惊闻白尘叔叔离去了,悲痛万分。月初晚辈接到白尘叔叔亲笔大函,笔迹挺拔洒脱,不想竟成绝笔。中国文坛的一颗巨星陨落了,文艺界失去了一位革命文艺前辈巨擘。白尘叔叔与家父的深情厚谊感人肺腑。晚辈在人间失去了一位亲爱的叔叔,家父在天上有了亲密的知己,相伴他们和田汉伯伯聚首青天之上。白尘叔叔英灵永垂不朽!祈金玲阿姨节哀保重身体为祷!

晚辈欧阳小华(阳翰笙之长女)
偕弟弟妹妹遥祭泣拜

惊闻白尘仙逝,悲痛曷极!五十年相交,厚我,爱我,此情长在。道德文章举世所叙,遗泽永存,虽死犹生。临电涕流,务请节哀。

唐振常

惊闻陈白尘同志逝世,悲痛万分。陈老是我国戏剧史上取得卓越成就的剧作家,我在皖南新四军军部参加过他的《魔窟》演出,感况至今。难忘陈老一生不计艰险荣利,为革命文艺事业的献身精神,永远是我们学习的榜样!

沈西蒙

惊悉陈师谢世,悲痛莫名。老师文宗一代,剧坛巨擘,耿耿忠贞,培育后继,为党、为民、为革命文艺事业立下不朽功勋。誓承师志,激励奋进!临电涕泗,至祈节哀。

刘川

沉痛悼念陈白尘同志逝世。陈老是中国戏剧运动的前驱,是对中国剧坛有重大贡献的杰出剧作家和戏剧理论家,是中青年戏剧文学工作者的良师和知心朋友。他的去世,是中国戏剧界、文学界、教育界的不可弥补的重大损失。

我俩在生长道路上,在自己所从事的戏剧工作中,曾受到陈老的热情、真诚、无私的帮助和支持,他的为人成为我们人生的楷模,我们永远景仰他、怀念他。

谨向白尘老师的夫人和孩子致以深切的慰问之情,望节哀、保重。

白尘老师永垂不朽。

王正　方掬芬

惊闻陈老猝然仙逝,悲痛欲绝!陈老始终站在时代前列,俊才惊世,特别关爱中青年后继者,为剧苑垂范千秋。我受陈老教益、关顾良多,如山高水深,将终身铭记,永远追学。敬请节哀。

邹安和

明天就是恩师的遗体告别的日子了。学生不孝,不能亲身去恩师灵前一奠,以尽师生之谊,不胜悲恸,不胜遗憾!……

古话说,严师如父。我虽亲聆恩师教诲的机会不多,但每次见面,都深受教益和鼓舞,留下深刻的印象。恩师的每一句教诲,至今都如珠如玉,历历在目,不能忘怀。我工作第一年即开"戏剧概论"选修课,就是为承恩师之志,让更多更多的青年学生喜欢戏剧,走进戏剧的艺术殿堂。

生老病死,乃自然之道,望师母切莫悲伤过度,还须节哀为盼,只有这样,恩师在九泉之下才能放心瞑目。在吾辈则当努力工作,继承恩师遗志,为戏剧事业尽毕生之力,以告慰恩师在天之灵!

黄爱华

获悉白尘先生突然谢世,深感震惊和悲痛。

陈先生一九六二年作为中国戏剧家代表团的一员访问日本,加深了彼此间的友好,同时对访问南京的日本戏剧界人士给予了热情接待,因此,陈先生不仅为中国的艺术发展尽了努力,而且为日中两国的文化交流和促进友好做出了较大的贡献。

衷心祈祷陈先生的冥福。谨向陈先生家属表示哀悼。

日本日中文化交流协会理事长　千田是也

惊悉陈白尘先生谢世,不胜悲痛。

陈白尘先生作为卓越的剧作家,对中国话剧的发展做出了巨大的贡献。我们在日本也曾拜读了先生的译文作品《云梦断忆》,至今还记忆犹新。

衷心祈祷陈白尘先生冥福。请向陈白尘先生家属转达我们的哀悼。

日本　尾崎宏次　木下顺二

金玲夫人：

刚从北京回爱荷华，惊闻陈白尘先生仙逝，痛失良师益友。永远难忘你们两位在爱荷华与我和安格尔共度的快乐时光。他们已去，我们活着也得活得有尊严、有意义。我们终将和他们再相聚。

请节哀珍重，遥向白尘先生灵前致以最高敬意、最深的哀思！

美国爱荷华大学"国际写作计划"前主持人　聂华苓

得知白尘先生仙逝，不胜悲悼。我因剧务缠身，势将不克参加仪式，仅能带上此信，表达我夫妇的哀思。

我与白尘先生虽无深交，但自一九八四年《阿Q正传》在港首演，陈先生亲临观剧时，即已感到分外的投缘。八五年我夫妇来南京讲学游览，期间我与白尘兄三度长谈，对他的人品、学问与在戏剧领域的成就与识见，更有了极深的印象。很可惜，他在晚年并未将那出有关地狱的讽刺剧写出来供我执导，大概也是我与他共有的遗憾。

白尘先生以八十六高龄去世，算是"喜丧"，敬请节哀顺变。

香港话剧团艺术总监　杨世彭

惊悉陈白尘教授病逝，不胜痛惋！忆昔曾与白尘教授于美国爱荷华"写作计划"欢聚，多蒙教益！白尘教授在戏剧教育成就超卓，桃李满天下，令人钦敬！

愿白尘教授安息吧！

香港《明报月刊》总经理、总编辑　潘耀明

惊悉陈白尘教授逝世不胜哀悼。我店出版的陈教授著作《云梦断忆》，在海外一直都很受欢迎。谨再次表示悼念，并向陈教授家属致意并希节哀。

香港三联书店有限公司
董事长、总经理兼总编辑　赵斌

挽　联

白尘先生灵右

升官图是匕首投枪　力摘奸谀　彩笔遥迎新社会

话剧史见宏才卓识　遍栽桃李　上庠痛失大宗师

南京大学敬献

白尘先生灵右

为旧社会掘墓为新世界催生　田汉传人君不朽

以名作家著书以老教授勤业　南雍遗爱士同悲

南京大学中文系敬献

白尘先生灵右

白鹤飘逸性秉豁达刚直慈悲艺苑栽花花自香学苑植树树成林,满腔报国志化为驱暗明心烛燃尽自身育出桃李献社稷

尘寰参透才出幽默机智讽刺喜剧炼笑笑升官史剧隐喻喻大风,一片爱民

心铸作斩妖伏魔剑刺破夜空洒落光明照人间

南京大学戏剧影视研究所全体同仁敬挽

白尘同志千古

艺苑宗师,早年成名,狂墨描"岁寒",犀笔讽"升官",长翰留人间。

剧坛先驱,老骥伏枥,豪情颂"大风",冷语戏"阿Q",文采荡宇寰。

总政话剧团敬挽

白尘教授千古

正色文章不朽

春风和气难忘

南京市作家协会

白尘老兄先生灵鉴

八十年哀乐满人间遗恨未成回忆录

四百载兴亡徵史笔茋枕长想大风歌

弟程千帆敬献

白尘同志千古

忆往昔青年时代同班同学光阴诚似箭

现如今未约相逢志同道合惜忍病永别

厉国桢敬挽

沉痛悼念陈白尘同志

蒙尘京口同牢狱意弥坚倭寇猖獗君奋笔疾书名剧激扬身虽囚竟气冲牛斗

蛰处金陵再罹难情更烈妖帮甚嚣见挥毫驰骋古风飙哮鬓已白犹志壮云天

施亚夫　徐珍率子女共挽

白尘同志辞世
坎坷踏尘世
执笔到白头

八七老人阿甲

敬爱的陈老
驰骋文坛七十载
历尽坎坷无媚骨

后学叶子铭敬挽敬爱的陈老

敬爱的陈老
悲痛之中我只想说，你多年给我的
师长之教
同志之情
慈父之爱
诤友之义
将和您的面容一起永在我心中

后学董健哭于灵前

哭陈老白尘同志仙逝
爱国屡获罪命运坎坷铁窗内外都战斗
文学各领域著作等身奋笔疾书写春秋

海啸　赵仁室敬挽

白尘师千古

群魔乱舞日初识沪上　剧影指路扫妖氛教诲谆谆半世纪亦师亦友
大地回春时重聚白下　高歌大风斥奸佞瞩望殷殷转眼间如幻如梦

严恭敬挽

白尘师千古

白下天不遗一老，岁寒图大地回春留千古
尘世人已是千秋，升官图群魔乱舞警万年

国立剧专在粤全体校友敬挽

哭白尘恩师

枯枝恰逢甘霖　点点滴滴尽是缘意
寸草难报春晖　丝丝缕缕总生愧心

学生姚远敬挽

哭白尘老

漫漫八十余年人生，遍尝酸甜苦辣，终不改刚烈，可敬可亲，实为我辈楷模；
煌煌四百万言华章，尽写嬉笑怒骂，始凝成文集，亦歌亦泣，应是尘老欣慰。

同德泣挽

沉痛悼念白尘老

激华夏之愤，铁笔横扫倭寇。历四围霜羁，万顷沙蹂；八千云月，期期寒漏。方赢得寰宇光复，山河吐秀。

负三闾之才，翰书怒斥雏妖。奋十载文学，廿年离骚，半世簸滔，九九风飙。终致于孽帮冰消，桃李谐韶。

北京　黄　石　浦寒非
江苏　赵树民　尤家玉

哭白尘老师

我们的心在痛！真舍不得你呀，老师！你是我们的好老师，又是好朋友，你用心血浇灌了我们年青的心灵，你教我们搞革命的戏剧，还教我们作革命的人。

深深地怀念你呀，好老师。吉祥古寺的竹丛，雾都山城的江水，北京北海的微波，云梦水泽的小鸭群……都在怀念你。

我们想，千声万声喊你归来，但我们不愿惊扰你多年来才得到的宁静。

安息吧！我们的好老师！

你的学生们

刘沧浪	曾泽恩	谢继明	苏　枚	高　群
江隆浩	赖　静	周路林	金琴羽	彭厚筠
蒋亚萍	冯荣宗	樊际昌	康述尧	杨　琦
王永梭	刘　玉	余孟勋	陈若秋	肖　赛
廖渝生	施　明	陈镜光	温余波	李侍琴
冯　维	龚仪宣	熊郁西	刘宽俊	邓　钦
江赴吟	程济老	吴　隐	甘道铭	金　镛
金锡礼	胡　进	欧睿明	刘蔚文	贺学莉
郭俗隳	彭　默	邱訇如	傅全明	王荣琛
徐培兰	罗　堃	魏德芳	杨静懿	帅静宜
张忠海	游　珍	方　仲	李先锐	魏永维
杨大可	杨夏华	陈　克	钟级如	沈恒珉

程千帆

墓志铭

　　君讳白尘,原名增鸿,江苏淮阴人。幼明敏,嗜文艺,虽生贸迁之家,乃不乐承其世业。冠岁,赴上海入南国艺术学院,从田寿昌先生游。旋以革命活动陷身囹圄,而化名投稿,声闻日隆,尝自谓文学生涯自狱中始。诚造次颠沛必于是矣。抗日战争起,投身救亡运动,以话剧鼓舞士气,针砭时弊,扬清激浊,世莫不知有《岁寒图》与《升官图》也。人民共和国成立,奉命从事文化行政工作有年。及"文革"浩劫,狂徒肆虐,君虽处困厄,然或私有记述,则无所避忌自若。盖其赋性刚烈,惟真理之是从,不曲学以阿世,自弱及耄,终身以之。四凶既殄,禹域重光,君受聘南京大学,传其戏剧之学,我国话剧之有博士,盖自君之培育始。而创作激情,弥抑弥扬。所作《大风歌》、《阿Q正传》二剧,尤臻极致,殆所谓文章老更成者。一九九四年五月,以宿疾卒于家,春秋八十有六。君虽丰著述,有高名,享大年,而人犹以未尽其才为恨,则不朽固可必也,又奚待余之费辞?夫人金玲遵遗命葬君北京,来请铭。铭曰:

　　上庠振铎,笔阵横矛。大师风采,彪炳千秋。

一九九四年

亲属答谢辞

五月二十八日,五十余年来风雨同舟相依为生的白尘先我而去,衰病交侵之年痛失伴侣,泣尽心摧,悲不能胜。

当此之际,是您送来了真诚的慰问,我为他生前有您这样的相知,离去有您如此的相送而感到莫大的慰藉。

白尘是不死的,他在朋友们献上的鲜花簇拥中上路了,朋友们的祝祷定会使他永不感到寂寞。

金玲率女陈虹、陈晶叩谢

一九九四年六月六日

送别名单

前往送别、吊唁的领导和生前友好、亲朋（排名不分先后）：

孙　领	许仲林	王霞林	吴锡军	王荣炳	张永桃	吴祥云
张连发	王光伟	沙人麟	杨咏祁	卜承祖	王学成	李熙诚
袁相琬	林玉英	毕　萍	潘震宙	季根章	王　鸿	刘俊鸿
张　辉	尹　明	赵绪成	曲钦岳	韩星臣	董　健	华　瑜
叶子铭	汤淑敏	朱栋霖	郭维森	朱家维	胡若定	裴显生
宣亚静	王兆衡	祁　蔚	包忠文	赵瑞蕻	杨　苡	鲁国尧
任天石	高国藩	吴翠芬	丁　帆	许志英	邹　恬	汪应果
丁柏铨	徐天健	惠小砚	丁莹如	姚北桦	甘竞存	郁炳隆
唐纪如	卜仲康	施和金	龚保金	李天石	卢　敏	栾和庆
蔡毓芝	洪　璞	张建勤	俞为民	李天济	刘沧浪	周特生
周一新	刘　川	屈曼玲	陈　多	李龙云	姚　远	赵耀民
胡星亮	陆　炜	吕效平	李　晓	顾文勋	陈雪岭	夏　波
蒋晓勤	邓海南	及巨涛	陈丽音（中国香港）	姚志强	陈　辽

送别名单

严 恭	田 野	孟 浪	应 萱	朱竹雯	施亚夫	厉国桢
张南针	顾尔镡	海 笑	赵仁宝	斯 群	凤 章	王维良
徐慧征	季世昌	陆建华	方同德	方洪友	李培健	刘爱华
管和琼	汪人达	马 宁	李守宁	梁 冰	王承刚	艾 煊
樊 辉	韩为民	张荣华	赵家捷	陆 苇	徐昆庆	高 军
陈正薇	陈松寿	李惠珍	陈维仁	王 沂	路晓晶	张棣华
陈咏华	马 明	谢 柯	谈道纪	袁振奇	袁 缨	石来鸿
卢冬红	冯亦同	高舜英	申 良	高 军	王海清	朱国瑾
练福和	杜友渔	王佩英	李英华	郑 闯	陈利民	陈新建
戴 许	盛 琪	李宝琴	韩水生	王永林	褚志强	张恒珍
沈夕年	杨彦林	许武宁	王亦兵	韩承经	杨桂芳	陈晓民
陈惠兰	王新民	赵 苏	张红心	桂 鸣	吴 波	黄铭华
吴小平	汤继泽	汤继玳	陈 鸿	李淑贞	甘 苏	庄 中
马闻轩	程丽则	余 虹	高明伦	张继泽	陈 萍	侯勉之
童永根	章美华	钟来茵	陆道康	胡君道	苏 群	郑尚宪
赵 琪	丁 波	吴奇三	范小梅	庞 仁	陈 榕	陶友红
王栋生	姚大鋆	王晓燕	李宁生	汪笑梅	何国平	张 进
居文彪	张爱霞	孙原靖	高惠立	柯 江	林 林	李淑云
管晓晖	吉莉莎	陈必仪	叶敏贤	吴平平	刘怀正	曾宝玉
胡家英	季 胜	张亦农	郭顺芳	姚 瑾	魏红梅	王玉山
贾 元	徐荷珍	贾惠娟	王 健	王时中	王学富	李绍葵
毕学勤	邹晓萍	王 凡	孙小平	刘 磊	蒋小波	王 斌
阳玉春	吴世楠	李舜才	宋清涛	王 雄	张桂芳	黄 梁
罗有康	张庆华	张 鹰	林叶青	李长鸿	张永胜	张晓林
黄善模	孙 欣	陈玉华	龚之森	徐世良	严松民	邹广银
任利剑	郭子善	朱恒夫	冯少林	朱维宁	吴永坤	金文兵

丁芳芳	张　永	周　明	范鲁新	陈直魁	郁　文	陈　邑
宁　容	刘　俊	刘福勤	吴建平	吴正岚	周加才	王仲歧
刘传印	张君赞	李　开	熊生宝	黄端端	蔡雁彬	张应中
齐　红	王树桃	陈　霖	王继志	徐　翔	阮惠础	曹彬如
张路萍	施重仁	管载麟	曹沛然	赵　健	徐　勇	袁　晖
徐幼广	王小芬	赵扬民	陈　龙	陈　尧	王庆和	王志冠
戴顺源	吴洪照	李长潞	吴亚男	吕培和	倪立钧	葛韶华
尹振民	王雪之	贾怀仁	王德满	贾　晨	李玉宝	徐泽华
赵庆生	缪庭祥	马彩云	丁江涛	刘元英	许永翠	陈启侃
刘显桃	陈　懿	胡敏之	闵光祖	石中华	夏荣柱	锁建成
冯少林	龚惠民	郭进城	沈燎陵	汪启文	荆永康	李红碧
童怀宝	凌玉生	孙文明	郑　平	王盛瑛	唐立鸣	陈润华
徐世明	徐文鞠	孙永红	王生和	陈希成	赵　晨	赵文义
商建国	陶正华	陈阶智	张桂芬	李志琴	田玉英	张　丽
艾天白	毛本静	艾一琳	邓忠信	朱巧珍	陈锡珍	陈锡芬
崔海峰	陈　蒙	陈锡骏	陈锡骥	葛秀兰	金浔富	金嘉翔
张慧中	张武祥	张华仁	黄辛果	张晓非	黄学凤	唐绍年
卢善英	唐传华	王京生	唐传平	唐传荣	陆　琴	黄振寰
黄小平	徐宝昌	陈德英	陈益琴	陈益凤	等	

赠送挽联、花篮、花圈的单位（排名不分先后）：

国家文化部、中国文联、中国作协、中国剧协、民盟中央办公厅、国务院学位委员会

中共江苏省委、省人大常委会、省人民政府、省政协、中共江苏省纪委，中共南京市委、市政府，中共南京大学党委、南京大学，中共淮阴市委、市人大、市政府、市政协

中共江苏省委办公厅、省政府办公厅、省委组织部、省委宣传部、省统战部、省教委、省委高教工委、省文化厅、省文联、省作协

南京军区政治部、南京大学研究生院、南京大学中文系、南京大学戏剧影视研究所、江苏省剧协、江苏省文化厅剧目工作室、江苏省戏剧文学学会、南京市作协

北京、上海、浙江、四川、江苏等省市的有关高等院校

总政话剧团、南京军区前线话剧团、广州军区战士话剧团、江苏人民艺术剧院等及各省市有关文艺院团

人民文学出版社等有关出版单位

各有关新闻媒体等。

赠送挽联、花篮、花圈的领导和生前友好、亲朋（排名不分先后）：

陈焕友	曹鸿鸣	曹克明	顾 浩	匡亚明	刘忠德	孙家正
巴 金	冰 心	夏 衍	曹 禺	周巍峙	张光年	陈荒煤
程千帆	千田是也（日本）	尾崎宏次（日本）	木下顺二（日本）
杨世彭（中国香港）	陈丽音（中国香港）	阿 甲	巴 波	李 伟
张 莺	秦 怡	凤 子	沙博理	娄际成	黄佐临	丹 妮
黄蜀芹	黄海芹	王知还	吕 恩	胡业祥	厉国桢	施亚夫
徐 珍	叶子铭	董 健	海 笑	赵仁宝	严 恭	姚 远
钱 丽	蒋晓勤	曾晓虹	赵耀民	梁 冰	黄养辉	曹 珉
方同德	方洪友	侯勉之	陈 萍	黄 石	浦寒非	赵树民
尤家玉	刘沧浪	曾泽恩	谢继明	苏 枚	高 群	江隆浩
赖 静	周路林	金琴羽	彭厚筠	蒋亚萍	冯荣宗	樊际昌
康述尧	杨 琦	王永梭	刘 玉	余孟勋	陈若秋	肖 赛
廖渝生	施 明	陈镜光	温余波	李侍琴	冯 维	龚仪宣
熊郁西	刘宽俊	邓 钦	江赴吟	程济才	吴 隐	甘道铭

金 镛	金锡礼	胡 进	欧睿明	刘蔚文	贺学莉	郭俗燧
彭 默	邱甸如	傅全明	王荣琛	徐培兰	罗 墅	魏德芳
杨静懿	帅静宜	张忠海	游 珍	方 仲	李先锐	魏永维
杨大可	杨夏华	陈 克	钟级如	沈恒珉	秦薇薇	秦利民
黄辛果	张华俊	袁西平	张晓非	王 宁	金之铭	李丽莉
金之昌	郑正清	金安弟	甄德福	李满华	李淑贞	甘 苏
甘 东	马 熙	王 珍	顾也鲁	岑 范	张鸿眉	王霞侠
王 沅	王品素	王栋生	王晓燕	秦薇薇	陈 榕	庞 仁
范小梅	张爱霞	童永根	章美华	陈 蒙	周志伟	李 纬
张 莺	周 义	王 雁	卓晓宁	张 进	吴 岚	刘 震
孟 健	刘 军	沈季姚	陶玉华	张芝洪	刘良鑫	谭同跃
邵济安	邵小鹰	邵小鸥	周 臻	俞怀平	陈秀莲	冯燕平
陶连元	王春君	邓燕涛	程 苛	钱惠萍	刘美云	张福萍
黄兆花	王宝林	陈玉华	朱安进	邬建英	郦珍仙	李时宝
赵时顺	汤明玉	文 捷	徐晓林	晁岱健	章松林	王闽闽
姚小鸾	方洪友	李培健	杨宪益	王 侠	王 媛	应 萱
马 熙	王 珍	王知还	胡德成	范秉瑞	吕洪波	严锦霞
熊庭松	陆炳炎	国立剧专在粤全体校友等。				

发来唁电、唁函的单位和个人(排名不分先后):

中共中央组织部、中共中央宣传部、全国政协办公厅、民盟中央办公厅、国务院学位委员会、中国文联、中国作协、中国剧协、中国艺术研究院、中国现代文学馆、中央戏剧学院、中央戏剧学院校友会剧专分会、中国人民大学、北京师范大学艺术系、人民文学出版社、《人民文学》编辑部、《中国戏剧》编辑部、《剧本》杂志社、《新剧本》杂志社、中国话剧艺术研究会、中国戏剧文学学会、中国文艺理论学会、中国艺术研究院话剧研究所、中国话剧文学研究会、田汉研究会、中央工艺美术学院庞薰琹学术委员会、中央实验话剧院、总政话剧团、空政话剧团、海政电视剧制作中心、北京人民艺术剧院、上海市文联、上海市剧协、上海戏剧学院、上海戏剧学院戏文系、上海人民艺术剧院、上海图书馆、上海市剧协、《上海戏剧》杂志社、上海青年话剧团、《新民晚报》社、国立剧专上海校友会、国立剧专成都校友会、四川省文联、四川省剧协、四川省立戏剧音乐学校校友会、广东省剧协、广州战士话剧团、中山大学、吉林省文联暨剧协、浙江省话剧团、杭州大学中文系、南京军区政治部文化部、南京市话剧团、金陵话剧社、中共淮阴市委、淮阴市人大、淮阴市人民政府、淮阴市政协、《淮海晚报》社、淮阴市成志中学、苏州市文化局、苏州大学、苏州大学中文系、无锡市艺研所、南通市文化局、南通市剧协、南通市话剧团、徐州师范学院，以及在宁高校、文艺研究单位、文艺院团、新闻媒体等单位。

冰 心	夏 衍	巴 金	曹 禺	黄佐临	于 伶	陈鲤庭
赵铭彝	张光年	周巍峙	凤 子	张 颖	葛一虹	陈荒煤
欧阳山	臧克家	郑 曼	吴祖光	新凤霞	葛琴率子女	
柯 灵	张 庚	郭汉城	冯亦代	黄宗英	刘厚生	傅惠珍
马少波	李慧中	舒 强	兰 光	赵有亮	杨宗镜	白 杨
张瑞芳	严 励	秦 怡	马识途	欧阳小华及弟妹	唐振常	
沈西蒙	刘 川	王 正	方掬芬	黄爱华	千田是也(日本)	
尾崎宏次(日本)		木下顺二(日本)		聂华苓(美国)		
杨世彭(中国香港)		潘耀明(中国香港)		赵 斌(中国香港)		
张莉莉(中国香港)		郭 嘉(中国香港)		章曼萍(中国香港)		王林谷
李恩琪	陈 铮	金安弟	甄德福	王迪若	陈开瑛	李绍葵
李 晓	杜继琨	王品素	吕 恩	胡业祥	邢 野	今 慧
刘沧浪	赵 寰	胡 可	高思永	邹荻帆	石维坚	车 辐
李 维	汪小云	李 苏	陈芝良	陈霞飞	曲跻武	江宝城

汤继湘	王 沙	程维嘉	邹安和	徐中玉	田本相	碧 野
许 立	周大功	江秀娟	徐晓钟	马 宁	谢冰岩	谢铁骊
汪 洋	金浔富	章家春	王进珊	袁韵宜	杜 高	杨钟岫
张晓爱	白 鸿	任北原	肖宗环	唐叔明	孟 浪	丁罗男
凌之浩	沙 莉	巴 波	李 江	吴泰昌	张逸生	金淑芝
丁 聪	陈镜光	缪 智	杨 薇	苏 丹	魏德芳	陈学璇
金琴羽	余振华	王知还	江若珊	石 羽	金恒錩	崔咏梅
詹茂盛	王为一	韦 布	刘任涛	范伯群	筱文艳	卢怡浩
岳 路	傅启疆	邬晓林	李 杰	杨若木	金耀华	穆 陶
陈 刚	白 榕	唐淑明	余建建	范宝慈	秦利民	关依兰
张丽毓	师乃家	宋如意	盛世立	周 义	王 雁	柳宝生
蒋 燕	鲁绍光	骆 文	王淑耘	陈锡芬	黄养辉	石 曼
黄会林	张 章	王元美	章青真	程丽娜	杨 明	沙 漠
宾晓冰	刘素明	凌瑨如	李崇淮	邓文钦	潘志兴	田 稼
李 门	漠 雁	秦薇薇	曾泽恩	范 用	李 准	舒 乙
丁一三	商学锋	周振天	强凡君	钱吟梅	徐新华	刘安古 等

江苏省暨南京市和南京大学师生代表向陈白尘同志遗体告别

六月六日上午,江苏省暨南京市各界人士和南京大学师生代表数百人来到南京石子岗殡仪馆,怀着崇敬而沉痛的心情,向我国著名剧作家、南京大学教授陈白尘同志的遗体告别。

陈白尘同志五月二十八日病逝,享年八十六岁。在布满花篮、花圈和挽联的灵堂里,他的遗体安卧于翠柏鲜花丛中,身上覆盖着中国共产党党旗。中共江苏省委、省人大常委会、省政府、省政协,中共江苏省纪委,民盟中央办公厅,中共南京市委、市政府,南京大学、中共南京大学党委,中共淮阴市委、市人大、市政府、市政协等送了花圈。

江苏省和南京市领导人陈焕友、曹鸿鸣、曹克明、顾浩和老同志匡亚明等送了花圈。

中央有关部门领导人刘忠德、孙家正等送了花圈。

文艺界、教育界、学术界知名人士巴金、冰心、夏衍、曹禺、周巍峙、张光年、陈荒煤、程千帆等送了花圈或花篮、挽联。

中共江苏省委办公厅,省政府办公厅,省委组织部、宣传部、统战部,省教委,省委高校工委,省文化厅,省文联,省作协等单位送了花圈。

日中文化交流协会理事长千田是也,日本作家尾崎宏次、木下顺二,香港话剧团艺术总监杨世彭等送了花圈。

送花圈的还有:国务院学位委员会,南京军区政治部、文化部、中国文联、作协、剧协,以及北京、上海、浙江、江苏等省市和南京的一些高等院校、文化艺术、艺术研究、新闻出版等单位。

代表中共江苏省委、省人大、省政府、省政协、南京大学、南京市委、市政府为陈白尘同志送别的领导同志有孙颔、许仲林、王霞林、吴锡军、王荣炳、曲钦岳、韩星臣、张永桃、吴祥云、张连发等,他们向陈白尘同志的夫人金玲及子女、亲属表示慰问。

为陈白尘同志送别的还有:淮阴市特派代表,南京大学部分教授及有关部门负责人,江苏省、南京市的有关部门负责人及各界知名人士,以及陈白尘同志的生前友好和学生。

香港城市理工学院教师、剧作家陈丽音博士专程赶来为陈白尘先生送别。

陈白尘同志一九〇八年三月出生于江苏省淮阴市。一九三二年参加中国共产主义青年团并任淮阴特委秘书长,自此在党的领导下积极从事革命文艺活动及其组织领导和教育工作,成就卓著,名满天下。抗日战争时期曾为大后方戏剧运动的组织领导者和力行者之一;上海解放和新中国成立后,历任上海市军管会文艺处处长,上海戏剧电影工作者协会主席,上海市文化局艺术处处长,中华全国电影工作者协会常委,上海电影制片厂艺委会主任,上海市文联常务理事兼秘书长,文化部剧本创作室主任,中国作协理事兼秘书长、书记处书记,《人民文学》副主编,南京大学中文系主任、教授、博士生导师,中国戏剧家协会副主席,江苏文联和作协名誉主席等职。是第五、六届全国政协委员;副部(省)级离休干部。

陈白尘同志于二十年代初期走上文学道路,七十年来发表了大量优秀的戏剧、电影、小说、散文作品。他的小说,题材别致、文笔秀丽,《小魏的江山》

曾被茅盾编入《一九三六年最佳小说选》。他的散文情真意切、清新活脱,反映"文革"期间知识分子遭遇的长篇回忆录《云梦断忆》博得了海内外评论家的高度推崇和赞誉。由他执笔、集体创作的电影《乌鸦与麻雀》荣获一九四九——九五四年优秀影片金奖。他创作的突出成就在戏剧方面,尤其是对讽刺喜剧和历史剧有独特的贡献。他创作了《金田村》、《大渡河》等一系列太平天国历史剧,是中国现代戏剧史上第一个正面描写这场革命的剧作家;写于粉碎"四人帮"不久的《大风歌》,是他半个世纪以来史剧美学追求的灿烂结晶,在历史真实、艺术真实和现实倾向性上达到了很高的水平;他的喜剧如《魔窟》、《乱世男女》、《禁止小便》(《等因奉此》)、《结婚进行曲》等,都是脍炙人口之作;一九四五年底问世并立即演遍全国的《升官图》,堪称中国现代喜剧最优秀的代表作,确立了政治讽刺喜剧在中国现代戏剧史上的重要地位。

陈白尘同志热衷于戏剧教育,悉心培养和扶持文学新人,奖掖后学。解放前他曾先后在重庆国立剧专、四川省立戏剧音乐学校、中央大学、国立社会教育学院、上海戏剧专科学校执教,培养了大批戏剧专家。任教于南京大学后,又对培养高级戏剧人才和戏剧学专业的建设做出了开拓性的贡献:他招收话剧创作研究生,这在全国综合性大学中实属首创;他组建了戏剧研究室,并领导该室发展成为国内综合性大学中唯一的戏剧学专业博士点;他任主编之一的《中国现代戏剧史稿》填补了我国文化建设的一个空白,荣获第二届全国高校优秀教材特等奖。

陈白尘同志对党和人民忠心耿耿,为革命事业、文艺事业、教育事业呕心沥血,一生勤勉,建树丰伟。他不但是一位劳苦功高、德高望重的革命前辈,而且是一位著作等身、饮誉海内外的作家和久负盛名、桃李满天下的教授。他的不幸逝世,是文艺界和教育界的一大损失。

获悉陈白尘同志病逝,中共中央组织部、宣传部打来电话;省市有关方面和南京大学的负责人前往他家,悼念陈白尘同志并对其亲属表示慰问。

原载一九九四年六月七日《新华日报》

陈白尘著作目录

一、小说

1. 另一世界	《小说世界》1925 年第 3 期
2. 林中	《小说世界》1927 年 16 卷 13 期
3. 微笑	《小说世界》1928 年 17 卷 2 期
4. 漩涡(中篇)	上海金屋书店 1928 年 10 月出版
5. 一个狂浪的女子(中篇)	上海芳草书店 1929 年 1 月出版
6. 罪恶的花(中篇)	上海芳草书店 1929 年 4 月出版
7. 默	
8. 报仇	
9. 援救	
10. 一夜	收入《风雨之夜》,上海大东书局 1929 年出版
11. 真的自杀	
12. 风雨之夜	
13. 孤寂的楼上	
14. 歧路(中篇)	上海芳草书店 1929 年 4 月出版
15. 归来(中篇)	上海泰东图书局 1929 年 11 月出版

16. 重逢之夜　　　　　　　　《小说月报》1930 年 22 卷 3 号
17. 马棚湾　　　　　　　　　《文学》1934 年 2 卷 2 号
18. 夜　　　　　　　　　　　《文学》1934 年 3 卷 1 号
19. 春　　　　　　　　　　　《文学季刊》1934 年 1 卷 3 期
20. 父子俩　　　　　　　　　《文学季刊》1934 年 1 卷 4 期
21. 炸弹　　　　　　　　　　《文学》1935 年 5 卷 1 号
22. 茶叶棒子　　　　　　　　《文学》1935 年 5 卷 2 号
23. 跷跷板　　　　　　　　　《申报》1935 年 9 月 1 日—9 月 11 日连载
24. 起早　　　　　　　　　　《创作》1935 年 1 卷 3 期
25. 解决　　　　　　　　　　《文学季刊》1935 年 2 卷 3 期
26. 暮　　　　　　　　　　　《文学》1935 年 5 卷 6 号
27. 肉　　　　　　　　　　　《太白》1935 年 2 卷 5 号
28. 打递解　　　　　　　　　《太白》1935 年 2 卷 11 号
29. 小风波　　　　　　　　　《文学》1936 年 6 卷 3 号
30. 街头人　　　　　　　　　《大公报·文艺》1936 年 4 月 29 日
31. 鬼门关　　　　　　　　　《文学》1936 年 6 卷 4 号
32. 最后的晚餐　　　　　　　《作家》1936 年 1 卷 4—5 期
33. 蠢动　　　　　　　　　　《文季月刊》1936 年 1 卷 3 期
34. 李大扣子上学　　　　　　《作家》1936 年 2 卷 1 号
35. 打靶　　　　　　　　　　《好文章》1936 年 1 卷 1 期
36. 泥腿子(中篇)　　　　　　良友图书公司 1936 年 10 月出版
37. 曼陀罗集　　　　　　　　上海文化生活出版社 1936 年 10 月初版
38. 小魏的江山　　　　　　　《文季月刊》1936 年 1 卷 6 期
39. 母子　　　　　　　　　　《大公报·文艺》1937 年 1 月 29 日
40. 何法官　　　　　　　　　《文学》1937 年 9 卷 2 号
41. 华北演义(集体创作)　　　《救亡日报》1937 年
42. 慰劳　　　　　　　　　　《抗战文艺》1938 年 1 卷 7 期
43. 日记招领　　　　　　　　《中苏文化》1939 年 3 卷 8—9 期

二、话剧剧本

1. 墙头马上(独幕)　　　　　《前锋》1929 年
2. 汾河湾(独幕)　　　　　　《小说月报》1930 年 22 卷 4 号

3. 虞姬(独幕) 《文学》1933 年 1 卷 3 号
4. 癸字号(独幕) 《中华月报》1933 年 1 卷 8 期
5. 马嵬坡(独幕) 《华蒂》1933 年
6. 大风雨之夕(独幕) 《文学》1934 年 2 卷 2 号
7. 街头夜景(独幕) 《现代》1934 年 4 卷 5 期
8. 两个孩子 《矛盾》1934 年 3 卷 2 期
9. 贴报处的早晨(独幕) 《当代文学》1934 年 1 卷 1 期
10. 除夕 《文学》1934 年 3 卷 1 号
11. 父子兄弟(又名《沈阳之夜》)(独幕) 《文学》1935 年 5 卷 1 号
12. 征婚(独幕) 《创作》1935 年 1 卷 1 期
13. 二楼上(独幕) 《创作》1935 年 1 卷 2 期
14. 中秋月(独幕) 《文学丛报》1936 年 3 期
15. 石达开的末路 文学出版社 1936 年出版
16. 恭喜发财 《文学》1936 年 7 卷 1、2 号
17. 演不出的戏(独幕) 《大公报·文艺》1936 年 8 月 16 日
18. 金田村 《文学》1937 年 8 卷 3—5 号
19. 一个孩子的梦(《两个孩子》改编本) 读书生活出版社 1937 年 4 月出版
20. 扫射(街头剧) 《战时联合旬刊》1937 年 3 期
21. 芦沟桥之战 《文学》等四杂志临时刊 1937 年 1 期
22. 汉奸 《抗战戏剧》1938 年 1 卷 6—8 期
23. 民族万岁(与宋之的共同改编) 上海杂志公司 1938 年 4 月出版
24. 魔窟(群魔乱舞) 《文艺阵地》1938 年 1 卷 6—7 期
25. 火焰(独幕) 《新演剧》1938 年新 1 卷 2 期
26. 乱世男女 上海杂志公司 1939 年 5 月出版
27. 游击队过关(独幕哑剧) 《抗战文艺》1939 年 4 卷 5—6 期
28. 汪精卫现形记(活报剧) 中国戏曲编刊社 1940 年 5 月出版
29. 未婚夫妻(独幕) 《文学月刊》1940 年 1 卷 3 期
30. 罗国富(独幕) 《新演剧》1940 年 10 期
31. 禁止小便(独幕)(等因奉此) 收入《后方小喜剧》,重庆生活书店 1941 年 2 月出版
32. 秋收 上海杂志公司 1941 年 2 月出版
33. 封锁线上(独幕) 《中苏文化》1941 年 8 卷 2 期

34.	大地回春	桂林文化供应社 1941 年 7 月出版
35.	结婚进行曲	作家书屋 1942 年出版
36.	胜利号(与吴祖光等合著)	胜利出版社 1943 年出版
37.	艺术部队(独幕)	《青年文艺》1944 年 3 期
38.	岁寒图	群益出版社 1945 年 2 月出版
39.	升官图	群益出版社 1946 年出版
40.	新群魔乱舞(时事剧,与冼群合著)	《新华日报》1946 年 3 月 27 日—31 日连载
41.	大渡河	群益出版社 1946 年 5 月出版
42.	悬崖之恋	群益出版社 1947 年 8 月出版
43.	清流万里(与田汉等合著)	新群出版社 1947 年 10 月出版
44.	哎呀呀,美国小月亮(独幕)(执笔)	《人民文学》1958 年 1 期
45.	美国奇谭(独幕剧集)(执笔)	《人民文学》1958 年 5 期
46.	纸老虎现形记	作家出版社 1959 年 1 月出版
47.	大风歌	四川人民出版社 1979 年 9 月出版
48.	阿 Q 正传	中国戏剧出版社 1981 年 8 月出版

三、电影剧本

1.	幸福狂想曲	1947 年
2.	天官赐福	1947 年(未拍摄)
3.	宋景诗(执笔)	《人民文学》1953 年 9—11 期
4.	乌鸦与麻雀(执笔)	中国电影出版社 1960 年出版
5.	鲁迅传(执笔)	《人民文学》1961 年 1、2 期合刊
6.	大风歌	中国电影出版社 1980 年出版
7.	阿 Q 正传	《电影新作》1981 年 4 期

四、散文

1.	还乡杂记	《文学》1935 年 4 卷 5 号
2.	四姨奶奶——家乡人物追记之一	《大公报·文艺》1936 年 6 月 21 日
3.	乡居散记	《中流》1936 年 1 卷 2 期

4. 战士的葬仪	《作家》1936 年 2 卷 2 号
5. 哭硕甫	《新民报晚刊》1943 年 4 月 16 日
6. 祭硕甫	《华西晚报》1944 年 4 月 4 日
7. 悼两个戏剧界的朋友	《华西晚报》1944 年 4 月 11 日
8. 祝福老舍先生	《华西晚报》1944 年 4 月 17 日
9. 哭江村	《华西晚报》1944 年 5 月 24 日
10. 中国画的新生——为张振铎画展作	《华西晚报》1944 年 4 月 25 日
11. 写在晓邦舞蹈会之前	《华西晚报》1945 年 3 月 2 日
12. 介绍王云阶先生音乐作品欣赏会	《华西晚报》1945 年 3 月 2 日
13. 寄向不可知的世界——给贺孟斧之灵	《华西晚报》1945 年 6 月 1 日
14. 茅盾先生印象记	《华西晚报》1945 年 6 月 24 日
15. 悼束衣人先生	《华西晚报》1945 年 8 月 3 日
16. 寄向沙锅窑——贺孟斧周年祭	《清明》1946 年 2 期
17. 疚	《文艺春秋》1947 年 4 卷 4 期
18. 无声的旅行	《人民文学》1957 年 2 期
19. 从鱼龙会到南国艺术学院	《中国话剧运动五十年史料集》第二辑
20. 团结、斗争、前进中的日本新剧界——东游散记之一	
	《戏剧报》1963 年 2、3 早期
21. 春夜漫笔	《人民文学》1963 年 3 期
22. 忘却了的纪念	《人民文学》1963 年 11 期
23. 紫荆山中	《新港》1963 年 12 期
24. 在苦难中成长的艺术——东游散记之二	《收获》1964 年 1 期
25. 回忆《词六首》的发表	《新华日报》1978 年 12 月 24 日
26. 献——纪念敬爱的周总理诞辰 81 周年	《群众》1979 年 2 期
27. 哭田汉同志	《文艺报》1979 年 5 期
28. 回顾左联、展望未来	《上海文学》1980 年 4 期
29. 哭翔鹤	《新文学史料》1980 年 4 期
30. 记《华西晚报》的副刊	《人民日报·战地》1980 年 6 期
31. "影人"入川记	《戏剧与电影》1980 年 8 期
32. 未造成的梦——电影《断笛余音》拍摄断忆	
	《电影艺术》1980 年 11 期
33. 中国作家的导师——敬悼茅盾同志	《青春》1981 年 5 期

34. 见到鸭群便想起你——纪念侯金镜同志	《散文》1981 年 11 期
35. 哀盛亚——《刘盛亚选集》代序	《红岩》1981 年 4 期
36. 南国与西湖	《文化娱乐》1981 年 7 期
37. 一项未完成的纪念	《鲁迅研究》第 5 期
38. 初游燕子矶	《周末》1982 年 1 月 2 日
39. 说阿 Q,哀阿丹	《上影画报》1982 年 1 期
40. 阳翰老与中华剧艺社	《戏剧论丛》1982 年 2 期
41. 上海艺大的"戏剧系"	收入《五十年集》,江苏人民出版社 1982 年出版
42. 云梦断忆	《收获》1983 年 3 期
43.《现代戏剧家熊佛西》序	《读书》1983 年 7 期
44. "五世同堂"怀旧	《人民政协报》1983 年 8 月 10 日
45. 忆丁易	《读书》1983 年 9 期
46. 路家花园——乡思杂记之一	《淮海报》1983 年 10 月 20 日
47. 湖边风雨忆故人——《蒋牧良选集》代序	《人民日报》1983 年 12 月 26 日
48. 青年时代的田汉	《剧本》1984 年 1 期
49. 我的故乡	《淮海报》1984 年 2 月 20 日
50. 风筝之恋	《淮海报》1984 年 6 月 4 日
51. 田老轶事三则——纪念田汉同志 85 诞辰	《文化史料》第 8 期
52. 压不扁的玫瑰——杨逵先生印象记	《文汇月刊》1984 年 8 期
53. 追怀云卫兄	《戏剧报》1984 年 10 期
54. 寂寞的童年	《雨花》1984 年 9—11 期连载
55. 悼兰馥心	《电影艺术》1985 年 2 期
56. 哭夏仲芳同志——迟到的悼念	《新华日报》1985 年 3 月 14 日
57. 忠于人民的艺术家--为《庞薰琹教授遗作展》作	《新华日报 1985 年 5 月 22 日
58. 闻鼙鼓而思将帅——纪念洪深同志 90 诞辰	《文艺报》1985 年 6 期
59. 别矣,进彩巷!	《淮海报》1985 年 7 月 14 日
60. 李更生校长	《淮海报》1985 年 10 月 17 日
61. 天翼同志在病中	《人民文学》1985 年 10 期
62. 少年行	《人间》1986 年 2—5 期连载
63. 读作家的手稿	《文艺报》1987 年 1 月 17 日

64. 一个真正的人——《陈翔鹤小说散文选集》序

　　　　　　　　　　　　　　　　《新文学史料》1987年3期
65. 潘公展骂街记　　　　　　　　《群言》1987年12期
66. 漂泊年年　　　　　　　　　　《钟山》1988年1—3期连载
67. 追求革命的坎坷经历　　　　　《新文化史料》1988年1期
68. 我站在那棵腊梅树下　　　　　《崛起》1988年2期
69.《新文艺周刊》杂记　　　　　《〈文汇报〉五十年专刊》(1938—1988)
70. "何以解忧"　　　　　　　　　《人民政协报》1988年8月23日
71. 悼乙苇——纪念朱凡同志逝世一周年　《湖南文学》1988年3期
72. 哭天佐　　　　　　　　　　　《创作评谭》1988年2期
73. 追怀叶圣老　　　　　　　　　《新文学史料》1988年3期
74. 他这样走过来　　　　　　　　《光明日报》1989年4月30日

五、杂文、短论

1.《赛金花》给我们的教训　　　《时事新报》1936年11月20日
2. 老鼠般的命运　　　　　　　　《中流》1937年2卷10期
3. 没出息的想头　　　　　　　　《抗战半月刊》1937年1—2期
4. 以行动来纪念鲁迅先生　　　　《金箭》1937年11月1日
5. 防空有感　　　　　　　　　　《春云》1938年3卷3期
6. 下江人在重庆　　　　　　　　《文艺后防》1938年8月10日
7. 纪念鲁迅先生与枪毙阿Q　　　《文艺后防》1938年10月19日
8. 抗战与地瓜　　　　　　　　　《国民公报·星期增刊》1938年12月11日
9. 不是为了纪念　　　　　　　　《文坛》1942年1期
10. 读书随笔——文学的衰亡　　　《文艺先锋》1942年1卷6期
11. 新"抗战无关论"　　　　　　　《新华日报》1942年7月7日
12. 新年试笔　　　　　　　　　　《新华日报》1943年1月1日
13. "文艺"的抗辩　　　　　　　　《华西日报》1944年1月9日
14. 尊重这个日子　　　　　　　　《戏剧时代》1944年1卷3期
15. 消灭罪恶的日子——纪念本报创刊三周年
　　　　　　　　　　　　　　　　《华西晚报》1944年4月20日
16. 朝花夕拾　　　　　　　　　　《天下文章》1944年2卷4期

17. 道德的测验	《华西晚报》1944 年 8 月 6 日
18. 正名、辨伪	《戏剧电影》1944 年 11 月 10 日
19. 一年	《华西晚报》1944 年 12 月 1 日
20. 新年预言	《华西晚报》1945 年 1 月 1 日
21. 神话	《华西晚报》1945 年 1 月 13 日
22. 感谢	《华西晚报》1945 年 1 月 21 日
23. 错了	《华西晚报》1945 年 2 月 28 日
24. 找寻理由的演出与创作——读《贫乏与混乱》书后	
	《华西晚报》1945 年 3 月 23 日
25. 修脚匠	《华西晚报》1945 年 4 月 15 日
26. 黄钟毁弃	《华西晚报》1945 年 4 月 18 日
27. 外交辞令	《华西晚报》1945 年 4 月 28 日
28. 假招牌	《华西晚报》1945 年 5 月 7 日
29. 跳舞庆祝	《华西晚报》1945 年 5 月 10 日
30. 抬杂	《华西晚报》1945 年 5 月 22 日
31. "骂得好"	《华西晚报》1945 年 5 月 28 日
32. 霍乱乱感	《华西晚报》1945 年 3 月 21 日
33. 朝花夕拾	《华西晚报》1945 年 8 月 1 日
34. 去思碑	《自由导报》1945 年创刊号
35. 扑空	《自由导报》1945 年革新号
36. 我要沉默了——也算元旦试笔	《新华日报》1946 年 1 月 2 日
37. 每周座谈	《新民报晚刊》1946 年 1 月 3 日
38. 影剧杂感——"国产"	《新民报晚刊》1946 年 1 月 17 日
39. 不分畛域	《自由导报》1946 年 7 期
40. 影评杂感——鸡汤白菜论等	《新民报晚刊》1946 年 1 月 24 日
41. "岂能让人"	《文萃》1946 年 18 期
42. 一个时代的开始	《中原》四杂志联合特刊 1946 年 1 卷 4 期
43. 举起笔来	《新华日报》1946 年 5 月 4 日
44. 五四的僵尸	《华西晚报》1946 年 7 月 19 日
45. 山居随笔	《文萃》1946 年 40 期
46. 致美国有儿女的人们	《文萃》1946 年 50 期
47. 稿酬·出版·发行	《文汇报》1957 年 5 月 4 日

48. 谈"逆来顺受"之类	《文艺报》1957 年 21 期
49. 放声歌唱吧	《诗刊》1958 年 5 期
50. 杜勒斯听着	《文艺报》1958 年 17 期
51. 谈悼词及其他	《文汇增刊》1980 年 4 期
52. 迎新	《剧本》1982 年 1 期
53. 我的怪论	《人民日报》1982 年 1 月 7 日
54. 新春寄语	《戏剧通讯》1982 年 2 期
55. 神、鬼、人(四则)	《新民晚报》1983 年 8 月
56. 人才难得论	《新民晚报》1983 年 9 月 4 日
57. "悄悄的革命"	《新民晚报》1983 年 9 月 18 日

六、创作谈、文论

1. 中国民众戏剧运动之前路	《山东民众教育馆月刊》1933 年 4 卷 8 期
2. 关于《太平天国》的写作——《金田村》序	《文学》1937 年 8 卷 2 号
3. 告别重庆	《春云》1937 年 2 卷 6 期
4. 历史剧的语言问题	《语文》1937 年 2 卷 2 期
5. 漫谈历史剧	《新演剧》1937 年创刊号
6. 《太平天国》改订本序	《太平天国》单行本,上海生活书店 1937 年出版
7. 《一个孩子的梦》代序	《一个孩子的梦》单行本,读书生活出版社 1937 年出版
8. 为什么要演《民族万岁》	《新蜀报》1938 年 2 月 7 日
9. 《汉奸》题记	《汉奸》单行本,华中图书公司 1938 年出版
10. 抗战戏剧创作方法论	《抗战艺术》1939 年 3 期
11. 写剧时几个技术问题	《抗战艺术》1939 年 4 期
12. 我的欢喜——《乱世男女》自序	《乱世男女》单行本,上海杂志公司 1939 年出版
13. 戏剧创作讲话	(据《抗战戏剧创作方法论》改写)上海杂志公司 1940 年出版
14. 作家书简	《小剧场》1940 年 1 期
15. 民族形式问题在剧作中	《戏剧岗位》1941 年 2 卷 2—3 期
16. 《大地回春》代序——给巴人	《戏剧岗位》1941 年 3 卷 3—4 期
17. "暴露"和"悲观"——《秋收》序	《秋收》单行本,上海杂志公司 1941 年出版

18.	话剧的路	《时事新报》1942 年 1 月 27 日
19.	人物是怎样来到你笔下的	《戏剧月报》1943 年创刊号
20.	我所认识的石达开	《新民报晚刊》1943 年 3 月 26 日
21.	《结婚进行曲》外序	《文学创作》1943 年 1 卷 6 期
22.	历史与现实——史剧《大渡河》代序	《戏剧月报》1943 年 1 卷 4 期
23.	论大后方戏剧运动的危机	《戏剧月报》1944 年 1 卷 5 期
24.	"需要"与"接受"——关于《大地黄金》在重庆	《天下文章》1944 年 2 卷 1 期
25.	岁暮怀朱凡——《岁寒图》代序	《华西日报》1944 年 12 月 3 日
26.	序《升官图》的演出	《新民报晚刊》1946 年 2 月 18 日
27.	关于《大地回春》——为上海演出作	《文汇报》1946 年 5 月 21 日
28.	《大渡河》校后记	《文汇报》1946 年 8 月 30 日
29.	一个问题——略论目前戏剧创作的形式	《华西晚报》1946 年 10 月 31 日—11 月 3 日连载
30.	抢救话剧的两点意见	《新闻报》1946 年 11 月 18 日
31.	岁寒絮语	《学生报》1946 年 11 月 29 日
32.	为《升官图》演出作	《升官图》单行本，群益出版社 1946 年出版
33.	检讨（剧人在戏剧节谈戏剧）	《文艺先锋》1947 年 10 卷 2 期
34.	五四谈电影	《文讯》1948 年 8 卷 5 期
35.	关于"编剧"之类	《影剧丛刊》1948 年 2 期
36.	门外谈戏曲	《戏曲报》1950 年 1 卷 1 期
37.	《红旗歌》与上海剧运	《解放日报》1950 年 7 月 9 日
38.	艺术、政策、真理	《文汇报》1950 年 7 月 11 日
39.	"不是蝉"与工人文艺斗争	《解放日报》1950 年 8 月 16 日
40.	习剧随笔——主题与题材的分裂	《人民戏剧》1950 年 1 卷 5 期
41.	关于新爱国主义——以苏联电影为例	《文艺新地》1950 年第 1 期
42.	《巡按》在中国	《人民日报》1952 年 3 月 4 日
43.	感谢与祝福——为《宋景诗》上映作	《天津日报》1957 年 6 月 23 日
44.	关于《宋景诗》的自白	《大众电影》1957 年 10 期
45.	话剧运动要求领导	《戏剧报》1957 年 10 期
46.	川剧杂感	《戏剧报》1957 年 21 期
47.	谈所谓"自由结合"与党的领导	《戏剧报》1957 年 15 期

48.	从《乌鸦与麻雀》重映说起	《人民日报》1958年1月11日
49.	关于老舍的《茶馆》	《文艺报》1958年1期
50.	在广泛开展群众性的文学活动基础上大跃进	
		《人民日报》1958年3月19日
51.	反对八股腔、文风要解放	《文艺报》1958年4期
52.	关于集体创作	《文艺报》1958年9期
53.	相声与讽刺剧	《北京日报》1958年7月5日
54.	淮剧杂谈	《戏剧报》1958年22期
55.	舞台上的理想人物及其他——关于革命现实主义与革命浪漫主义相结合的讨论	
		《文艺报》1959年1期
56.	为义和团恢复名誉的两本书	《民间文学》1959年4期
57.	互相协作、共同提高	《戏剧报》1959年6期
58.	在创作工作座谈会上的发言	《作家通讯》1959年4期
59.	互相学习、彼此影响	《中国电影》1959年6期
60.	布谷鸟为什么又叫了	《剧本》1959年6期
61.	话剧舞台上的新成就	《戏剧报》1959年14期
62.	谈电影《风暴》的改编	《人民日报》1959年
63.	《纸老虎现行记》新版后记	《纸老虎现行记》单行本,人民文学出版社1959年出版
64.	座谈美术电影	《电影艺术》1960年2期
65.	《结婚进行曲》修改本后记	《结婚进行曲》单行本,中国戏剧出版社1960年初版
66.	《革命家庭》的风格及其他	《光明日报》1961年3月10日
67.	生活底子要厚实	《文汇报》1962年1月2日
68.	喜剧杂谈	《剧本》1962年5期
69.	作家与生活	《广西文艺》1963年4期
70.	《结婚进行曲》修订本校后记	《结婚进行曲》单行本,中国戏剧出版社1963年第二版
71.	在独幕剧创作座谈会上的发言	《剧本》1963年10—11期
72.	《鲁迅》校后记	《鲁迅》单行本,上海文艺出版社1963年出版
73.	话剧的话	《语文学习讲座》
74.	驱散林彪、"四人帮"的阴魂	《南大学报》1978年4期

75.	《大风歌》首演献辞	《浙江日报》1979年2月28日
76.	祝《青春》永葆青春	《青春》1979年创刊号
77.	谈《大风歌》	《浙江图片新闻》1979年4期
78.	为《大风歌》演出致首都观众	《人民日报》1979年8月23日
79.	谈《大风歌》和历史剧——和北京实话《大风歌》剧组谈话摘要	
		《剧本》1979年9期
80.	戏剧空谈	《群众论丛》1979年创刊号
81.	自传	《中国现代作家传略》第3册,徐州师范学院 1979年编
82.	《大风歌》献礼演出赘言	《献礼演出会刊》24期
83.	拿出越来越多、越来越好的作品来	《雨花》1980年2月
84.	"讳疾忌医"与讲究"疗效"	《文艺研究》1980年4期
85.	应该如何领导戏剧创作	《第四次文代会简报》150期
86.	文艺创作的领导,不同于物质生产的领导——《陈白尘剧作选》编后记	
		《文艺理论研究》1980年2月
87.	社会效果与责任感及其他	《新华日报》1980年4月17日
88.	献给人民的笑——《何迟相声集》序	《文艺报》1980年8期
89.	《主任外传》代序——给王少燕的一封信	《剧本》1980年11期
90.	难关与希望 创新与继承	《剧本》1981年3期
91.	祝贺与求疵——人物、题材、情节与创新	《江苏戏剧》1981年3期
92.	从我怎样开始写戏说起——答《小剧本》记者问	
		《小剧本》1981年4期
93.	开场锣鼓	《戏剧通讯》1981年1期
94.	有所为有所不为——《带血的谷子》小序	《人民戏剧》1981年5期
95.	改编者的祝愿——写在新疆话剧团上演《阿Q正传》之前	
		《新疆日报》1981年9月20日
96.	《阿Q正传》改编者的自白	《群众论丛》1981年5期
97.	中国剧坛的骄傲——序《田汉剧作选》	《戏剧论丛》1981年4期
98.	《阿Q正传》改编杂记	《戏剧论丛》1981年3期
99.	向《阿Q正传》再学习——纪念鲁迅诞生100周年	
		《新华日报》1981年9月4日
100.	卖瓜者言——为《阿Q正传》上映作	《文汇报》1982年2月25日

101. 关于"我的第一本书" 《书讯报》1982 年 3 月 25 日
102. 关于戏剧创作问题的通信——《李杰剧作选》代序

《吉林日报》1982 年 4 月 27 日
103. 为《阿 Q 正传》电影上映致首都观众 《北京晚报》1982 年 6 月 28 日
104. 从《大风歌》演出本谈起——兼答南昌江野芹同志

《星火》1982 年 7 期
105. 从影记略——《陈白尘选集·电影卷》后记

《读书》1982 年 7 期
106. 学习鲁迅的彻底革命精神——在鲁迅诞辰 100 周年大会上的讲话

收入《五十年集》，江苏人民出版社 1982 年出版
107. 《劫收日记》序 《劫收日记》
108. 《崔德志剧作选》序 《崔德志剧作选》春风文艺出版社 1983 年出版
109. 新年祝愿 《戏剧通讯》1984 年 1 期
110. 从《阿 Q 正传》改编经过谈到香港演出 《香港文艺》1984 年 1 期
111. 祝青春文学院成立 《文艺学习》1984 年 1 期
112. 重读《小井胡同》 《钟山》1984 年 2 期
113. 为青年剧作者呼吁——《李龙云戏剧集》代序

《读书》1984 年 12 期
114. 抢救话剧 《人民政协报》1985 年 1 月 11 日
115. 关于《小井胡同》的通信 《剧本》1985 年 1 期
116. 作文与作人 《全国中学生优秀作文选》1985 年 1 期
117. 再谈抢救话剧 《群言》1985 年创刊号
118. 戏剧危言 《人民日报》1985 年 4 月 15 日
119. 关于戏剧创作及其他——答《江苏戏剧》记者问

《江苏戏剧》1985 年 4 期
120. 编剧与导演——序《二度创作》 《江苏戏剧》1985 年 6 期
121. 关于《人生不等式》的通信 《文艺报》1985 年 8 月 17 日
122. 祝《剧艺百家》创刊 《剧艺百家》1985 年创刊号
123. 危机、开拓、繁荣 《文艺研究》1985 年 6 期
124. 从话剧的危机谈到它的出路 《文艺争鸣》1986 年 1 期
125. 中国话剧的过去、现在和未来 《南大学报》1986 年 1 期
126. 历史题材与章回体——《陈圆圆》代序 《文艺报》1988 年 5 月 4 日

127.《阿Q正传》剧本日译本序　　　　收入《陈白尘选集》第5卷,四川文艺出版社1988年出版

128. 重演《升官图》有感　　　　　　《剧影月报》1988年11期

129.《中国现代喜剧流派论》序　　　《戏剧报》1988年6期

130.《云梦断忆》后记　　　　　　　《散文世界》1989年1期

131. 抗战文艺与抗战戏剧　　　　　　《抗战文艺研究》1993年4期

七、其他

1. 猫的悲哀(童话)　　　　　　　　《华西晚报》1943年7月25日—8月5日连载
2. 我是较场口的土地(诗歌)　　　　《新民晚报》1946年2月13日
3. 哀词——敬挽若飞、希夷、博古、邓发、齐生诸先生(与郑君里合写)

　　　　　　　　　　　　　　　　《新华日报》1946年4月19日
4. 在剧影协会欢迎返沪文代会代表会上的讲话

　　　　　　　　　　　　　　　　《文汇报》1949年8月22日
5. 农民革命英雄宋景诗及其黑旗军——《宋景诗历史调查报告》摘要

　　　　　　　　　　　　　　　　《人民日报》1952年11月1—2日连载
6. 关于宋景诗的外貌和外号(与贾霁合著)　《大众电影》1954年4期
7. 黑旗宋景诗(儿童文学)　　　　　上海少儿出版社1957年出版
8. 宋景诗历史调查记　　　　　　　人民出版社1957年5月出版
9. 吹琐呐的人——阎洪元家史　　　《人民文学》1964年2期
10. 关于周恩来同志"九岁迁衰浦"一事的补充

　　　　　　　　　　　　　　　　《革命文物》第9期

陈白尘自传

我诞生于光绪末年——一九〇八年三月初,算是经历过两位皇帝的大清帝国的遗民。祖籍据说也是"陈林半天下"的福建,但出生地在江苏清河县即民国后又改称的淮阴县城,亦即今之清江市。父亲出身店员,但颇为爱好一点艺术,后来开过店铺,终于又倒闭,是个乐天主义者。母亲未受教育,但略识之无,喜读小说。我在幼年,也就得以囫囵吞枣地读过《三国》、《水浒》、《西游》、《封神》以至《红楼》,等等。"五四"运动对我的影响不大,因为我还在私塾读书,而且颇受"礼拜六派"的影响。一九二三年考入私立成志初级中学,才读到胡适等人的诗文,于是开始写白话文,以诗和小说投稿。一九二五年"五卅"惨案后,第一次投入政治活动。一九二六年初中毕业,考入上海一所"野鸡大学"。这时我才初步接触新文学,读到鲁迅、郭沫若的作品。但我主要精力却用在学生运动上,并参加了国民党,和共产党人也有了初步的接触。一九二七年"四一二"后,愤而退出国民党。我幼时学名陈增鸿,到上海后改名征鸿,这名字还是富有"礼拜六派"味道的。

一九二七年秋转入上海艺术大学,这也是一所"野鸡大学",但它文学科主任田汉的名字吸引了我,在一度学潮后,我和同学们公推田汉为校长。继于一九二八年初又追随田汉另办南国艺术学院,继续读书约半年,学院停办,我失业了。这期间参加田汉主办的"鱼龙会"演出和电影《断笛余音》的拍摄,参加了南国社,对戏剧发生了浓烈兴趣。

一九二八年下半年起,一度企图靠写作为生,以现名写了几本无病呻吟的中篇和短篇小说,但并不能维持生活。于是由上海而南京、镇江,又回到上海而去日本东京,再回上海而赴安徽涡阳,江苏涟水、淮阴,到处谋生,当过店员、职员、教员,直到一九三二年春。这期间,曾在镇江、淮阴、涟水等处和友人创立过几个业余剧团,在上海并和郑君里、赵铭彝等组织过"摩登社"。而这些活动又每每被认为有共产党嫌疑。"一二·八"上海事变后,民族危机日深,我遂在淮阴参加党的外围组织反帝大同盟,继又参加共青团。同年九月在淮阴被捕。一九三三年春被国民党判刑并监禁在镇江县监狱中之后,第二次开始秘密的写作,向"左联"领导和影响下的刊物投稿。一九三六年出版的《曼陀罗集》等三个短篇小说集和独幕剧《街头夜景》、《虞姬》、《癸字号》等,多半是此时所作。发表时有的署名墨沙。一九三五年出狱后,在上海做"亭子间作家"约二年,写了一些短篇小说和独幕剧之外,开始多幕剧的写作。《石达开的末路》、《恭喜发财》、《太平天国》第一部《金田村》等都写于此时。《太平天国》由上海业余实验剧团演出于卡尔登大戏院,这才奠定我以后戏剧创作的道路。

"七七"事变后,参加《保卫卢沟桥》的创作和演出,参加上海文化界、戏剧界各项救亡组织和活动。"八·一三"后,与沈浮、孟君谋等组织上海影人剧团赴四川进行抗日戏剧演出。继又与上海业余剧人协会联合,在重庆、成都演出,直至一九三九年初。此际及以后曾在重庆国立剧专及洪深领导的教导剧团、熊佛西领导的四川省立戏剧音乐学校任兼课或专任教员,并参加文艺界抗敌协会的活动。一九四一年皖南事变后,在党的领导下,与应云卫、陈鲤庭、辛汉文、刘郁民等组织中华剧艺社,演出郭沫若所作《屈原》及夏衍、阳翰笙等人剧作，掀起大后方戏剧运动的高潮。这个剧社在国民党的高压下于一九四三年转去成都等地演出，抗日胜利后才重返重庆，一九四六年夏回上海后解散。抗战八年间，我为这些剧团写了《魔窟》、《大地回春》、《秋收》、《乱世男女》、《结婚进行曲》、《大渡河》、《岁寒图》及《升官图》等十几个多幕剧及一些独幕剧，是我创作旺盛期。但大多数是急就章。一九四三年到成都后，和叶圣陶、李劫人、陈翔鹤、叶丁易共同领导了文协成都分会的工作，又担任《华西日报》、《华西晚报》等报副刊编辑，在党的领导下参与了对国民党争取民主的运动。一九四六年初回重庆，一度担任中央大学等校兼任教授及《新民报》副刊编辑。

一九四六年八月我回上海。此时国民党积极反共，挑起内战，上海戏剧运动被扼杀，我只写了一个剧本《悬崖之恋》即《卖油郎》。一九四七年夏，我参加党领导下的昆仑影业公司，任编导委员，开始电影剧本创作。先此我已和陈鲤庭合作过电影剧本《幸福狂想曲》，此时又写了《天官赐福》和集体创作的《乌鸦与麻雀》。前者被国民党禁止拍摄，后者也因国民党的破坏而中途停拍，上海解放后才得以继续完成。

一九四八年，我在党的领导下参加组织地下的上海戏剧电影工作者协会，上海解放后正式成立，我担任该协会主席。第一次全国文代会，我担任南方第二代表团副团长；上海市文联成立后，我担任秘书长；上海电影制片厂成立，我任艺术委员会主任。一九五〇年我被批准参加中国共产党。一九五一年赴京参加电影剧本《宋景诗》的写作。一九五二年调京任文化部剧本创作室主任。一九五三年中国作家协会成立，任该会理事及秘书长。兹后历任作协书记处书记、对外联络委员会副主任、《人民文学》副主编等职。一九六六年"文化大革命"前调江苏省文联。这十七年间，除《宋景诗》和执笔写了集体创作的电影剧本《鲁迅》外，只写了几个独幕剧和多幕剧《纸老虎现形记》，又都是即兴之作。而《鲁迅》由于张春桥的破坏，至今未能拍摄。

一九六二年曾赴日本和罗马尼亚、保加利亚及苏联，考察了这四个国家的戏剧事业。

"文化大革命"中被迫沉默了十一年,"四人帮"被粉碎才重新执笔写作了历史剧《大风歌》,继又改编了鲁迅的《阿Q正传》为舞台剧及电影。《大风歌》是我晚年的代表作。

一九七八年九月,我受聘为南京大学中文系教授,创立了戏剧研究室,招收了两届硕士研究生和三届博士研究生。其间与董健同志共同主编了《中国现代戏剧史稿》,计五十余万字。

一九八二年受美国爱荷华大学"国际写作计划"的邀请访美写作,写了回忆性散文《云梦断忆》。回国后又陆续写了《寂寞的童年》、《少年行》、《漂泊年年》等。晚年身体多病,已经不能写作了,但还担任博士研究生导师。同时还担任中国作家协会理事、中国戏剧家协会副主席、江苏省文联名誉主席及中国作家协会江苏分会名誉主席等职。

一九九〇年三月二十二日

编后记

陈白尘先生是中国现代杰出的作家和戏剧教育家。半个多世纪以来，陈白尘以其戏剧、小说、散文的优秀创作蜚声海内外，对中国现当代文学的发展做出了卓著的贡献，在世界文坛上产生了一定的影响。在潜心创作的同时，陈白尘还多次受聘于高等学校讲授戏剧创作和戏剧理论，以其精深的理论素养和杰出的创作实践，为国家培养出大批戏剧创作和戏剧理论研究人才。文艺界慕其名而拜在其门下受其教益的学生更多。在中国文艺界和戏剧教育界，陈白尘赢得了人们的普遍尊敬和爱戴。

一九九四年五月二十八日凌晨，陈白尘先生离开我们走了。中国文艺界、教育界为之震悼，为中华民族失去了一位杰出的作家和教授而感到深深的悲痛。噩耗传来，陈老同时代的老一辈作家们、朋友们，有的虽然年事已高不常写文章，但在悲痛中仍颤抖地拿起笔，写下半个多世纪以来与陈老的深情厚谊；陈老的学生们更是悲痛不已，纷纷撰文，深深地怀念老师生前对自己的教育和培养；海外的作家朋友或受其教益的学生们，也是悲伤万分，撰文寄托他们的怀念和哀思。南京大学的教授们，江苏和全国文艺界的作家们，以及失去亲人而悲痛欲绝的陈老的亲属,也都在字里行间,表达了对陈白尘先生的尊敬、爱戴、缅怀和无限的思念。

一九九五年五月二十八日,是陈白尘先生逝世周年祭。为了表示对陈白尘先生的深切缅怀,由南京大学和江苏省文联共同发起编辑《纪念陈白尘》一书(胡星亮负责编辑,内部发行)。编辑工作得到江苏省委宣传部、江苏省文化厅、江苏省新闻出版局和陈白尘先生亲属的大力支持。

一九七八年陈白尘先生调任南京大学中文系教授,不仅培养了一批优秀的戏剧人才,而且作为教育家,他还恢复了"五四"以来中国现代文学(戏剧)与现代大学的密切联系,重建了那个被丢弃的文学与大学同根同源、二体一命的传统——独立、自由、创新的精神。这对重振中国"大学之魂"功不可没。二〇二二年是南京大学戏剧学科百年华诞,我们将当年内部发行的这本纪念集公开出版,以纪念陈白尘先生这位南京大学戏剧学科的卓越建设者和带头人。

胡星亮

二〇二一年五月二十八日

于南京大学戏剧影视研究所